企业高技能人才职业培训系列教材

变电检修工(城轨)
BIANDIANJIANXIUGONG(CHENGGUI)(三级)

编审委员会

主　　任	仇朝东				
委　　员	顾卫东	葛恒双	葛　玮	孙兴旺	刘汉成
执行委员	孙兴旺	瞿伟洁	李　晔	夏　莹	叶华平　李　益　杜晓红

主　　编	徐　凯			
编　　者	陈一鸣	吴文静	黄志明	徐　攀
主　　审	达世鹏			

中国劳动社会保障出版社

图书在版编目(CIP)数据

变电检修工：城轨：三级/人力资源和社会保障部教材办公室等组织编写. —北京：中国劳动社会保障出版社，2016

企业高技能人才职业培训系列教材

ISBN 978-7-5167-2395-1

Ⅰ.①变… Ⅱ.①人… Ⅲ.①城市铁路-变电所-检修-职业培训-教材 Ⅳ.①U239.5

中国版本图书馆 CIP 数据核字(2016)第 044921 号

中国劳动社会保障出版社出版发行

(北京市惠新东街 1 号 邮政编码：100029)

*

三河市华骏印务包装有限公司印刷装订 新华书店经销

787 毫米×1092 毫米 16 开本 14.5 印张 251 千字

2016 年 3 月第 1 版 2016 年 3 月第 1 次印刷

定价：35.00 元

读者服务部电话：(010)64929211/64921644/84626437

营销部电话：(010)64961894

出版社网址：http://www.class.com.cn

版权专有 侵权必究

如有印装差错，请与本社联系调换：(010)50948191

我社将与版权执法机关配合，大力打击盗印、销售和使用盗版图书活动，敬请广大读者协助举报，经查实将给予举报者奖励。

举报电话：(010)64954652

内容简介

本教材由人力资源和社会保障部教材办公室、中国就业培训技术指导中心上海分中心、上海市职业技能鉴定中心、上海申通地铁集团有限公司轨道交通培训中心依据变电检修工（城轨）（三级）职业技能鉴定细目组织编写。教材从强化培养操作技能，掌握实用技术的角度出发，较好地体现了当前最新的实用知识与操作技术，对于提高从业人员基本素质，掌握变电检修工（城轨）（三级）的核心知识与技能有直接的帮助和指导作用。

本教材既注重理论知识的掌握，又突出操作技能的培养，实现了培训教育与职业技能鉴定考核的有效对接，形成一套完整的变电检修工（城轨）培训体系。本教材内容共分为6章，主要包括：城轨供电系统、城轨供电系统主要设备、继电保护知识、变电所交直流系统、电气试验知识、远动系统概述等。

本教材可作为变电检修工（城轨）（三级）职业技能培训与鉴定考核教材，也可供本职业从业人员培训使用，全国中、高等职业技术院校相关专业师生也可以参考使用。

企业技能人才是我国人才队伍的重要组成部分，是推动经济社会发展的重要力量。加强企业技能人才队伍建设，是增强企业核心竞争力、推动产业转型升级和提升企业创新能力的内在要求，是加快经济发展方式转变、促进产业结构调整的有效手段，是劳动者实现素质就业、稳定就业、体面就业的重要途径，也是深入实施人才强国战略和科教兴国战略、建设人力资源强国的重要内容。

国务院办公厅在《关于加强企业技能人才队伍建设的意见》中指出，当前和今后一个时期，企业技能人才队伍建设的主要任务是：充分发挥企业主体作用，健全企业职工培训制度，完善企业技能人才培养、评价和激励的政策措施，建设技能精湛、素质优良、结构合理的企业技能人才队伍，在企业中初步形成初级、中级、高级技能劳动者队伍梯次发展和比例结构基本合理的格局，使技能人才规模、结构、素质更好地满足产业结构优化升级和企业发展需求。

高技能人才是企业技术工人队伍的核心骨干和优秀代表，在加快产业优化升级、推动技术创新和科技成果转化等方面具有不可替代的重要作用。为促进高技能人才培训、评价、使用、激励等各项工作的开展，上海市人力资源和社会保障局在推进企业高技能人才培训资源优化配置、完善高技能人才考核评价体系等方面做了积极的探索和尝试，积累了丰富而宝贵的经验。企业高技能人才培养的主要目标是三级（高级）、二级（技师）、一级（高级技师）等，考虑到企业高技能人才培养的实际情况，除一部分在岗培养并已达到高技能人才水平外，还有较大一批人员需要从基础技能水平培养起。为此，上海市将企业特有职业的五级（初级）、四级（中级）作为高技能人才培养的基础阶段一并列入企业高技能人才培养评价工作的总体框架内，以此进一步加大企业高技能人才培养工作力度，提高企业高技能人才培养效果，更好地实现高技能人才

培养的总体目标。

为配合上海市企业高技能人才培养评价工作的开展,人力资源和社会保障部教材办公室、中国就业培训技术指导中心上海分中心、上海市职业技能鉴定中心联合组织有关行业和企业的专家、技术人员,共同编写了企业高技能人才职业培训系列教材。本教材是系列教材中的一种,由上海申通地铁集团有限公司轨道交通培训中心负责具体编写工作。

企业高技能人才职业培训系列教材聘请上海市相关行业和企业的专家参与教材编审工作,以"能力本位"为指导思想,以先进性、实用性、适用性为编写原则,内容涵盖该职业的职业功能、工作内容的技能要求和专业知识要求,并结合企业生产和技能人才培养的实际需求,充分反映了当前从事职业活动所需要的核心知识与技能。教材可为全国其他省、市、自治区开展企业高技能人才培养工作,以及相关职业培训和鉴定考核提供借鉴或参考。

新教材的编写是一项探索性工作,由于时间紧迫,不足之处在所难免,欢迎各使用单位及个人对教材提出宝贵意见和建议,以便教材修订时补充更正。

企业高技能人才职业培训系列教材
编审委员会

第1章 城轨供电系统

PAGE 1

知识要求

  1.1 电力系统知识 ··· 3
    1.1.1 电力系统及其额定电压 ··· 3
    1.1.2 电力系统的中性点及接地系统 ·· 4
    1.1.3 各种电压等级供电系统的接地方式 ·· 9
  1.2 城轨供电系统 ··· 9
    1.2.1 110 kV 供电系统 ··· 9
    1.2.2 35 kV 供电系统 ··· 14
    1.2.3 直流 1 500 V 牵引供电系统 ··· 17
    1.2.4 接触网的分段和单双边供电 ··· 19
    1.2.5 牵引回流系统 ·· 19
    1.2.6 城轨供电形式 ·· 20

技能要求

  主变非正常运行方式调整（二级供电） ··· 23
  理论知识复习题 ·· 27
  测试题答案 ·· 28

第2章 城轨供电系统主要设备

PAGE 31

知识要求

  2.1 城轨供电系统变压器 ··· 33
    2.1.1 油浸式主变压器 ··· 33
    2.1.2 干式变压器 ··· 43
  2.2 城轨供电系统主要设备 ·· 46
    2.2.1 消弧线圈 ·· 46

2.2.2　接地变 ……………………………………………………… 48
　　2.2.3　电流互感器 …………………………………………………… 50
　　2.2.4　电压互感器 …………………………………………………… 51
　　2.2.5　断路器 GIS（GAS INSVLATED SWITCHGEAR）气体绝缘
　　　　　 金属封闭开关设备 …………………………………………… 53
　　2.2.6　触网闸刀 ……………………………………………………… 57
　　2.2.7　电缆的结构分类 ……………………………………………… 63
　　2.2.8　避雷器 ………………………………………………………… 63
　　2.2.9　钢轨电位限制装置 …………………………………………… 66
　　2.2.10　单向导通装置 ………………………………………………… 70
　　2.2.11　整流器 ………………………………………………………… 73
2.3　杂散电流防护 …………………………………………………………… 84
　　2.3.1　杂散电流防护方法及建立 …………………………………… 84
　　2.3.2　减少杂散电流的方法 ………………………………………… 86
　　2.3.3　轨道交通防迷流的技术措施 ………………………………… 87
　　2.3.4　设备对迷流的防护措施 ……………………………………… 88
　　2.3.5　迷流的监测 …………………………………………………… 89
技能要求
110 kV 主变压器有载调压装置电压调整 ………………………………………… 90
理论知识复习题 …………………………………………………………………… 93
测试题答案 ………………………………………………………………………… 95

第3章　继电保护知识　　　　　　　　　　　　　　　　　　PAGE 97

知识要求
3.1　继电保护知识 …………………………………………………………… 99
　　3.1.1　常用电磁型继电器的类型及校验 …………………………… 99
　　3.1.2　继电保护的基本计算及整定原则 ……………………………112
3.2　城轨供电系统变电站继电保护 ……………………………………………116
　　3.2.1　城轨供电系统主变电站继电保护 ……………………………116
　　3.2.2　城轨供电系统牵引变电站继电保护 …………………………121

3.2.3　城轨供电系统降压变电站继电保护 …………………… 134

3.2.4　城轨供电系统继电保护常见实例及故障处理 …………… 138

理论知识复习题 ……………………………………………………… 141

测试题答案 …………………………………………………………… 142

第4章　变电所交直流系统   PAGE 143

知识要求

4.1　变电所交直流系统 ……………………………………………… 145

4.1.1　直流系统的组成 …………………………………… 145

4.1.2　交直流系统中各类表计配置 ……………………… 146

4.2　蓄电池 …………………………………………………………… 148

4.2.1　蓄电池的充电 ……………………………………… 148

4.2.2　蓄电池的维护 ……………………………………… 150

4.2.3　铅酸蓄电池的结构和原理 ………………………… 152

4.2.4　阀控式铅酸蓄电池 ………………………………… 155

4.2.5　充电装置 …………………………………………… 157

理论知识复习题 ……………………………………………………… 171

测试题答案 …………………………………………………………… 173

第5章　电气试验知识   PAGE 175

知识要求

5.1　电气试验知识 …………………………………………………… 177

5.1.1　电气试验知识 ……………………………………… 177

5.1.2　电气设备试验的原理及方法 ……………………… 178

5.2　电气试验的安全措施 …………………………………………… 184

5.2.1　预防性试验或交接试验注意事项 ………………… 184

5.2.2　试验工作中的安全措施 …………………………… 184

5.3　电气试验操作规程 ……………………………………………… 186

5.3.1　对试验工作的基本要求 …………………………… 186

5.3.2　高压试验 …… 186
5.3.3　继电保护试验 …… 187
5.3.4　电缆绝缘试验 …… 187
理论知识复习题 …… 187
测试题答案 …… 189

第6章　远动系统概述　PAGE 191

知识要求

6.1　远动系统概述 …… 193
 6.1.1　电力远动系统 …… 193
 6.1.2　信息的采集和传输设备与配置 …… 194
 6.1.3　通信系统的构成 …… 198
 6.1.4　通信方式 …… 198
 6.1.5　数据传输规约 …… 200
6.2　城轨供电系统自动化 …… 201
理论知识复习题 …… 204
测试题答案 …… 204

理论知识考试模拟试卷及答案 …… 205
变电检修工（城轨）（三级）理论知识试卷 …… 205
变电检修工（城轨）（三级）理论知识试卷答案 …… 214
操作技能考核模拟试卷 …… 215

第 1 章

城轨供电系统

学习目标

- ☑ 了解电力系统的中性点及接地系统的方式
- ☑ 掌握城轨各电压等级的接地方式
- ☑ 了解城轨供电系统各电压等级系统概念
- ☑ 掌握各电压等级接线方式
- ☑ 掌握牵引直流系统接线方式
- ☑ 掌握城轨环网概念及形式

知识要求

1.1 电力系统知识

1.1.1 电力系统及其额定电压

1. 电力系统

电力系统是指电力生产、变配电、输送和用户使用组成的发、供、用的一个整体,通常是两个及两个以上的发电厂和若干个变配电所及其输电线、配电网和它们的用户组成的一个庞大整体。其中,输电线和与其相连的变电所部分称为电网。发电厂向电网输送电能,用户从电网接收电能。其中,电网起着电能调节、分配和输送的重要作用:如果电能不够,它可以通过增加连接发电厂数量或减少用户连接数量(减负荷)来平衡电能;如果电能富余,它还可以通过减少连接发电厂数量或向其他电网输送电能来平衡电能。

2. 电力系统的额定电压

电力系统的额定电压是指系统中所有电气设备都在这一指定电压下工作的电压,电气设备在此电压下工作,将拥有最好的技术和经济效果。

我国制定的三相交流 3 kV 及以上设备与系统的额定电压的数值见表 1—1。

表1—1　　　　　　　　　　　额定电压数值

系统额定线电压/kV	供电设备额定线电压/kV	变压器额定线电压/kV	
		一次绕组	二次绕组
3	3.15*	3及3.15	3.15及3.3
6	6.3	6及6.3	36及6.6
10	10.5	10及10.5	10.5及11
	13.8*	13.8	—
	15.75*	15.75	—
	18*	18	—
	20*	20	—
35	—	35	38.5
110	—	110	121
220	—	220	242
330	—	330	363
500	—	500	—

注：带*号的数字为发电机专用。

3. 电网的额定电压

从表1—1中可以看到，同一电压级别下，各种设备的额定电压并不完全相等，为了使各种相互连接的电气设备都能运行在较有利的电压下，各电气设备的额定电压之间有一个相互配合的问题。为此使电力线路的额定电压和系统的额定电压相等，把它称为电网的额定电压。

4. 电气设备的额定电压

所谓额定电压就是电气设备最适合长时间工作的电压。此时电气设备中的元件都工作在最佳状态。只有工作在最佳状态时，电气设备的性能才能比较稳定地发挥，电气设备的寿命在这样的工作电压下才可以延长。

变压器的额定电压较为复杂，一次绕组与系统的额定电压相同，二次绕组比系统的额定电压高10%，如果变压器的短路阻抗小于7%或变压器直接与用户连接时，则规定比系统的额定电压高5%。

1.1.2　电力系统的中性点及接地系统

电力系统中性点（主要是指发电机和主变压器的中性点）的运行方式一般分为中

性点不接地系统和中性点直接接地系统两大类。其中，中性点不接地系统又可分为中性点经消弧线圈接地系统、中性点经接地电阻接地系统。通常中性点不接地系统称为小电流接地系统，中性点直接接地系统称为大电流接地系统。我国 3~10 kV 系统大多采取中性点不接地的运行方式，允许其单相接地时继续运行两小时，以提高供电的可靠性。相关部门规定：3~60 kV 系统，当单相接地电流大于 30 A；20 kV 以上电网中，接地电流大于 10 AH，则采取中性点经消弧线圈接地的运行方式。110 kV 及以上的系统，一般采取中性点直接接地的运行方式。对于 380/220 V 低压配电网络，为得到两个不同的电压级也采取中性点直接接地的三相四线制。

对于电网系统的设备来说，其中性点的运行方式不同，技术特性和工作条件也不同。这样对整个电网系统运行的可靠性及其设备的绝缘和继电保护也提出了不同的要求。这是一个影响经济和技术并由各方面因素决定的综合性问题，下面分别予以讨论。

1．中性点不接地系统

我国 3~10 kV 系统，大多采用中性点不接地的运行方式。这主要是因为电压等级不高，单相接地时，虽然非故障相电压升高 $\sqrt{3}$ 倍，但是设备的绝缘是根据系统的线电压设计的，电压升高对设备绝缘影响不大。当系统单相接地时，可以允许继续运行两小时，这就为查找故障赢得了时间，大大提高了供电的可靠性。系统的故障 70% 以上是接地故障，对线路损害主要是由接地点的电容电流造成的。

正常运行时，三相系统是对称的，用 $\dot{I}_{CA}$、$\dot{I}_{CB}$、$\dot{I}_{CC}$ 表示各相对地电容，$\dot{I}_{C0}$ 表示对地总的电容电流，同时不考虑相间电容，此时电路图如图 1—1a 所示。

（1）系统正常运行。系统正常运行时，在理想情况下，负荷是对称的。那么三相电压 $\dot{U}_A$、$\dot{U}_B$、$\dot{U}_C$ 是对称的，中性点的电位为零。各相对地电容电流也是对称的（各相对地电容是相等的），即 $\dot{I}_{CA} = \dot{I}_{CB} = \dot{I}_{CC} = \dot{I}_{C0} = 0$。图 1—1b 所示为 A 相电流向量图；图 1—1c 所示为电容电流向量图。

（2）系统发生单相接地故障。当任何一相（如 C 相）绝缘受到破坏而接地时的电路图如图 1—2a 所示。此时，C 相对地的电压变为零，中性点电位偏移，未发生故障的两相对地的电压升高 $\sqrt{3}$ 倍，即变为线电压。C 相发生完全接地时的向量图如图 1—2b 所示。由图 1—2b 可以确定各相对地的电压 $\dot{U}'_A$、$\dot{U}'_B$、$\dot{U}'_C$ 的大小和方向。

$$\dot{U}'_A = \dot{U}_A + (-\dot{U}_C) = \dot{U}_A - \dot{U}_C = \dot{U}_{AC}$$

$$\dot{U}'_B = \dot{U}_B + (-\dot{U}_C) = \dot{U}_B - \dot{U}_C = \dot{U}_{BC}$$

$$\dot{U}'_C = \dot{U}_C + (-\dot{U}_C) = 0$$

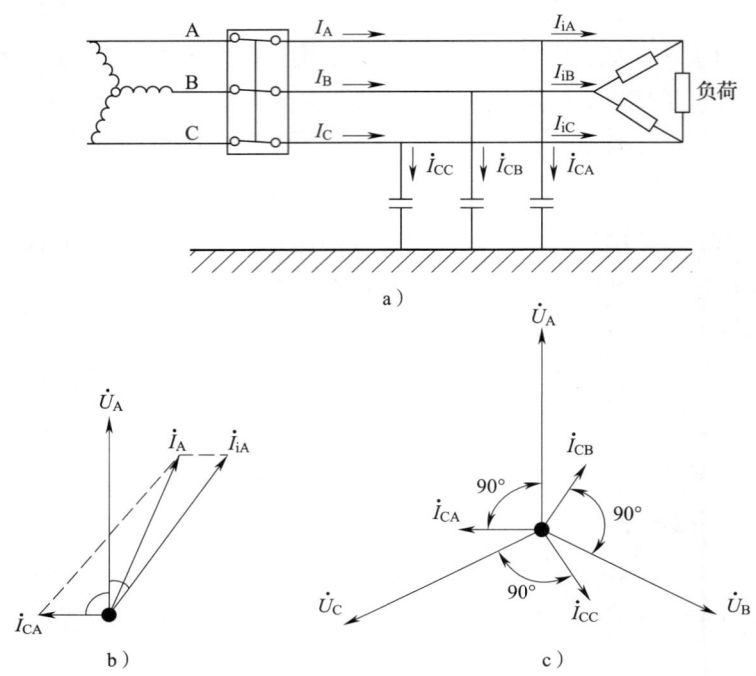

图1—1 正常运行时，中性点不接地的三相系统图
a) 电路图 b) A相电流向量图 c) 电容电流向量图

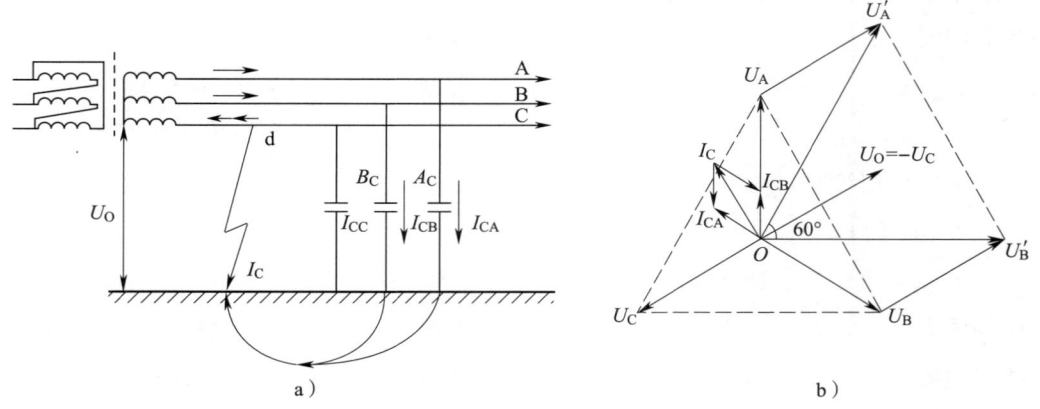

图1—2 C相发生接地时，中性点不接地的三相系统图
a) 接线图 b) 相量图

由图1—2b 可以确定，$|\dot{U}'_A| = |\dot{U}'_B| = \sqrt{3}|\dot{U}'_A|$，$\dot{U}'_A$ 和 $\dot{U}'_B$ 之间的夹角为60°，A、B 两相对地电压值升高$\sqrt{3}$倍。这样其对地电容上所加的电压也升高$\sqrt{3}$倍。所以，对地电

容电流也较正常时的电容电流 $\dot{I}_{C0}$ 升高 $\sqrt{3}$ 倍。根据图 1—2 可确定非故障相对地的电容电流，而 C 相对地的电容电流为零，因 C 相对地的电容被短路了。

设电流的正方向是由电源到电网，则可得出通过 C 相接地点的电流（简称接地电流）$\dot{I}_C = -(\dot{I}'_{CA} + \dot{I}'_{CB})$，$\dot{I}'_{CA} = \dot{I}'_{CB} = \sqrt{3}\dot{I}_{CA} = \sqrt{3}\dot{I}_{CB} = \sqrt{3}\dot{I}_{C0}$，由于 $\dot{I}'_{CA}$ 和 $\dot{I}'_{CB}$ 是电容电流，故分别超前 $\dot{U}'_A$ 和 $\dot{U}'_B$ 90°，因而 $\dot{I}'_{CA}$、$\dot{I}'_{CB}$ 两电流之间的夹角也是 60°，将它们相加即得 $-\dot{I}_C$。C 相接地电流 $\dot{I}_C$ 为电容电流，故 $\dot{I}_C$ 超前电压 $\dot{U}_C$ 90°。由向量图可得：

$$I_C = \sqrt{3}I'_{CA} = \sqrt{3}I'_{CB}$$

$$I'_{CA} = I'_{CB} = \sqrt{3}I_{C0}$$

所以
$$\dot{I}_C = 3\dot{I}_{C0} \tag{1—1}$$

由式（1—1）可知，单相接地电流等于正常时一相对地电容电流的三倍。

若已知每相的对地电容 C，则可得到：

$$I_{C0} = \frac{U_\varphi}{X_C}$$

因为
$$X_C = \frac{1}{\omega C} \times 10^{-3}$$

所以
$$I_C = 3I_{C0} = 3U_\varphi \omega C \tag{1—2}$$

式中 U_φ——正常运行时的相电压，kV；

ω——角频率，弧度每秒（Hz）；

C——相对地的电容，F；

X_C——对地电容的容抗，kΩ。

因此，接地电流 $\dot{I}_C$ 的值与网络的电压、频率和每相对地的电容有关，而每相对地的电容与电网的结构（电缆、架空线）和线路的长度有关。在实际应用中，接地电流可近似地用下式计算：

架空线路
$$I_C = \frac{Ul}{350} \tag{1—3}$$

电缆线路
$$I_C = \frac{Ul}{10} \tag{1—4}$$

式中 U——电网的线电压，kV；

l——线路长度，km；

I_C——接地电流，A。

非金属性接地（包括经过一定的电阻或消弧线圈接地）：接地相对地的电压大于零而小于相电压，非接地相对地的电压则大于相电压而小于线电压。

由前面分析可知，在中性点不接地的系统中发生单相接地时，非故障相线电压的大小和相位差仍维持不变，在这种系统中相对地的绝缘水平是根据线电压设计的，虽然非故障相的相电压会升高 $\sqrt{3}$ 倍，但对设备的绝缘没有多大影响。因而中性点不接地系统在发生单相接地时，可以继续运行。但是，不允许长期运行，因为长期运行时可能引起非故障相绝缘薄弱的地方损坏而造成相间短路。为此，在这种系统中，一般都装设专门的绝缘监察装置，以监视有无接地故障发生。中性点不接地系统中发生单相接地时，按规定一般允许暂时继续运行不超过两小时。

2．中性点直接接地系统

将系统的中性点直接接地也是防止单相接地时产生间歇电弧过电压的一种方法，如图 1—3 所示。由于单相短路电流很大，因而零序保护灵敏，继电保护装置能可靠动作，将接地的线路切除，使系统的其他部分恢复正常运行。这样，在发生单相接地时，就不会产生间歇电弧。同时，因中性点电位为接地体所固定，非故障相对地的电压不升高，因而各相对地的绝缘水平只需按相电压考虑，这就降低了设备对绝缘的要求。设备对绝缘的要求降低，实际上就降低了高压电气设备的造价。所以 110 kV 以上的超高压系统，一般采取中性点直接接地的方式。

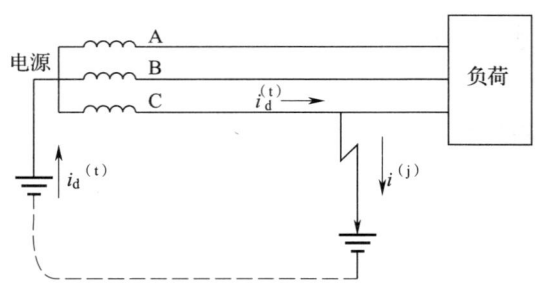

图 1—3　中性点直接接地系统图

中性点直接接地系统的缺点：

（1）中性点直接接地系统单相接地时，短路电流值很大，故障被切除前将引起电压降低，会影响系统的稳定。另外，由于强大的短路电流会导致导体周围形成较强的单相磁场，使邻近的电子设备受到干扰，如城轨交通的信号和通信设备。因此，在大容量的电力系统中，为了减小单相短路电流，也有采用中性点经电抗器接地的（这样可限制单相短路电流值，不过却损失了部分零序保护的灵敏度）。

（2）中性点直接接地系统单相接地时，由于必须断开故障线路，用户供电不得不中断。为了克服这一缺点，提高供电的可靠性，在中性点直接接地系统中普遍装设了自动重合闸装置（ZCH）。当发生单相接地故障时，在继电保护的作用下断路器自动断开，经一定延时后再自动重合，若故障消除，用户供电即可得到恢复。如果单相接地为永久性的，则继电保护将再次断开断路器，这样供电设备还要遭受二次故障电流的损害。对于重要的一类负荷，为保证不间断供电，应另装设备用电源。

1.1.3 各种电压等级供电系统的接地方式

1. 在 110 kV 及以上的高压或超高压系统中，一般采用中性点直接接地系统，其目的是降低电气设备绝缘水平，提高继电保护的灵敏性，免除由于单相接地后继续运行而形成的不对称性。

2. 工厂供电系统采用的电压在 1~35 kV，一般为中性点不接地系统，因工厂供电距离短，对地电容小，单相接地电流小，发生单相接地故障时允许运行一段时间，提高了系统的稳定性和供电可靠性，对通信干扰小。

3. 1 kV 以下的供电系统（380 V/220 V），除某些特殊情况下（井下、游泳池），绝大部分是中性点接地系统，主要是为了防止绝缘损坏而使人员遭受触电的危险。

1.2 城轨供电系统

1.2.1 110 kV 供电系统

1. 主接线图画法

当只有两台变压器和两条线路时，可采用桥式接线。桥式接线按照连接桥的位置可分为内桥式接线和外桥式接线两种。

内桥式接线（见图 1—4）的特点：两台断路器（103 和 104 动力变 35 kV 进线断路器）接在进线电源线路上，因此进线电源线路的切除和投入是比较方便的。当线路发生短路故障时，仅故障线路（虹宁Ⅰ或虹宁Ⅱ）的断路器断开，非故障线路仍可继续工作。但是当变压器（如 1#变压器）故障时，与 1#变压器连接的两台断路器（103 和 100）都将断开，1#变压器所辖负荷将失电，此时可以合上 303 10 kV 分段断路器，恢复 1#变压器所辖负荷。断开 1#变压器侧闸刀后，合上Ⅰ路（虹宁Ⅰ）进线断路器，

100 35 kV 联络断路器打开，Ⅰ路（虹宁Ⅰ）电源仍可作为Ⅱ路（虹宁Ⅱ）进线的后备。此外，这种接线切除和投入变压器时的操作比较复杂，如切除1#变压器时，必须先断开103 1#动力变35 kV 断路器和10 kV 断路器，然后再断开1#动力变35 kV 隔离闸刀。所以内桥式接线适用于故障较多的长线路和变压器不需要经常切换的运行方式。

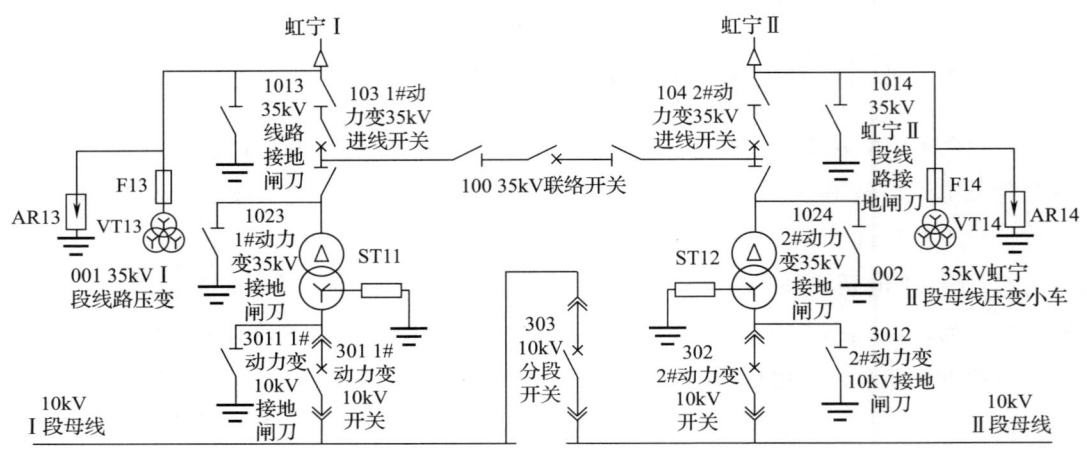

图1—4　内桥式接线图

如图1—5所示为外桥式接线图。外桥接线的特点与内桥式相反。当1#动力变压器发生故障或运行中需要切除时，只要断开103 1#动力变35 kV 进线断路器即可，并不影响Ⅱ段的工作。但当Ⅰ路进线发生故障，则103 1#动力变35 kV 进线断路器要断开，100 35 kV 联络断路器应在断开状态，为此，1#动力变压器也将被切除。为了恢复1#变压器的正常运行，必须在断开Ⅰ路线路隔离闸刀后，再接通103 1#动力变35 kV 进线断路器和100 35 kV 联络断路器。因此，外桥式接线适用于线路较短和变压器按经济运行需要经常切换的情况。此外，当电力系统有穿越性功率经过变电所时，也应采用外桥接线，这时穿越性功率仅经过100 35 kV 联络断路器；若采用内桥接线时，则穿越性功率将经过三台断路器，其中任一台断路器故障或检修时，将影响穿越功率的传送。又如，两条引出线接入环形电网时，也应采用外桥式接线，使环形电网断开机会减少。

桥式接线的优点是工作可靠、灵活，使用的电器少，装置简单、清晰，建造费用低。当配电装置建造初期负载较小、出线数目不多时，宜采用桥式接线。随着负载逐步增大，出线数增多时，则可逐步发展为单母线分段或双母线接线。

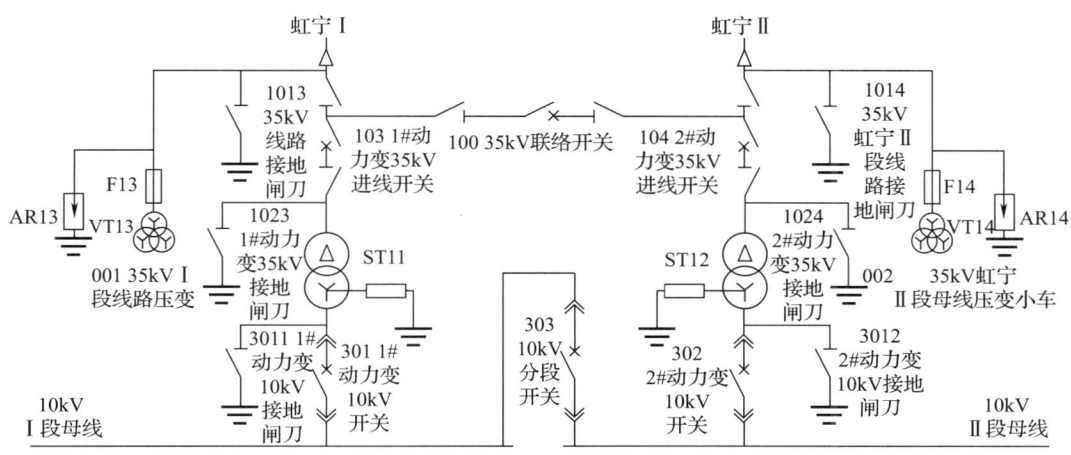

图 1—5 外桥式接线图

2．线路变压器组的接线

线路变压器组接线就是线路和变压器直接相连，是一种最简单的接线方式，如图 1—6 所示。其特点：一是设备少、投资省、操作简便、宜于扩建，但灵活性和可靠性不及桥式接线；二是线路和变压器可以看作是一个元件，速断保护可以按照躲开变压器低压侧线路出口处的短路来整定，由于变压器的阻抗一般较大，因此短路点的电流就大为减小，这样整定之后，电流速断就可以保护线路全长。

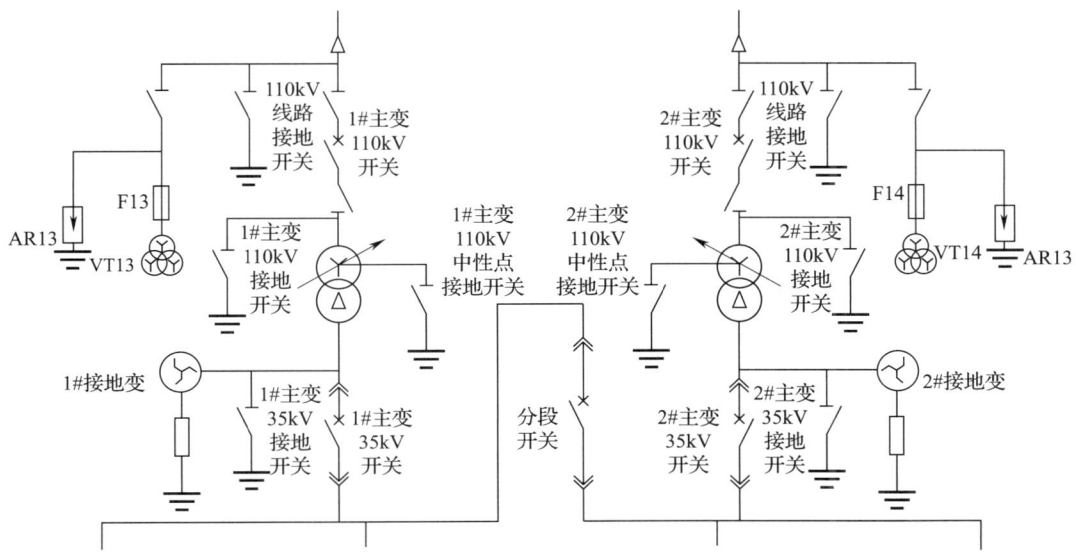

图 1—6 线路变压器组接线图

3. 单母线接线

单母线接线是由线路、变压器回路和一组（汇流）母线所组成的电气主接线。单母线接线的每一回路都通过一台断路器和一组母线隔离断路器接到这组母线上，如图1—7所示。这种接线方式的优点是简单清晰，设备较少，操作方便和占地少。但因为所有线路和变压器回路都接在一组母线上，所以当母线或母线隔离断路器进行检修或发生故障，或线路、变压器继电保护装置动作而断路器拒绝动作时，都会使整个配电装置停止运行，供电的可靠性和灵活性不高，仅适用于线路数量较少、母线短的牵引变电站和铁路变、配电所。

4. 单母线分段接线

出线回路数增多时，可用断路器将母线分段，成为单母线分段接线，如图1—8所示。根据电源的数目和功率，母线可分为2~3段。段数分得越多，故障时停电范围越小，但使用的断路器数量越多，其配电装置和运行也就越复杂，所需费用就越高。

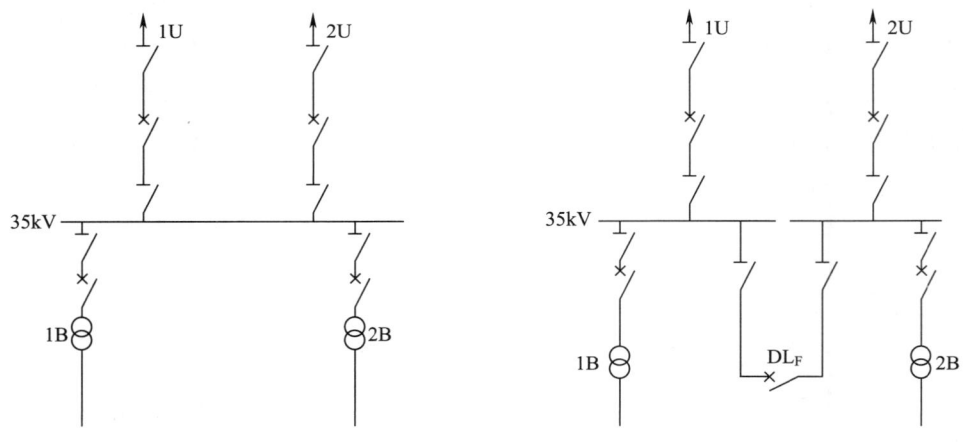

图1—7 单母线接线图　　　　图1—8 单母线分段接线图

母线分段后，可提高供电的可靠性和灵活性。在正常运行时，可以接通也可以断开运行。当分段断路器接通运行时，任一段母线发生短路故障时，在继电保护作用下，分段断路器和接在故障段上的电源回路断路器便自动断开。这时非故障段母线可以继续运行，缩小了母线故障的停电范围。当分段断路器断开运行时，分段断路器除装有继电保护装置外，还应装有备用电源自动投入装置，分段断路器断开运行，有利于限制短路电流。

对重要用户，可以采用双回路供电，即从不同段上分别引出馈电线路，由两个电源供电,以保证供电可靠性。

单母线分段接线的缺点:

(1)当一段母线或母线隔离断路器故障或检修时,必须断开接在该分段上的全部电源和出线,这样就减少了系统的发电量,并使该段单回路供电的用户停电。

(2)任一出线断路器检修时,该回路必须停止工作。

虽然单母线分段接线较单母线接线提高了供电的可靠性和灵活性,但当电源容量较大及出线数目较多时,尤其是单回路供电的用户较多时,其缺点更加突出。因此,一般认为单母线分段接线应用在 6~10 kV,出线在 6 回及以上时,每段所接容量不宜超过 25 MW;用于 35~66 kV 时,出线回路不宜超过 8 回;用于 110~220 kV 时,出线回路不宜超过 4 回。

在可靠性要求不高时,或者在工程分期实施时,为了降低设备费用,也可使用一组或两组隔离断路器进行分段,任一段母线故障时,将造成两段母线同时停电,在判别故障后,拉开分段隔离断路器,完好段即可恢复供电。

5. 双母线接线

双母线接线是根据单母线接线的缺点提出来的,如图 1—9 所示。双母线接线中一组为工作母线,另一组为备用母线,并通过母联断路器并联运行,在进行倒闸操作时应注意,隔离断路器的操作原则是:在等电位下操作或先通后断。它可以有两种运行方式,一种是固定连接分段运行方式,即一些电源与出线固定连接在一组母线上,母联断路器合上,相当于单母线分段运行。另一种工作方式相当于单母线运行方式。很显然,双母线分段的可靠性高于前两种接线方式,只是母线保护较复杂。双母线接线的投资比单母线分段接线更大。

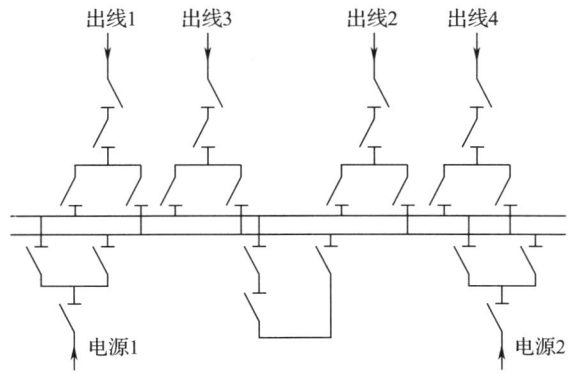

图 1—9 双母线接线图

1.2.2 35 kV 供电系统

1. 城轨主变电站 35 kV 一次接线

城轨主变电站 35 kV 和 110 kV 一次接线图如图 1—10 所示,其中 110 kV Ⅰ 段和 Ⅱ 段、35 kV Ⅰ 段和 Ⅱ 段为单母线接线,35 kV Ⅲ 段和Ⅳ 段为单母线分段接线,在大多数城轨主变中 35 kV 接线方式一般都为单母线分段接线。

图 1—10 中主变通过 35 kV Ⅰ/Ⅱ 段向另一条轨交线路供电,而该主变所辖自身负荷通过 35 kV Ⅲ/Ⅳ 段母线馈出,正常运行时,Ⅲ/Ⅳ 段母线 35 kV 分段断路器处于分闸状态,自切装置投入。当Ⅰ/Ⅱ 段母线发生故障时,主变压器 35 kV 断路器跳闸,35 kV Ⅰ/Ⅱ 段母联断路器跳闸,35 kV Ⅲ/Ⅳ 段分段断路器自切。此时去相邻轨交线馈线断路器的负荷自动被切除,保证自身负荷供电。当Ⅲ/Ⅳ 段母线发生故障时,35 kV Ⅰ/Ⅱ 段母联断路器跳闸,35 kV Ⅲ/Ⅳ 段分段断路器不自切,此时去相邻轨交线馈线断路器仍能保证供电。由此可以看出,这样的接线方式使得自身负荷和相邻轨交线的供电运行相互之间干扰最少。

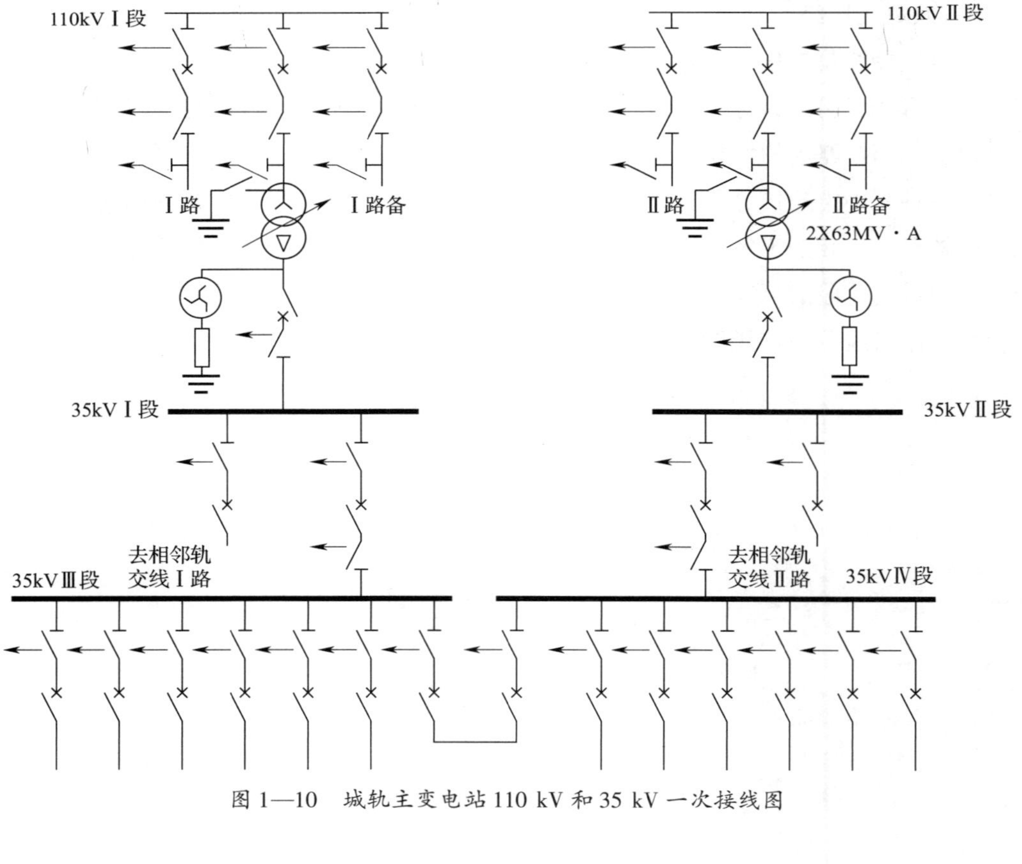

图 1—10 城轨主变电站 110 kV 和 35 kV 一次接线图

2. 主变电所 35 kV 馈出线

城市轨道交通供电系统主变电所的 35 kV、10 kV 侧采用单母线分段加分段断路器的接线方式。35 kV 馈线直接配电给沿线牵引变电所、牵引降压混合所、降压变电所和中心降压变电所。当某一所主变故障或退出时,为确保原管辖区域内牵引变电所和降压变电所的供电,改由相邻的主变电所通过 35 kV 环网分断处的两台联络断路器,将其 35 kV 电源送至本主变所 35 kV Ⅰ 或 Ⅱ 母线,通过母线上的馈线断路器,实现跨区域供电。

3. 35 kV 中心变电站接线

35 kV 中心变电站为线路变压器组接线,是从主变电站的 35 kV Ⅰ/Ⅱ 段母线上各引入一路电源构成线路变压器组接线方,35 kV Ⅰ/Ⅱ 路电源经动力变降压至 10 kV,供给 10 kV Ⅰ/Ⅱ 段母线,并和各个降压站 10 kV 侧构成 10 kV 环网供电系统。35 kV 中心变电站接线图如图 1—11 所示。

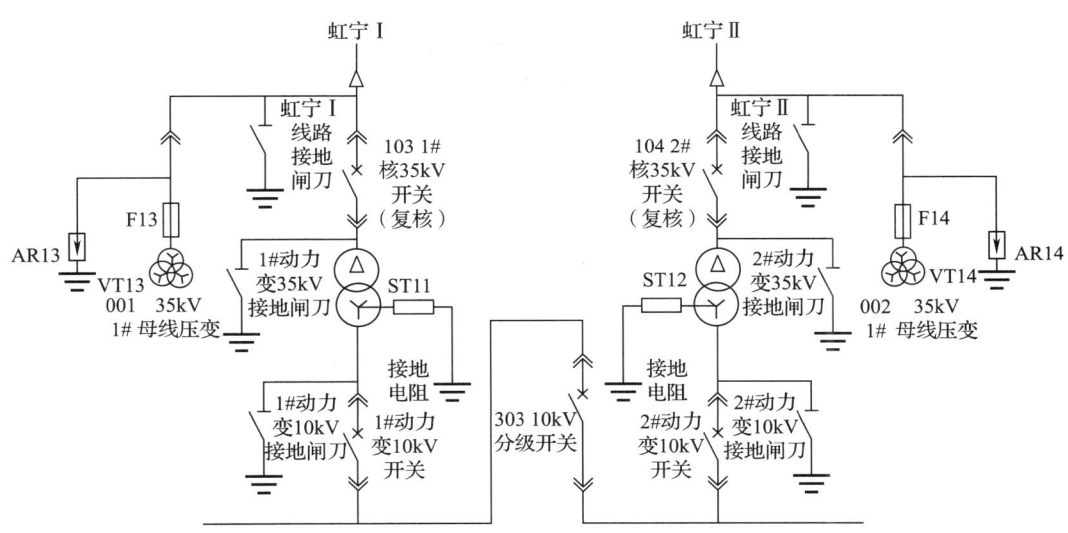

图 1—11 35 kV 中心变电站接线图

通常一条轨交线有两座以上的中心降压变电站,有些中心降压变电站和主变电站设在一起,有些沿轨交线均匀分布。中心降压站从主变电站 Ⅰ/Ⅱ 段母线上分别接入两路电源,经动力变压器降压至 10 kV,再配送给沿线的降压站。配送的方式有两种:一种是从中心降压站 10 kV Ⅰ/Ⅱ 段母线上分别馈出,配送至降压变电站;另一种是从中心降压变电站 10 kV Ⅰ/Ⅱ 段母线上分别馈出至最近一个降压变电站,然后再由降压站

10 kV Ⅰ/Ⅱ段母线分别馈出至相邻降压站,由此方式重复不断直至最后一个降压变电站。一个中心降压变电站承担全线1/3~1/2降压站的负荷供给。

当中心降压变电站的35 kV Ⅰ路或Ⅱ路电源失电,中心降压变电站的10 kV分段断路器就会自动合上,保证失电母线的供电。

4. 35 kV降压变电站的接线

35 kV降压变电站是直接从主变电站35 kV Ⅰ/Ⅱ段母线上引入电源至本站35 kV Ⅰ/Ⅱ段母线,然后再将引入的电源分别送至邻站的35 kV Ⅰ/Ⅱ段母线,同时35 kV电压降压至0.4 kV,经0.4 kV母线配送给本车站各类用电负荷。35 kV降压变电站一次接线图如图1—12所示。35 kV和0.4 kV母线的接线方式为单母线分段接线。

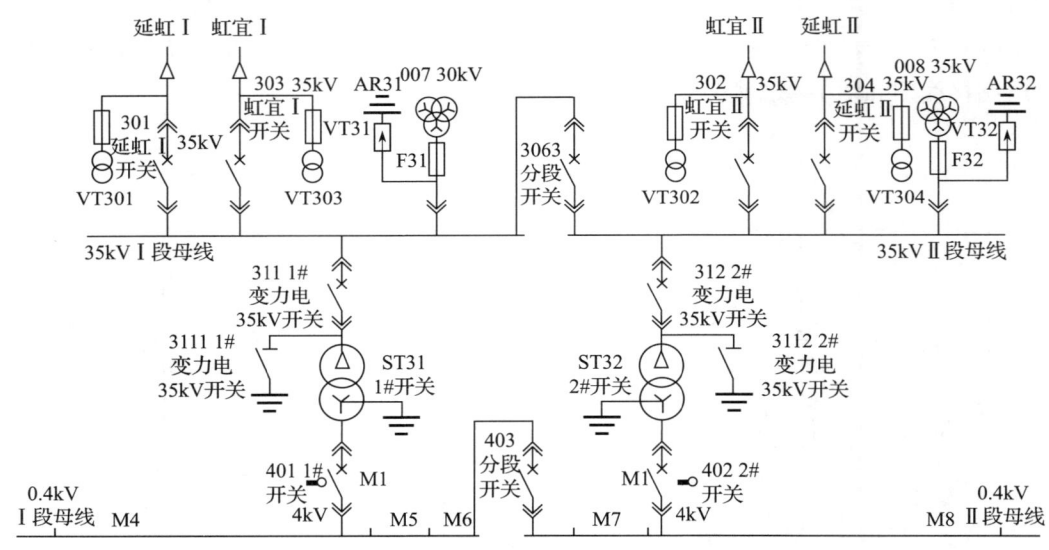

图1—12 35 kV降压变电站一次接线图

5. 35 kV牵引降压混合变电站的接线

35 kV牵引降压混合变电站的35 kV和0.4 kV母线的接线方式是一样的,都是单母线分段接线。只是在其中35 kV某一段上连接了两台整流变压器和整流器,如果第一座混合变电站的整流变压器和整流器接在Ⅰ段母线上,那么第二座混合变电站的整流变压器和整流器就接在Ⅱ段母线上,这样可以均衡主变电站35 kV Ⅰ/Ⅱ段母线上主变压器的负荷。35 kV牵引降压混合变电站一次接线图如图1—13所示。

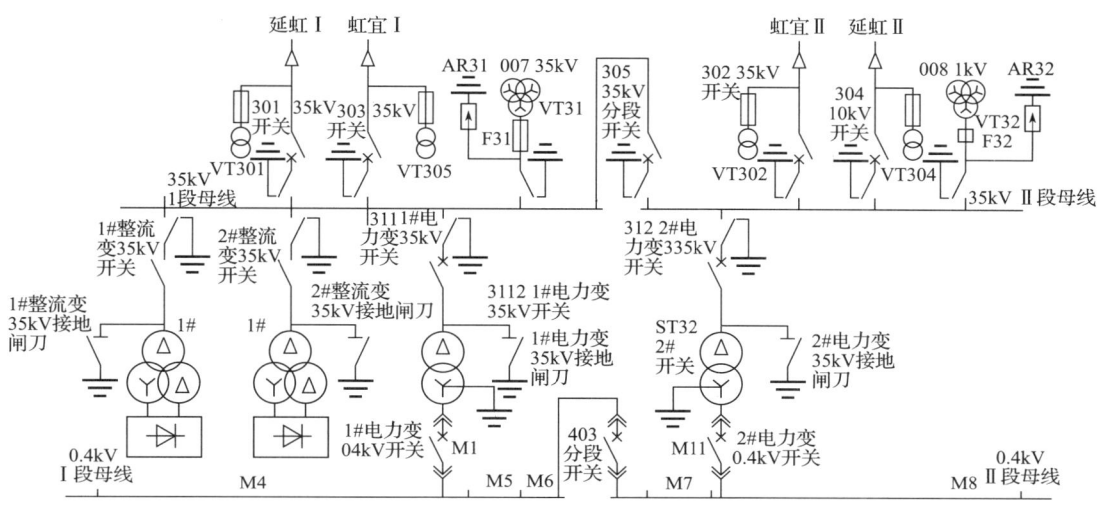

图1—13　35 kV牵引降压混合变电站一次接线图

1.2.3　直流1 500 V牵引供电系统

直流1 500 V牵引供电系统由整流器、正负母线、直流高速断路器、触网闸刀、接触网、回流排和回流电缆、开闭装置等构成。为了使回流电流充分流回整流器的负端，减少杂散电流，该系统对地采用悬浮的接线方式。

如图1—14所示，直流1 500 V母线采用单母线接线型式，整流器组的正极通过电动正极闸刀与1 500 V正母线相连，负极通过手动负极闸刀与负极柜中的负母排相连，并由正母线引出四条馈出线，经直流高速断路器、触网隔离闸刀分别接至路线上下行的接触网，供给电客列车。电客列车又通过车轮、钢轨和回流电缆将回流电送到回流箱，再由回流箱将回流电送回整流器负端。为了防止操作过电压对设备造成破坏，在整流器正、负极之间并按避雷器。1 500 V正母线上的避雷器是为了防止雷电浪涌而安装的。

由图1—14中可以看出，这种接线存在以下缺点：

（1）当直流1 500 V母线发生故障或清扫、检修时，就要全部停电。

（2）当连接在母线上的4台直流高速断路器柜中的任何一台需要维修时，需要全部停电。

（3）检修任何一台直流高速断路器小车时（211、214），直流高速断路器所在的线路一定要停电。

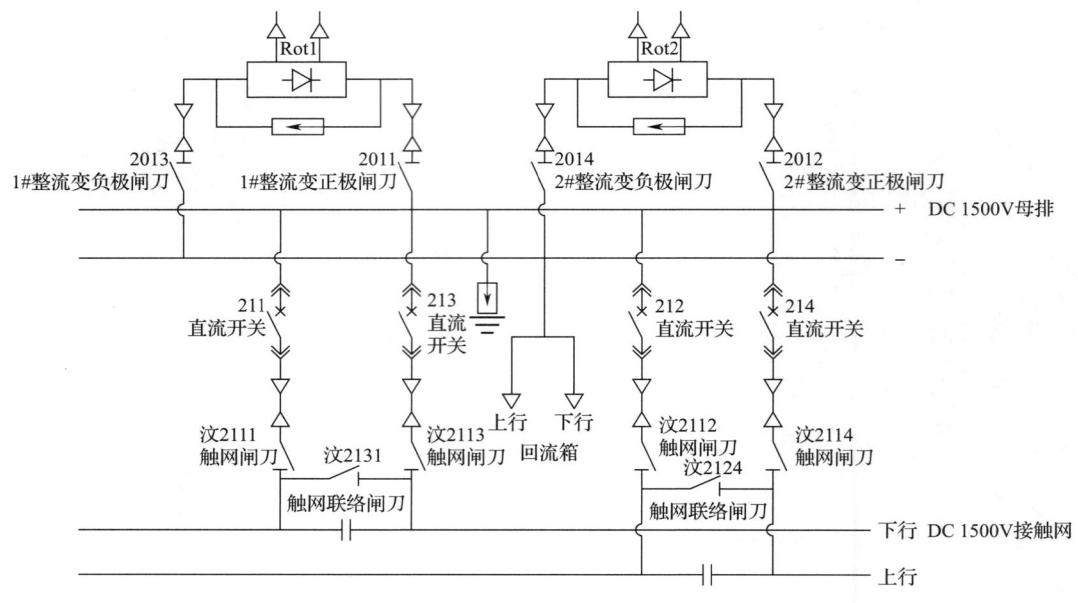

图 1—14 直流 1500 V 母线接线图

这种接线的优点：

(1) 接线结构简单、清晰，操作简便，而且直流高速断路器小车与断路器柜之间容易做成可靠的联锁，可以避免发生误操作。这种接线方式投资少，运行费用相对较低。

(2) 在上行线和下行线触网上都有锚段，分别接在上行线和下行线的两台触网闸刀之间，并且和触网联络闸刀（2131 或 2124）并接在一起，当该牵引站因故退出运行时，可以合上触网联络闸刀，使得锚段两边的触网连接在一起，实行大双边供电方式，保证了供电的连续可靠性。

(3) 为了维护及检修方便，每个牵引站的上下行线路都各设有两台分段绝缘器，能够使得直流牵引系统故障不会被扩大，便于直流牵引系统的继电保护。其好处主要有以下两个方面：

一是当发生故障时，两个牵引站的直流高速断路器发生联跳，故障就被限制在两个绝缘分段之间，不会扩大，便于查找。

二是在确定直流高速断路器保护整定值时，只需考虑两个绝缘分段器之间所有列车运行的工况就可以了，而无须考虑全线的运行列车。这样更容易识别故障电流和正常电流的差异。

1.2.4 接触网的分段和单双边供电

1. 接触网分段

接触网分段需根据线路条件、供电制式、车站位置、区间长短等各种因素综合考虑，设置合理的接触网分段长度及其位置。在分段点处设有分段绝缘器将接触网分段，接触网正常情况下是分段供电，这是为了维持正常的供电电压及缩小故障区域。为此，根据实际情况，在城轨接触网供电区段中每 3~5 km 就设一座牵引供电所，当其中一座牵引供电所解列时，可以通过越区供电，确保列车运行的可靠供电。

2. 单双边供电

接触网供电方式有单边供电、双边供电和越区供电，单边和双边供电为正常的供电方式。单边供电：供电臂（包括直流高速断路器、直流出线电缆、触网闸刀）只从一端的变电所取得电流的供电方式。双边供电：供电臂从两端相邻的变电所取得电流的供电方式，城轨接触网正常的供电大都采用双边供电。越区供电是一种非正常供电方式（也称事故供电方式），有两种方式：一种是断开失电触网区段两端的直流高速断路器，合上触网联络闸刀，电流经触网联络闸刀从有电的触网区段流向失电的区段；另一种是合上失电触网区段两端的直流高速断路器，断开触网联络闸刀，电流经直流高速断路器和 1 500 V 母线从有电的触网区段流向失电的区段。

1.2.5 牵引回流系统

牵引回流系统由走行轨、阻抗棒、负回流电缆和均流电缆等构成。列车回流电流进入走行轨后将通过负回流电缆回流至牵引变电所负母线。负回流电缆一般采用多根截面积为 150 mm^2 的直流铜芯软电缆，引至回流电缆转换箱，然后用多根截面积为 400 mm^2 的直流铜芯软电缆引至牵引变电所负母线。

1. 回流电缆和回流箱

回流柜位于钢轨和负母排之间，其中有汇流排，是负责汇集回流电缆送来的回流电。从阻抗棒来的回流电通过汇流排的收集再通过电缆送往负母线，这样构成一个完整的电路。

2. 牵引回流的接线方式与轨道电路的关系

钢轨不仅是回流系统的一部分，同时也是轨道电路的一部分。目前有很大一部分车辆运行时的检测和控制是通过轨道电路实现的（如上海的 1、2、3 号线）。如果将回流电缆直接与钢轨连接，就会破坏轨道电路，将一部分轨道信号旁路掉，造成车辆控制故障，影响正常运行。所以牵引回流的接线方式不仅要使回流电流畅通，还要保证轨道信号不被旁路掉。为了防止不同电路间的相互干扰，对信号轨道电路有特殊安排：

（1）采用不同电流制或不同电流频率。对于直流电气化铁道，信号轨道电路可采用交流电源。

（2）在两根钢轨之间设置均流线和阻抗棒。牵引回流通过阻抗棒及中点连线可在钢轨中顺利流通。由于牵引回流在阻抗棒上下两部分产生的磁势是互相抵消的，因此轨道中的牵引回流不会影响信号轨道电路的正常工作。

（3）牵引回流的引出线，包括将轨道牵引回流引回牵引变电所的回流线，必须在信号阻抗棒中点连接。

3．牵引回流系统各元件在回流中的作用

- 钢轨：作为回流电流的载体。
- 阻抗棒：阻止流经轨道上的高频信号被旁路掉，确保直流回流电流畅通。
- 均流线：均衡两根钢轨之间的电位和电流，确保轨道信号不被干扰。
- 回流线：从阻抗棒的中点引出，与回流箱连接，作为回流电流的载体。
- 回流柜：通过汇流排与各回流线连接，并与回流电缆转接。
- 回流电缆：将回流电流引入牵引站整流器负极。

1.2.6 城轨供电形式

1．环网概念

城轨供电系统属于集中受电，一条线路通常有两座或两座以上主变电站，各自从不同源的市电网接受两路电源，经1#和2#主变降压，分别通过其35 kV Ⅰ/Ⅱ段母线对所辖负荷构成两路供电网络，在这个网络中各牵引变电站或混合变电站相互之间都有联络线，形成相互连接的网络。各牵引变电站或混合变电站除了从主变接受电源以外，还可以通过联络线从邻站接受电源；同样也可以向邻站馈出电源。这样的一种接线形式就称为环网。正常运行时，主变电站35 kV Ⅰ/Ⅱ段母线对所辖负荷分别供电；各个主变电站各自向所辖的负荷供电，各自的供电网络互不相连，但当电源线路检修或发生故障时，正常运行的主变电站通过其中一路网联断路器向另一故障主变变电站供电，这时两个主变的两个网络中的一路供电网络就联系在一起了，这样就大大提高了供电的可靠性。

2．环网形式

一般说来，城轨交通35 kV供电系统的环网主要有放射性连接和环形连接两种。

放射性连接是主变对牵引站和中心降压站的供电直接从其 35 kV Ⅰ/Ⅱ 段母线分别引出，有几个牵引站就引出几条供电线路，有几个中心降压站就分别从主变 35 kV Ⅰ/Ⅱ 段母线各引出几条线路（一个中心站 35 kV Ⅰ/Ⅱ 段共有两条电源线路）。这样对于一座主变站 35 kV 系统来讲就有 35 kV Ⅰ 段和 Ⅱ 段供电网络，正常运行时各自负责所管辖的负荷供电。

为确保列车运行的供电可靠，在设计城市轨道交通线时，通常每三座车站的两个区间就设置一座牵引变电站，一般在发生局部供电故障时，能进行跨区域供电，由此就构成了相互支援的供电网络，不会因一座牵引变电站失电而影响对列车的供电，从而有力地保证了供电的可靠性。这种类型（环形连接），如果第一座牵引变电站是从主变电站 35 kV Ⅰ 段受电，那么第二座牵引变电站就从主变电站 35 kV Ⅱ 段受电，每座牵引变电站都有一路和邻站相连的 35 kV 线路，作为备用电源。当某一座牵引变电站进线电源线路因故退出运行，就可以投入备用电源线路，即联络线路。如果某一 110 kV 进线电源或一座主变压器因故退出运行，可以通过两座主变电站 35 kV 系统 Ⅰ/Ⅱ 段网联断路器进行跨区域供电，保证因故退出的主变电站所辖负荷的供电。

环形连接与放射性连线相比的特点是从主变 35 kV Ⅰ/Ⅱ 母线馈出线路较少，一般有两路或三路，优点是投资节省。从主变 35 kV Ⅰ/Ⅱ 母线上分别馈出一路线送至牵引降压混合变电站的 35 kV Ⅰ/Ⅱ 母线，然后由牵降混合变电站 35 kV Ⅰ/Ⅱ 馈出线断路器分别再将 Ⅰ/Ⅱ 段电源送至下一站的 35 kV Ⅰ/Ⅱ 母线，这样一站接一站地往下送，直至本区域供电的末端站。这种接线方式的缺点是只要中间有一个节点出现故障，后面几个站的供电都将受影响。

3. 环网的跨区域供电及相互支援

一条轨道交通线通常有两至三座主变电站，它们都有各自的供电区域，正常运行时区域内主变各自的供电网络互不相连，但当某主变电站的进线电源或主变压器因故退出运行，此时，就需要相邻主变电站的电力支援，而不是通过本站 35 kV 分段断路器合闸来实现对失电段供电。因为这样的运行方式的备用电源不具备 $N-1 \geqslant 1$ 的要求（N 为引入的电源数量，包括备用的），连续供电的可靠性不高。电力支援的方法是通过合上 35 kV Ⅰ 段或 Ⅱ 段联络断路器，使得相邻主变电站的电力跨区送到因故失电区域。联络断路器通常位于供电区域分界线的两侧，正常运行时被置于冷备用或非自动状态。

城轨供电系统环网接线图如图 1—15 所示。

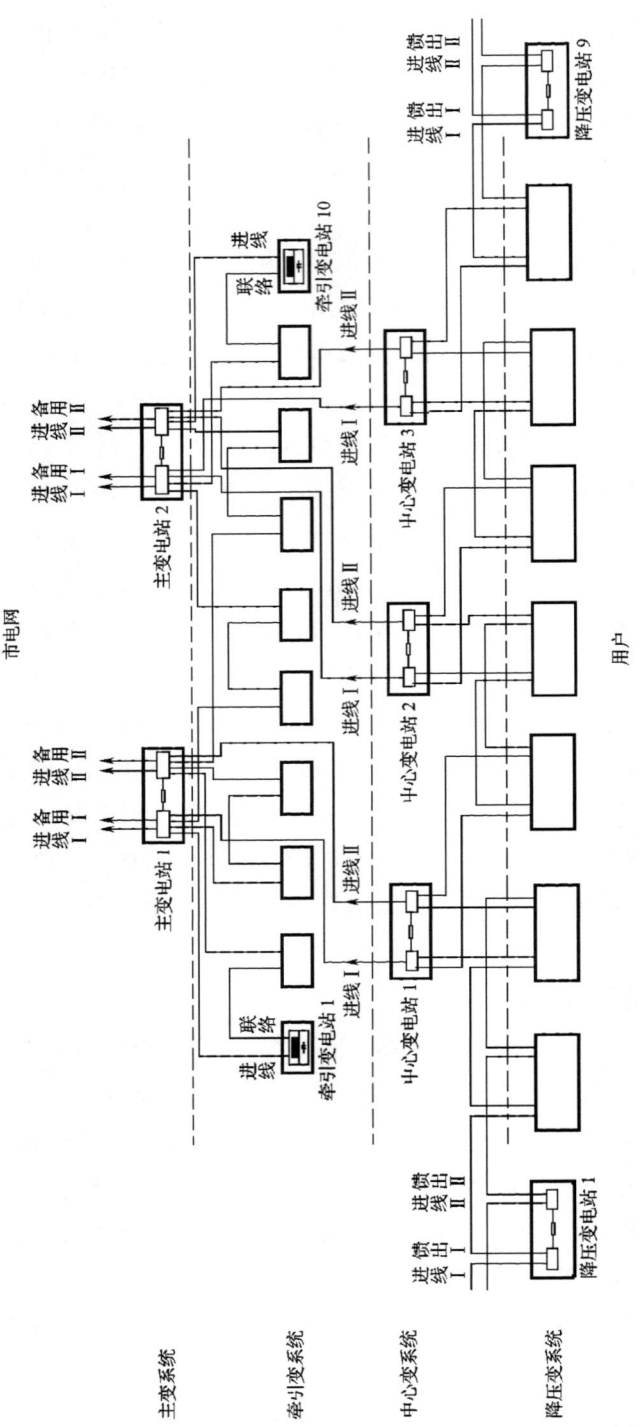

图1—15 城轨供电系统环网接线图

技能要求

主变非正常运行方式调整（二级供电）

操作条件

1. 实训目的

通过专业实训，使学员了解主变正常及非正常运行方式，掌握各级断路器、闸刀的闭锁关系，掌握倒闸操作的规范，能熟练地对运行方式进行调整，正确使用专业术语进行汇报。

2. 实训设备及工具

实训设备及工具见表1—2。

表1—2　　　　　　　　实训设备及工具

序号	名称	规格	单位	数量	备注
1	主变电站模拟屏		台	1	
2	主变电站后台监控系统		套	1	
3	110 kV GIS 断路器操作用具		件	若干	
4	35 kV GIS 断路器操作用具		件	若干	
5	倒闸操作用具		件	若干	
6	安全用具		件	若干	

3. 实训要求

（1）做好操作前的准备工作。

（2）按规定的步骤进行。

（3）严格执行倒闸操作规范，杜绝误操作。

（4）了解断路器、闸刀之间的闭锁关系。

（5）完成各项操作后，检查设备状态是否与模拟屏及后台监控系统一致。

操作准备

1. 正确穿戴工作服，袖口必须扎紧。

2. 正确穿戴绝缘工作鞋、手套。

3. 带好操作工具。

4. 了解当前现场设备的状态。

操作步骤

步骤1　安全运行准备措施

核对模拟屏、后台监控系统、现场设备状态是否一致。

严格执行倒闸操作规程，做好组织措施和技术措施。

注意：若有任何故障或缺陷，应视具体情况取消本操作。

步骤2　主变非正常运行方式调整（二级供电）

正常运行方式（见图1—16）：

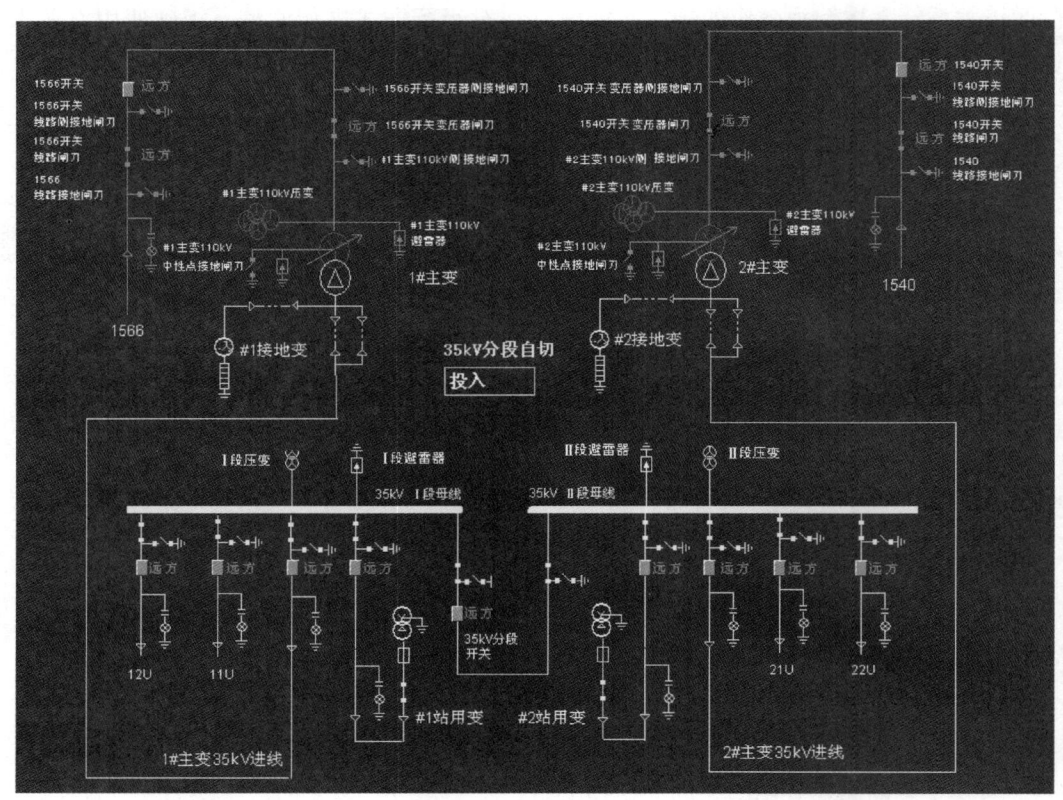

图1—16　主变正常运行方式

1566、1540线路运行。

1号、2号主变压器运行，变压器低压侧带接地变压器运行，接地变压器经接地电阻运行，110 kV中性点不接地。

35 kV单母线分段运行，分段断路器热备用，自切投入。

0.4 kV双电源进线供电，单母线分段运行，分段断路器热备用，自切投入。

相邻主变之间联络站的联络断路器冷备用。

非正常运行方式：

1. 1号主变进线失电，35 kV Ⅰ段母线进线断路器跳闸，Ⅰ/Ⅱ分段断路器自切合闸，由Ⅱ段母线带Ⅰ段母线运行，如图1—17所示。

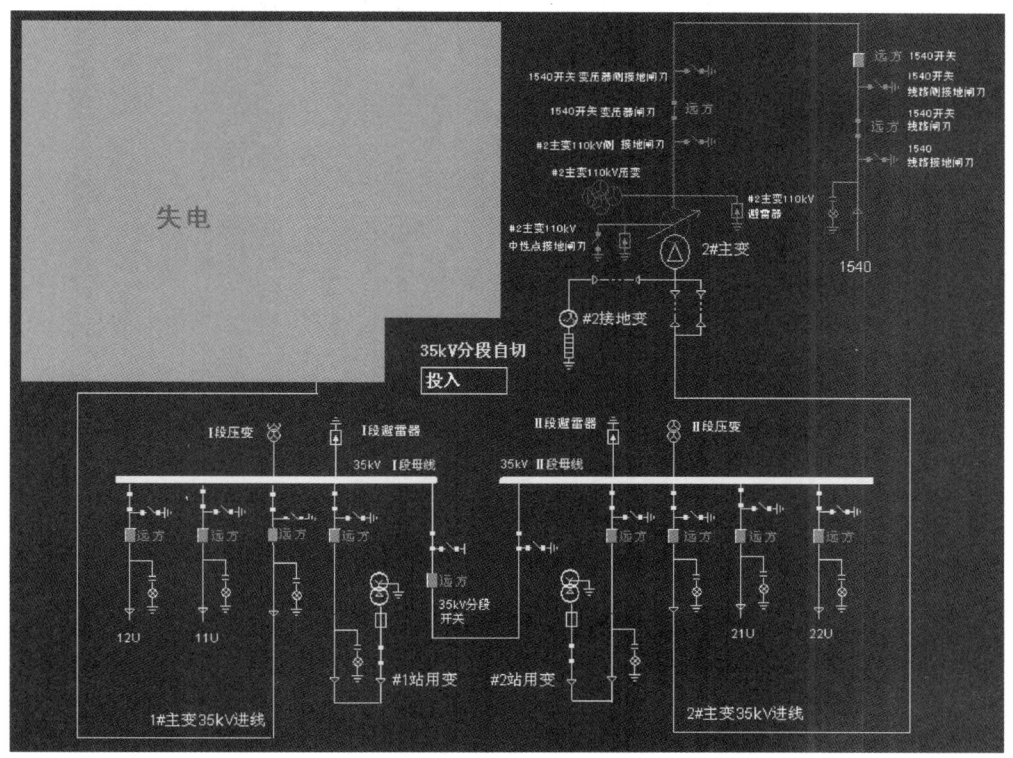

图1—17　主变非正常运行方式1

2. 1号主变进线失电，本站35 kV Ⅰ段母线由相邻主变35 kV Ⅰ段母线经联络断路器倒送电，如图1—18所示。

3. 2号主变进线失电，35 kV Ⅱ段母线进线断路器跳闸，Ⅰ/Ⅱ分段开关自切合闸，由Ⅰ段母线带Ⅱ段母线运行。

4. 2号主变进线失电，本站35 kV Ⅱ段母线由相邻主变35 kV Ⅱ段母线经联络断路器倒送电。

5. 1号、2号主变进线失电，相邻主变通过联络站Ⅰ段、Ⅱ段的联络断路器分别对本站Ⅰ段、Ⅱ段进行支援供电，如图1—19所示。

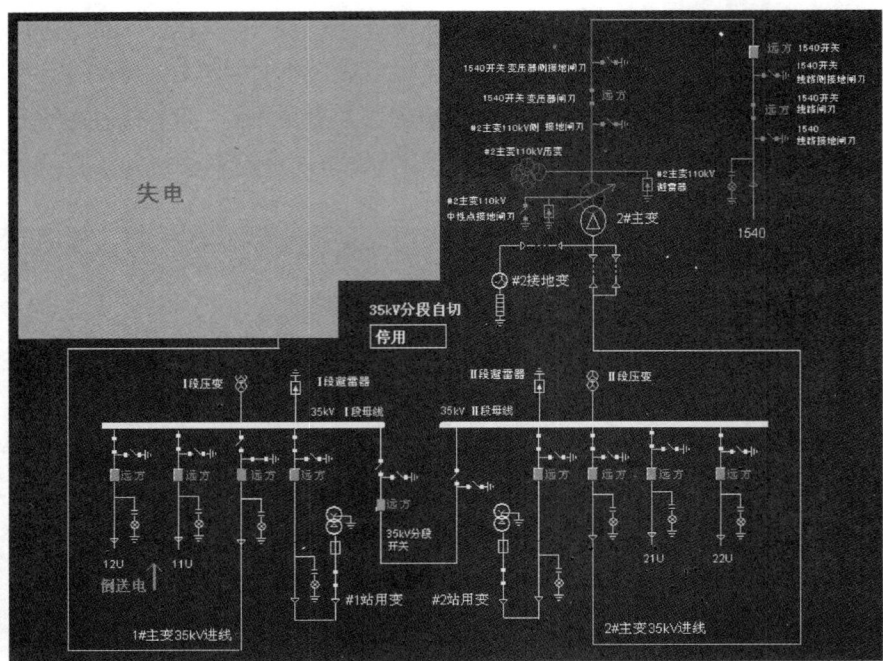

图 1—18　主变非正常运行方式 2

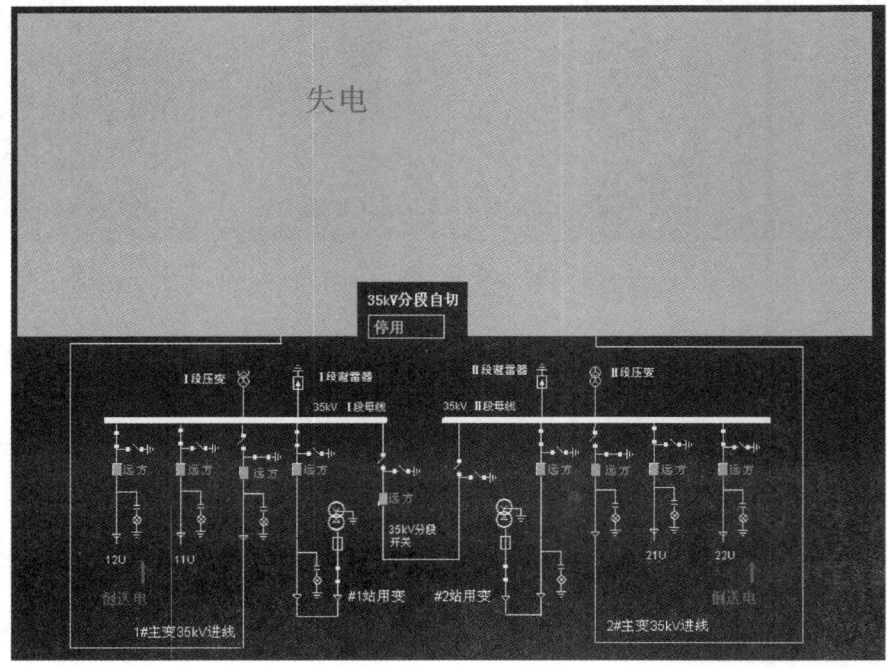

图 1—19　主变非正常运行方式 3

步骤 3　检查，汇报

（1）凡需操作的断路器、闸刀、小断路器应核对信号位置、面板位置、机械位置、模拟屏均无误后方可操作，并向电力调度核对及汇报。

（2）长时间的非正常运行方式调整应尽量采用倒送电的方式，避免 35 kV 一段带另一段。

（3）各断路器、闸刀实际位置应与模拟屏、后台监控计算机一致。

（4）对所做工作再次检查。

理论知识复习题

一、判断题（将判断结果填入括号中，正确的填"√"，错误的填"×"）

1. 电力系统的运行电压稳定水平取决于有功负荷。　　　　　　　　　（　　）
2. 调节城轨 35 kV 电压应在系统无功电源不充足的情况下进行，这样该系统的运行电压才能稳定。　　　　　　　　　　　　　　　　　　　　　　　　（　　）
3. 电力线路的额定电压就是电网的额定电压。　　　　　　　　　　　（　　）
4. 电力系统的额定电压就是电网的额定电压。　　　　　　　　　　　（　　）
5. 城轨 0.4 kV 供电系统是中性点经消弧线圈接地的系统。　　　　　　（　　）
6. 中性点不接地的电气设备的绝缘是根据系统线电压设计的，所以单相接地时对设备绝缘影响不大。　　　　　　　　　　　　　　　　　　　　　　（　　）
7. 无功功率沿电网传送会引起有功功率损耗和电压损耗。　　　　　　（　　）
8. 串联电容器调压一般用于在供电电压为 35 kV 或 10 kV、负荷波动小、功率因素又较高的配电线路上。　　　　　　　　　　　　　　　　　　　　　（　　）
9. 为确保列车运行的供电可靠，在设计城市轨道交通线时，通常每个区间就设置一座牵引变电站。　　　　　　　　　　　　　　　　　　　　　　　　（　　）
10. 一条轨道交通线通常有两至三座主变电站，它们都有各自的供电区域，正常运行时区域内主变各自的供电网络互不相连。　　　　　　　　　　　　（　　）

二、单项选择题（选择一个正确的答案，将相应的字母填入题内的括号中）

1. 中性点经消弧线圈接地是为了（　　），以避免使设备绝缘破坏。
   A. 减小接地时故障电流　　　　　　B. 减小接地时接地电流
   C. 减小接地时电容电流　　　　　　D. 减小接地时电感电流

2. 对于 380/220 V 低压配电网络，采取中性点直接接地的是（　　）。

A. 三相三线制 B. 三相二线制 C. 三相一线制 D. 三相四线制

3. 中性点经消弧线圈接地的系统普遍采用（   ）方式。

A. 欠补偿 B. 过补偿 C. 全补偿 D. 前三种都可以

4. 我国 3~10 kV 系统大多采用中性点不接地的运行方式。单相接地时，非故障相电压（   ）。

A. 不变 B. 降低 C. 升高 D. 升高$\sqrt{3}$倍

5. 在中性点不接地系统中，当单相接地电流超过（   ）A 时，应采用中性点经消弧线圈接地的运行方式。

A. 40 B. 30 C. 20 D. 10

6. 在中性点不接地系统中单相接地时，非故障相电压（   ）倍。

A. 升高$\sqrt{2}$ B. 升高$\sqrt{3}$ C. 升高$\sqrt{5}$ D. 不升高

7. 无功功率沿电网传送会引起有功功率损耗和（   ）。

A. 电压损耗 B. 电流损耗 C. 无功损耗 D. 有功损耗

8. 补偿容量与调压要求和（   ）选择有关。

A. 降压变压器的变比   B. 电网运行电压
C. 补偿电容的额定电压   D. 补偿度

9. 变压器变比的选择除了应满足电网电压、设备额定电压、用户需要等方面，在确定补偿容量时变压器的变比还应满足（   ）。

A. 系统对运行电压的要求

B. 运行时在最大负荷和最小负荷时的调压求

C. 补偿容量的极限

D. 调压的要求下，使无功补偿为最小

10. 在配电线路中以补偿为目的的串联电容补偿，其补偿度（   ）。

A. 等于 1   B. 小于 1
C. 大于 1   D. 常接近于 1 或大于 1

测试题答案

一、判断题

1. ×   2. ×   3. √   4. √   5. ×   6. ×   7. √   8. ×

9. ×　　10. √

二、单项选择题

1. C　　2. D　　3. B　　4. D　　5. B　　6. C　　7. A　　8. A
9. D　　10. D

第 2 章

城轨供电系统主要设备

学习目标

- ☑ 掌握城轨供电系统变压器结构
- ☑ 掌握城轨供电系统主要设备组成
- ☑ 掌握各种设备的原理及组成
- ☑ 掌握杂散电流防护方法
- ☑ 掌握杂散电流防护措施及作用

知识要求

2.1 城轨供电系统变压器

2.1.1 油浸式主变压器

1. 变压器参数

（1）变压器型号

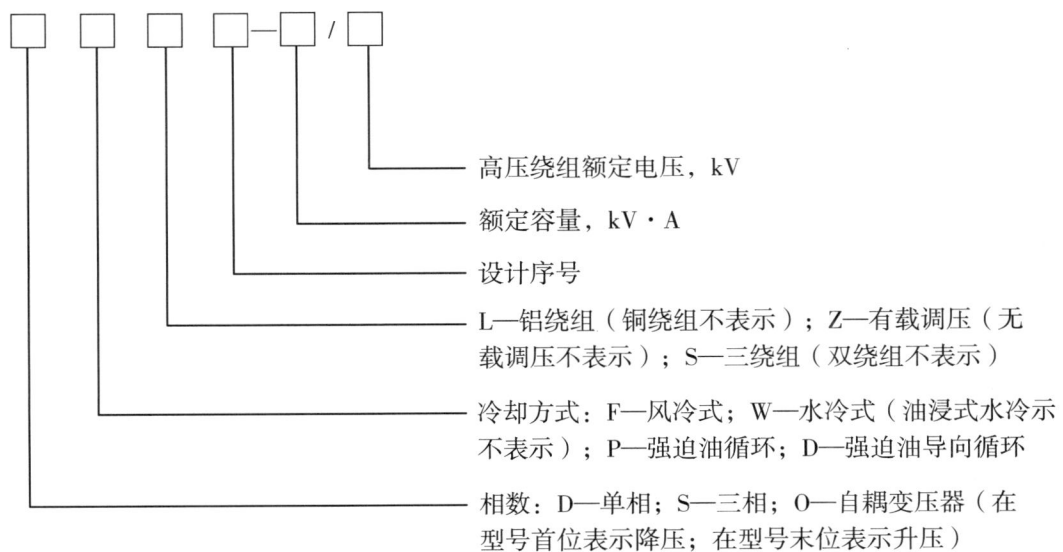

在型号后可加注防护型代号，TH 为湿热带，TA 为干热带。

例如，SZ—31500/110 表示三相有载调压，额定容量为 31 500 kV·A，高压绕组额定电压为 110 kV 电力变压器。

（2）额定容量。额定容量是指变压器在厂家铭牌额定电压、额定电流下连续运行时，能输送的容量，其计算公式：

单相电力变压器 $S_e = U_e I_e \times 10^{-3}$（kV·A）

三相电力变压器 $S_e = \sqrt{3} U_e I_e \times 10^{-3}$（kV·A）

式中　U_e、I_e——变压器一次侧的额定电压、额定电流；

　　　S_e——额定容量（视在功率）。

变压器按其额定容量可分为：小型变压器（1 600 kV·A）、中型变压器（1 600 ~ 6 300 kV·A）、大型变压器（8 000 ~ 63 000 kV·A）和特大型变压器（大于 63 000 kV·A）。

（3）额定电压。额定电压指变压器长时间运行时所能承受的工作电压（铭牌上的额定电压值，指中间分接头的额定电压值），一般以 kV 表示。

（4）额定电流。额定电流是指变压器在额定容量下，允许长期通过的线电流。

（5）空载电流。主变压器一次绕组接入额定电压，二次绕组开路时，流过一次绕组的电流，称为空载电流 I_0，通常以其与额定电流 I_e 之比的百分数表示，一般只有 $1\% I_e$ ~ $5\% I_e$，大型变压器在 $1\% I_e$ 以下。

（6）空载损耗（铁损）。空载运行状态下，变压器产生的有功损耗称为变压器的空载损耗 P_0。空载损耗由两部分组成，即空载电流 I_0 流经一次绕组在其电阻 R1 上的有功损耗和磁通在铁芯中引起的损耗，由于 I_0 很小，$I_0^2 r_1$ 可以忽略不计。因此，空载损耗主要为铁芯中的损耗，故空载损耗又称为铁损。

铁损主要由磁滞损耗和涡流损耗两部分组成，另外还有漏磁通在铁芯夹件、油箱等构件中引起的涡流损耗，以及铁芯接缝处磁通分布不均所引起的损耗，统称附加铁损。这些损耗都和电源频率及磁通密度有关，因此除采用优质硅钢片（晶粒取向冷轧硅钢片）作铁芯外，还应在工艺上采用斜接缝，减少接缝数，用非磁性材料绑扎带代替夹紧螺栓等措施以降低总铁损。

（7）负载损耗。当变压器一次绕组接到额定电压上，二次绕组接上负载时，在一次、二次绕组内就有负载电流 i_2' 和 i_2，变压器就进入负载运行状态。一次绕组内的负载电流 i_2' 和空载电流 i_0 合成一次电流 i_1，表示为：

$$\dot{I}_1 = \dot{I}_0 - \dot{I}_2'$$

$$\dot{I}_2' = \dot{I}_2 / K$$

式中 K——变压器的变比。

负载电流流过一次、二次绕组时，在其导线内产生的电阻损耗，称为变压器的负载损耗。实际上的负载损耗还包括导线的涡流损耗、环流损耗、引线损耗等附加损耗。

变压器的额定负载损耗是指变压器绕组中通以额定电流时在一次、二次绕组中产生的负载损耗，并将绕组直流电阻折算至 75℃ 时的损耗值。通常将低压绕组短路，高压绕组处于额定分接位置，施加额定频率的额定电流时，从电源吸取的有功功率即为额定负载损耗。

（8）阻抗电压。阻抗电压是指变压器二次绕组短路，一次绕组上所施加的电压使二次绕组达到额定电流值时的电压与一次绕组额定电压的百分比值。

2. 变压器附件

变电器附件由套管、储油柜、防爆装置、冷却装置、气体继电器、净油器、油位计、油温测量装置及吸湿器等组成。

（1）套管。套管是绕组引出线从油箱内引至油箱外的绝缘支撑元件，使引线对地绝缘，并起到固定引线的作用。变压器常用的套管类型有瓷绝缘套管、充油式套管和电容式套管三种。充油式套管由于外形尺寸大，技术落后，已被淘汰。

1）瓷绝缘套管。瓷绝缘套管主要用于 35 kV 及以下的电压等级，按其结构分为对夹式、导杆式和穿缆式三种，如图 2—1 所示。按使用场所要求又分为普通型和加强型两种。不同电压等级的瓷绝缘套管的基本结构都是相同的，只是瓷绝缘套管的瓷裙个数有所差别，电压等级高的裙数多。在套管最下部的一个磁裙与固定台之间喷涂金属，以降低电场强度，防止放电。

2）电容式套管。电容式套管以绝缘烧制的电容芯子作主绝缘，由于其性能优良，外形尺寸小，质量轻，因此在 110 kV 及以上高压出线中广泛使用。电容式套管分为胶纸电容式和油纸电容式两种，如图 2—2 所示。

①胶纸电容式。胶纸电容式套管的电容芯子由 0.05~0.07 mm 厚的电缆纸上单面涂酚醛树脂或环氧树脂后与铝箔一起加温加压交错卷制在导电铜管上，经加热固化、外表加工和浸漆处理，再配上储油柜、上瓷套、安装法兰、尾部均压球、接线端子等，充以绝缘油构成。胶纸电容芯子有很高的电气绝缘性能，可直接用于干燥清洁的室内。

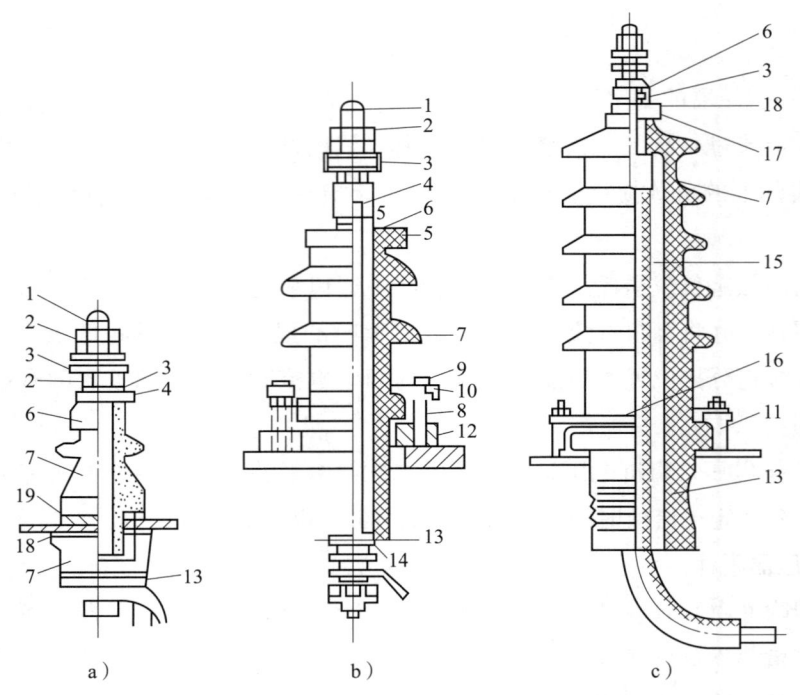

图 2—1 瓷绝缘套管
a) 对夹式 b) 导杆式 c) 穿缆式

1—导电杆 2、9—螺母 3—垫圈 4—铜杆 5—衬垫 6—瓷盖 7—瓷伞 8—螺杆 10—夹持法兰 11—压圈 12—钢板 13—绝缘垫圈 14—铜垫圈 15—电缆 16—卡圈 17—放气塞 18—罩 19—密封垫圈

②油纸电容式。油纸电容式套管的电容芯子厚度为0.08~0.12mm，经真空干燥处理，除去内部空气与水分，并用变压器油浸渍，因而成为具有耐电强度较高的油纸复合绝缘。套管的瓷套仅起着保护外部绝缘和内部绝缘不受外界空气的侵蚀作用。为了确保套管的密封，油纸电容式套管具有上、下瓷套，用强力弹簧通过导管将上、下瓷套压紧，连接处用耐油橡皮圈密封。套管内绝缘油与变压器本体油和大气隔绝，具有防潮能力强、绝缘强度高、油质稳定、体积小、质量轻、安装方便等特点。套管的储油柜为全密封式的结构，避免了空气的侵蚀，为避免温度增高时油体积膨胀而造成套管内压力过大，在储油柜上部留有一定的空间，起缓冲作用。

（2）储油柜。储油柜又称油枕，是一种油保护装置，安装于变压器油箱上部，用弯曲联管与变压器油箱连接，其容积一般为总油量的10%左右。储油柜主要有以下两个作用：

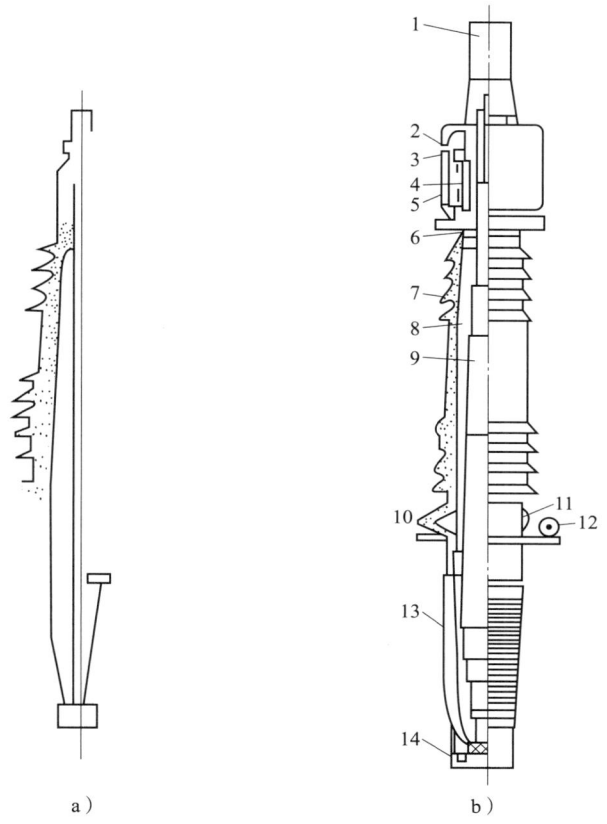

图 2—2 电容式套管
a) 油纸电容式 b) 胶纸电容式

1—接线端子 2—均压罩 3—压圈 4—导管及弹簧 5—储油柜 6—密封垫圈 7—上瓷套 8—绝缘箔
9—电容芯子 10—接地套管 11—取油样塞子 12—中间法兰 13—下瓷套 14—均压球

1) 变压器在运行中由于油温变化（降低）或长期渗漏油使油位下降，严重时会使铁芯和绕组露在空气中，这样将影响变压器的散热和绝缘。油枕的作用就是用储存的备用油及时调节油位的变化，确保可靠散热和变压器绝缘水平。

2) 减少油和空气的接触面，防止油被过快地氧化和受潮。油枕的油面比变压器油箱的油面要小，另外，油枕里的油平常几乎不参与油箱内油的循环，它的温度要比油箱内的上层油温低得多，而油在低温下氧化过程较慢，因此，有了油枕，对防止油的过快氧化是很有用的。

大型变压器常用密封式储油柜，有胶囊式储油柜和隔膜式储油柜两种结构。

胶囊式储油柜在储油柜内装设一个由0.06 mm厚的多层丁腈或氯酊橡胶制成的胶囊，使变压器油与空气隔离，其结构原理如图2—3所示。变压器安装时，在储油柜内注油的同时应将胶囊与柜壁间的空气排尽，胶囊内腔气体经吸湿器与大气连通，胶囊下部浮贴在油面上，使油与空气隔离并可胀缩。为了实现全密封，采用小胶囊油表，油表内油与油枕不通。

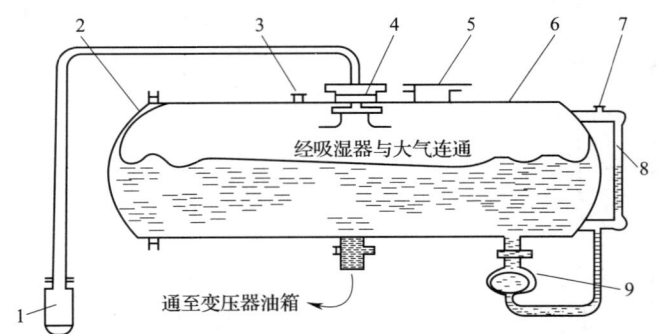

图2—3 胶囊式储油柜结构原理

1—吸湿器 2—胶囊 3—放气塞 4—胶囊压板 5—安装手孔 6—储油柜本体
7—油位计注油及呼吸塞 8—油位计（与储油柜不连接） 9—油位计胶囊（将油位计内油与储油柜内油隔离）

隔膜式储油柜由两个半圆壳组成，两半圆壳之间压装着一个半圆式耐油尼龙橡胶隔膜，隔膜周边固定在柜沿上，隔膜浮在油面上，将油面与空气隔开。在隔膜上安有连杆，随着油面的升降而浮动，并由连杆操作油位计。隔膜式储油柜结构如图2—4所示。

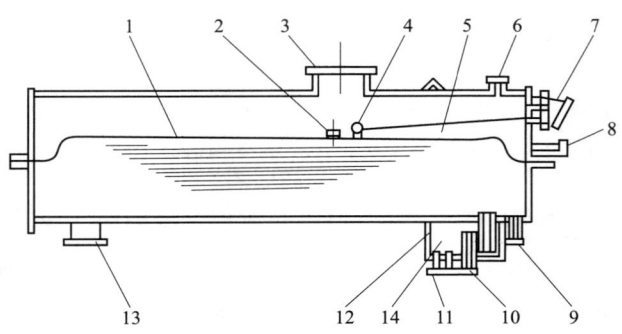

图2—4 隔膜式储油柜结构

1—隔膜 2—放气嘴 3—视察孔 4—支架 5—连杆 6—接吸湿器管接头 7—油位计 8—放水塞
9—加油管接头 10—放气管接头 11—气体继电器管接头 12—集气室 13—集气盒油位计 14—集污盒

（3）防爆装置。防爆装置安装在电力变压器的油箱盖上，当变压器内部发生故障时，油箱内部产生的高压力使防爆装置释放，从而保护了变压器。

采用防爆管作为释放压力的保护装置,当变压器内部发生故障时,其内部压力迅速升高,当压力达到一定值时,防爆膜被冲破,将油分解出的气体及油压及时排出,避免器身及外壳的变形。

采用压力释放阀作为释放压力的保护装置,当变压器内部发生故障时,变压器油大量汽化,油箱内压力急剧上升。当压力达到释放阀的开启压力时,膜盘被顶开,将油气压力释放,同时机械信号杆被顶出,表示事故。当接有电气信号,则锁板带动动合触点,接通跳闸或信号回路。当油箱压力降到关闭压力时,膜盘在弹簧的压力下恢复原位,防止变压器油外溢。机械信号杆要手动按下复位,并推动复位把手将电气信号触点复位。

压力释放阀与防爆管相比,具有开启压力误差小、延迟时间短、控制精度高,能重复动作、使用等优点,故得到普遍推广和应用。

(4) 冷却装置。散热器、潜油泵、风扇等都是冷却装置。散热器可以分为自冷式散热器、风冷式散热器、强油循环风冷却器、强油水冷却器等。自冷式散热器是靠热油经散热器自然对流冷却,由于片式散热器的散热效率最高,被大量采用。在油冷却循环系统中加入潜油泵,可提高油流循环速度,增加散热效果。散热器通风用风扇装置由三相笼型电动机和风扇组成,每个散热器上一般装设两只风扇。

(5) 气体继电器。气体继电器又称瓦斯继电器,装设于变压器油箱与油枕之间的连管上,是变压器的主要保护设施,它可以反映变压器内部的各种故障及异常运行情况,如油面降低,空气进入本体。

气体继电器上的箭头方向应指向油枕,并要求有 1%～1.5% 的安装坡度,以保证变压器内部的气体能顺利地流向气体继电器。继电器外壳上镶有带刻度的玻璃,用以指示其中充入气体的数量（cm^3）。当变压器内部出现轻微故障时,则因油分解而产生的气体聚积于继电器上部,当气体总量达到 250～300 cm^3 时,开口杯下沉,继电器内轻瓦斯触点(接通信号回路的触点 a、b)接通发出报警信号,如果是变压器内部故障严重,出现强烈的油气流,冲动继电器内挡板(浮杯),使重瓦斯触点闭合,将断路器跳闸回路触点 c、d 接通,切断变压器电源。另外,利用气体继电器还可以观察气体的颜色及数量,并取气样。气体继电器动作原理如图 2—5 所示。

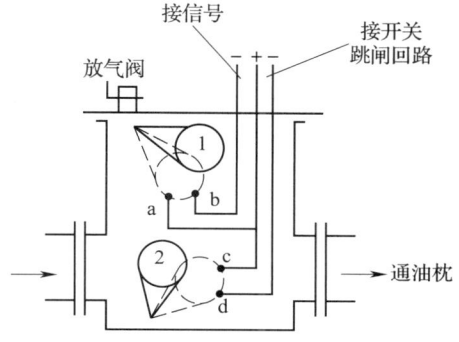

图 2—5 气体继电器动作原理
1—开口杯 2—浮杯

（6）净油器。净油器是一个充满吸附剂（硅胶或活性氧化铝）的容器，它安装在变压器油箱的侧壁或强油冷却器的下部。油流经净油器时，油中的水分、杂质、游离酸、氧化物等被吸附剂吸收，使油质维持清洁，延长变压器油的使用寿命。

（7）油位计。油位计又称油表或油标，用来监视变压器的油位变化。油位计上标出相当于温度为-30℃、+20℃和+40℃的三个油面线标志。常用的油位计有板式、管式、磁力式。

板式油位计结构简单，不易损坏，但油位标志不明显，在侧面无法观察油位，因此适用于小型电力变压器的储油柜和充油套管的储油柜，目前已逐步被淘汰，其结构如图2—6所示。

管式油位计用于胶囊密封式储油柜，结构如图2—7所示，玻璃管内放有一只红色浮球，从它浮在管内的位置，可以观察出油面的高度。玻璃管用上、下压盖紧固在上、下油表座之间，利用螺栓将下座固定在储油柜端盖上，向外旋出螺纹塞子，即可堵塞油位表和储油柜之间的通路，更换玻璃管。管式油位计的优点是结构简单，油面直观清晰，缺点是玻璃管易损坏，且管内的油受日光直射，易氧化。

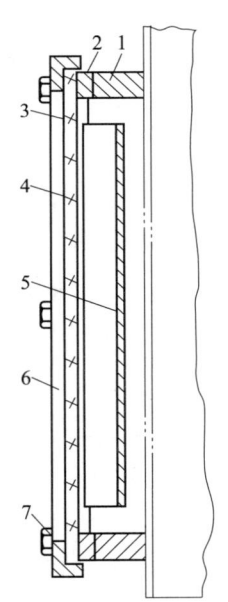

图2—6　板式油位计结构
1—法兰　2—密封垫圈　3—衬垫
4—玻璃板　5—反光镜
6—外罩（压盖）　7—螺栓

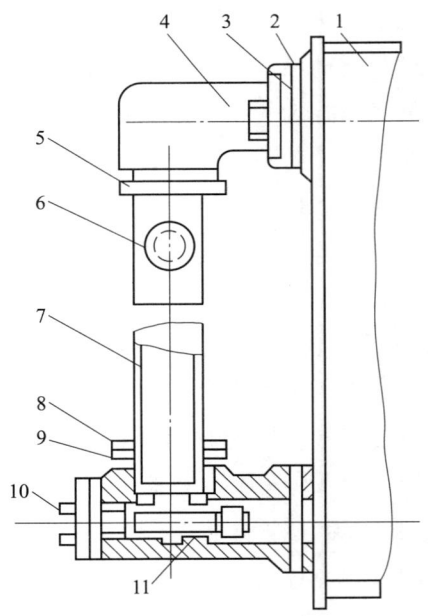

图2—7　管式油位计结构
1—储油柜　2—法兰　3—胶垫　4—上油表座
5—压盖　6—红色浮球　7—玻璃管　8—压盖
9—胶垫　10—螺纹塞子　11—下油表座

磁力式油位计用于隔膜式储油柜,当储油柜内的油位升高或降低时,隔膜随之升降,通过连杆带动油位计齿轮和伞齿轮,使与齿轮同轴的主动磁钢转动,并依靠磁力作用,带动从动磁钢做相应转动,从而使与从动磁钢同轴的指针在表盘上指示出油位来。

(8) 油温测量装置。温度计用于监视变压器的上层油温,小型变压器可用水银温度计直接插入温度计管座里进行测温监视,大、中型电力变压器应装设信号温度计及远方测温装置。

1) 压力式信号温度计。压力式信号温度计的结构如图 2—8 所示。带电气触点的温度计表盘和测温管之间用金属软管连接。测温管插在油箱顶盖上的一个注有变压器油的开口管座内。测温管内的温包经紫铜毛细管连接到表盘内的单圈弹簧管,其内充以蒸发液(如氯甲烷、乙醚、丙酮等),蒸发液的压力跟着油温变化而变化,通过毛细管传递使弹簧管变形带动指针偏转,指示出相应的温度数值。当达到设定值,将启动冷却装置或接通报警回路。

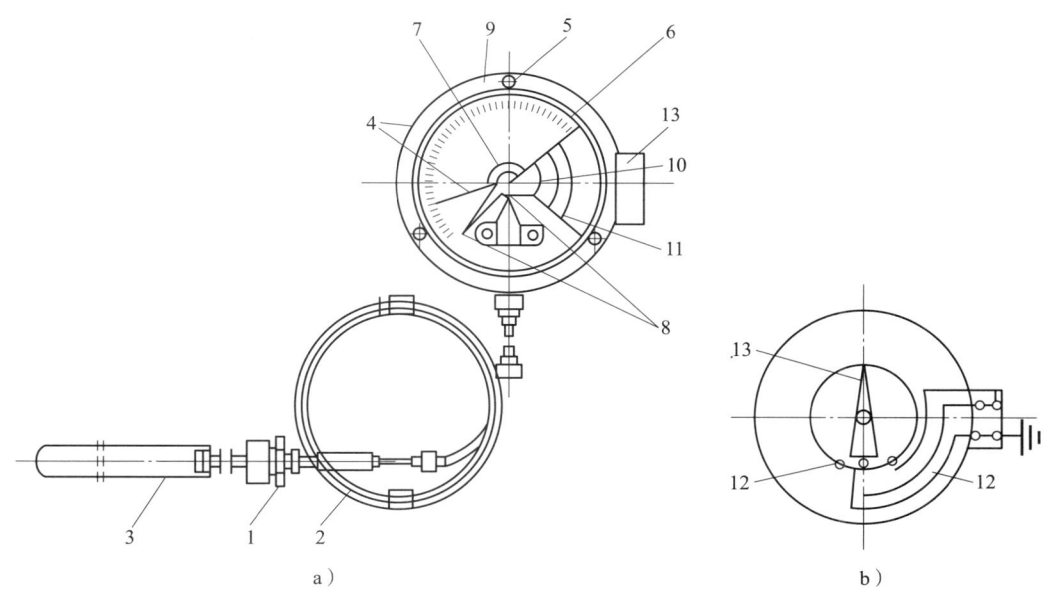

图 2—8 压力式信号温度计的结构
a) 结构图 b) 线路图
1—管接头 2—金属软管 3—测温管 4—指针 5—固定孔 6—外壳
7—调节孔 8—上下限触点指针 9—表盘 10—齿轮传动机构
11—弹簧管 12—下限触点 13—动触点

2）电阻温度计。电阻温度计用作远距离测温，由测温电阻和表头两部分组成，其原理接线图如图2—9所示。表头内部是电桥电路，测温电阻通过电缆连接到电桥电路的一臂，其电阻值随着油温的变化而变化，电桥平衡同时受到影响，表头部分即显示相应的油温值。电阻温度计的显示方式有指针式和数字式两种。

（9）吸湿器。吸湿器又称呼吸器，通常与储油柜配合使用，内部充有吸附剂（硅胶或活性氧化铝），下部带有盛油器，用以过滤、清除空气中的杂质和水分。当硅胶由蓝色变为淡红色时，表明吸附剂已经受潮，必须更换或进行干燥。吸湿器结构如图2—10所示。

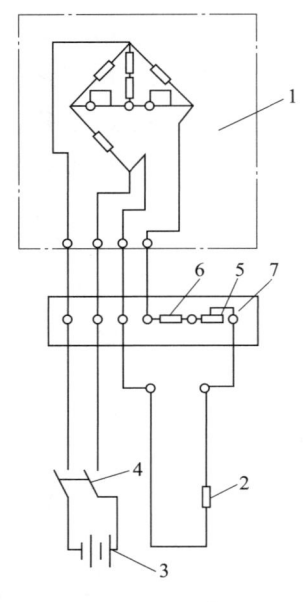 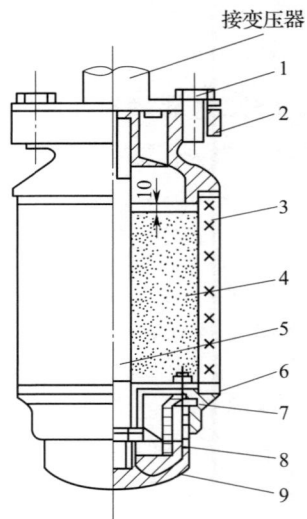

图2—9 电阻温度计的原理接线
1—测温计 2—测温电阻 3—蓄电池
4—断路器 5—校正电阻
6—平衡电阻 7—接线板

图2—10 吸湿器结构
1—螺栓 2—法兰 3—玻璃筒
4—吸附剂 5—螺杆 6—下座
7—密封圈 8—下罩 9—变压器油

初次使用时，必须拧下下罩，拆除密封圈（运输、储存时用），按下罩上油面线注入变压器油后，再将下罩拧上，并检查确认玻璃筒两端密封良好后即可投入使用。

（10）油浸式变压器绝缘结构。变压器的绝缘在运行中应能承受三种电压，即长期的工作电压，短时的内部过电压和外部过电压。不同电压等级的变压器都规定了相应的绝缘水平。

变压器的绝缘分为主绝缘和纵绝缘两大部分。主绝缘是指绕组之间，绕组对铁芯、油箱等接地部分，引线对铁芯、油箱以及分接断路器对铁芯、油箱的绝缘。纵绝缘是指同一电压等级的一个绕组匝间、层间、绕组对静电屏之间的绝缘。

变压器的绝缘结构分为全绝缘和分级绝缘两种：全绝缘结构指变压器中性点部分的绝缘水平与绕组端部的绝缘水平相同；分级绝缘又称半绝缘，指变压器绕组中性点部分的绝缘水平比绕组端部的绝缘水平低的一种绝缘结构。分级绝缘变压器主要用于 110 kV 及以上中性点直接接地系统中。

2.1.2　干式变压器

1. 环氧树脂浇注式干式变压器的绝缘构成

（1）固体绝缘。环氧树脂浇注式干式变压器的固体绝缘由浇注树脂加树脂浸渍材料（如玻璃纤维、薄膜等）组成，主要有绕组内部绝缘（如匝绝缘）、分段层式绕组的段间绝缘以及绕组和引线间的绝缘等部分，都采用固体绝缘。固体绝缘最严重缺陷的是在浇注件中出现空穴或运行中出现开裂而引起局部放电，从而引起绝缘的长期运行后出现老化以致击穿。

（2）复合绝缘。高、低压绕组间的绝缘，高压绕组对铁芯的绝缘（对地绝缘）以及高压绕组与高压绕组间的绝缘（相间绝缘）等部分为复合绝缘。

（3）沿面绝缘。沿面绝缘是指浇注绕组表面的端子之间以及浇注绕组与支持绝缘间表面之间的绝缘。沿面绝缘的主要问题是沿面放电，这时表面的污秽以及吸潮对其都有较大的影响。

2. 整流变压器的绕组接线（即接线组别）

（1）整流变压器的绕组接线。变压器每一相分别有两个独立的高、低压绕组，上下串成一个整体，即每相铁芯上有两个低压在内、高压在外的绕组，上面的绕组为 Dy5，下面的绕组为 Dd0。每个线圈上下都有四块硅橡胶绝缘垫块将线圈与铁芯做缓冲联结，以作避震，兼作绝缘。高压绕组的三相联结线由环氧树脂浇注的联接板置于变压器正面。

（2）整流变压器的分接头。整流变压器设置了五挡分接头，高压侧电压在 35 kV $\pm 2 \times 2.5\%$ 范围内调整，分接头为无载调压，通过调整绕组上的分接连接片实现调压。出厂时设定为额定分接，当低压输出电压偏高时，将分接片向上调（匝数增加），电压将下降；当低压输出电压偏低时，将分接片向下调（匝数减少），电压将上升。由于整流变压器为四绕组变压器，在调整分接头时，必须同时调整两组高压绕组相对应的分接头，以保证两个低压绕组的输出线电压一致。

（3）整流变压器的运行温度控制。为了延长变压器的寿命，绕组温度不能连续超过一个定值，该值依据变压器的绝缘形式而定。因此，温度监视系统的传感器必须测量绕组温度，以保护它们，避免过热或过载。对于标准 GEAFOL 变压器，热敏电阻型热保护包括温度传感器（3 芯 PTC 热敏电阻）和一个常规热敏电阻跳闸元件。温度传感器是一个小型电阻，它的阻值随着温度变化而变化，一到预先设定的响应温度，阻值几乎是瞬间增大。温度传感器与跳闸元件中的接触器串联，温度传感器阻值增大，使接触器线圈失电，接点动作，产生报警或使变压器断路器跳闸。当绕组温度降至 6 K，低于传感器响应温度，传感器电阻降低，接触器线圈再次得电，变压器再次运行。保护系统有自检回路，为接触器回路提供自动跳闸保护和电源故障保护。

温度传感器为串联连接，接线在上部夹紧梁上的端子排上。监视系统的跳闸元件通常接在控制盘上。在温度传感器和跳闸元件之间必须敷设控制电缆。跳闸元件上的端子允许接入横截面积不大于 2.5 mm² 的电缆，控制电缆总电阻不大于 100 Ω。GEAFOL 干式整流变压器如图 2—11 所示。

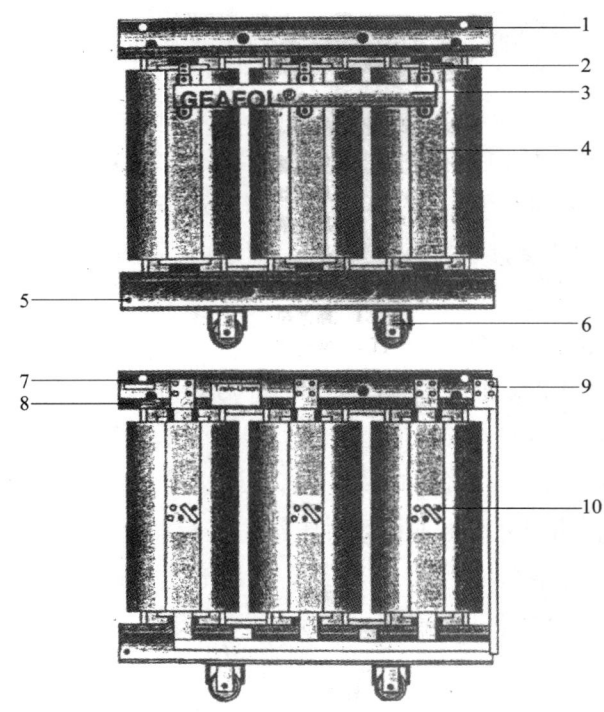

图 2—11 GEAFOL 干式整流变压器

1—吊耳 2—高电压端子 3—连接端子板，加密封套的三角形接法 4—加密封套的高电压绕组
5—接地端子 6—轮子（能转动 90°） 7—低电压接线端 8—温度监控系统的接点
9—低电压星点端子，2N 型 10—高电压转换开关

(4) GEAFOL 环氧树脂绕组干式变压器的特点

1）局部放电值低。GEAFOL 独特的结构和制造工艺可以达到 1.1 um 以下，局放值小于 1 Pc。

2）耐雷电冲击能力强。箔式绕组起始电压分布接近线性，因此，GEAFOL 变压器具有很好的耐雷电冲击能力。

3）抗短路能力强。低压绕组的铝箔宽度就是电抗高度，低压电流按绕组间的安匝平衡要求匹配，高、低压绕组因短路引起的轴向力几乎为零。

4）抗开裂性能好。GEAFOL 变压器采用填料型树脂和全铝箔结构，绝缘材料与铝导体的热膨胀系数最相近，能满足低温、高温及温度变化范围大的场合，并且能满足长期运行后的抗开裂要求。

5）过载能力强。若相同容量的变压器负载损耗相等，则铝箔的截面积将比铜导体相应放大，体积增大后，填料树脂用量多，因此绕组热容性大，变压器短时过载能力强。

变压器的过载能力与变压器结构、环境温度、初始负载等诸多因素有关。GEAFOL 变压器过载能力的典型曲线如图 2—12 所示。

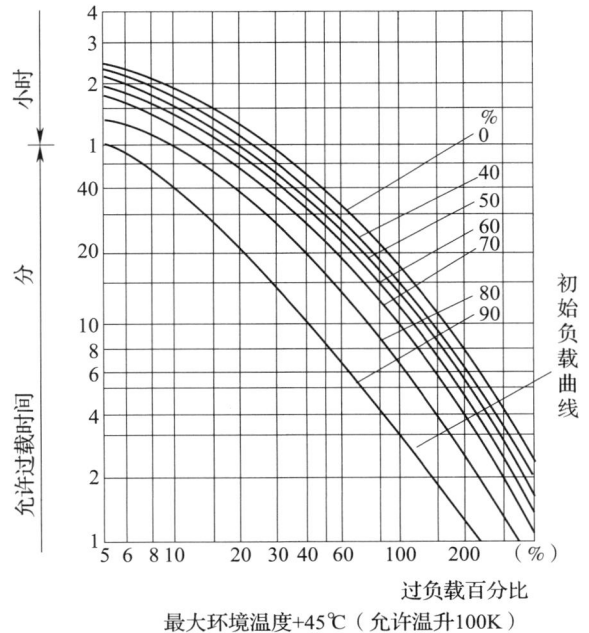

图 2—12　GEAFOL 变压器过载能力的典型曲线

GEAFOL 变压器过载能力典型数据表见表 2—1（最大环境温度 +45℃）。

表 2—1　　　　　　　　GEAFOL 变压器过载能力典型数据表

初始负载（%） \ 过载能力 \ 允许过载时间	10	20	30	40	50	60	80	100
50	85	56	42	33	28	23	16	14
60	80	53	39	29	25	19	14	12
70	74	47	33	25	21	16	12	9
80	57	35	25	19	19	12	8.5	7
90	37	21	18	11	8	6.5	5	3.5

6）阻燃特性好。采用填料树脂浇注工艺有利于环境保护。GEAFOL 变压器具有免维护、防潮、抗湿热、阻燃和自熄特性，可用于商住区、地铁、电厂、轮船、海洋钻井平台等各种环境及条件恶劣的场所。

7）噪声低。GEAFOL 变压器整体噪声水平较国家专业标准中的噪声值低 10～13 dB（A）以上。

8）损耗低。SCB9 系列与国内通常使用的"8"型产品相比，总损耗平均降低 10%～15%，具有很好的经济效益。

2.2　城轨供电系统主要设备

2.2.1　消弧线圈

1. 消弧线圈的容量

35 kV 系统接地电容电流大于 10 A，10 kV 系统接地电容电流大于 30 A 时应安装消弧线圈。经消弧线圈补偿后，故障点流过的合成电流称为残余电流。残余电流越小，电弧熄灭越容易。故要求 60 kV 及以下的电网，故障点残余电流应不超过 10 A。

消弧线圈的容量，可按下式进行计算，即：

$$S = 1.35 I_C U_\varphi \qquad (2—1)$$

式中　S——消弧线圈的容量，kV·A；

I_C——本系统电网接地电容电流（它应考虑电网在近五年内的发展），A；

U_φ——电网的额定相电压，kV；

$I_C = 3\dfrac{1}{\omega C}U_\varphi$；

C——电网接地电容，F（$C = c \times l$ 要考虑电网在近五年内的发展；c 为电缆每公里电容量，l 为电缆公里数）；

ω——角频率，$\omega = 2\pi f$，rad/s；

1.35——系数（考虑计算误差1.1，气候影响系数1.05，过补偿运行系数1.1及电网发展的储备系数1.1）。

2. 消弧线圈设置要求

（1）消弧线圈安装地点。应根据实际电网的具体情况来决定，但要保证电网在任何运行方式下，断开一两条线路时大部分电网不会导致全补偿或欠补偿的情况。更不应将多台消弧线圈集中安装在电网的一处，且尽量避免在电网只装一台大容量的消弧线圈来进行补偿。

消弧线圈通常装在电网的各枢纽变电所内，有时也装在某些发电厂内，但并不是任何一台变压器的中性点都能接消弧线圈。在选择装设消弧线圈的变压器时，一方面要考虑和消弧线圈串联的变压器的阻抗，另一方面还要考虑因接入消弧线圈而使变压器过负荷的条件。

（2）对于Y/△接线的变压器，由于其一侧线圈为三角形接法，绕组的零序电势不能作用到外电路上，但能在三相绕组中形成环流，零序电势将被零序环流在绕组漏抗上的电压降所平衡，所以变压器不会受到影响。

对Y/△接线的变压器，消弧线圈容量不宜超过变压器额定容量的51%；对于Y/Y/△接线的三线圈变压器，容量比例是100%:33.3%:100%时，则消弧线圈的容量应不超过33.3%（即不应大于三线圈变压器的任一线圈的容量）。

（3）对于Y/Y接线的三相内铁型变压器，接于其中性点的消弧线圈的最大容量主要受零序电压降和铁壳损失的限制，一般不宜超过变压器额定容量的20%。

（4）对于Y/Y接线的单相变压器或外铁型三相变压器，因其零序阻抗很大，所以不应将消弧线圈接在这种变压器的中性点上。

（5）在各级电压网络中，当全系统电容电流超过以下数值时，应装设消弧线圈：对3~6 kV电网——30 A；10 kV电网——20 A；22~66 kV电网——10 A（注：系统为电缆线路，如果是架空线路，则3~10 kV——10 A）。

2.2.2 接地变

1. 接地变的结构

接地变压器（以下简称接地变）的三相绕组通常接成曲折形。它的结构与一般三相芯式变压器相似，但只有一个绕组，每一铁芯柱上的绕组分成两半，然后把每一组绕组的一半与另一相绕组的下一半倒接串联，组成曲折接线的一相，将 U1、V1、W1 引出来作为出线，将 U2、V2、W2 连在一起作为中点，如图 2—13 所示。

这样接法的好处如下：①在单相短路时，接地电流在三相绕组中的分配大致上均匀，每一柱上两个绕组的磁势相反，所以不存在阻尼作用，接地电流可以畅通地从中性点流向线路，提高了零序保护的灵敏度；②绕组相电压中无三次谐波分量。

2. 接地变的绕组端子

接地变压器绕组用 U–X、V–Y、W–Z 作线端标号，U、V、W 为绕组的首端，X、Y、Z 为绕组的末端。绕组的端头通过 6 支出线套管接到外面，三个绕组末端 X、Y、Z 引出的目的是做绕组的相间绝缘试验。

3. 接地变的原理

接地变压器的特性是在电网正常运行时有很高的励磁阻抗，绕组中只流过较小的励磁电流或因中性点电压偏移引起的持续电流（此值一般较小）。当系统发生单相接地故障时，接地变压器绕组对正序、负序都呈现高阻抗，而对零序电流则呈低阻抗，这一零序电流经过接地变压器中性点电阻或消弧线圈起到减小电网的接地电流及抑制过电压的发生等作用。为此，该接地变压器的结构就必须采用曲折形的绕组联结法，并在中性线处引出中性点套管，以加装接地电阻。曲折形绕组联结图如图 2—14 所示。

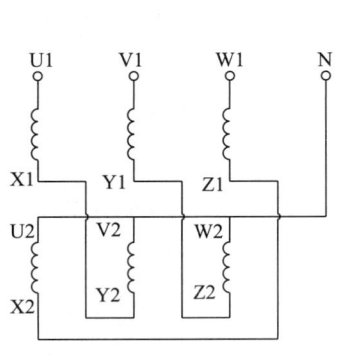

图 2—13 接地变绕组接线

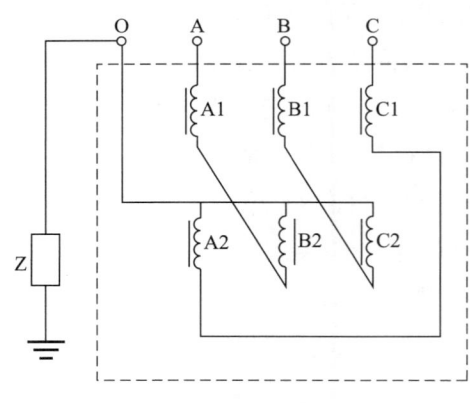

图 2—14 曲折形绕组联结图

由图 2—14 中可见，接地变压器由 6 个绕组组成，每一铁芯柱上有两个绕组，然后反极性串联成曲折形的星形绕组。即 A1 绕组的末端与 B2 绕组的末端相连，同样，B1 绕组末端与 C2 绕组末端，C1 绕组末端与 A2 绕组末端相连，然后 A2、B2、C2 的首端相连则形成曲折变压器的中性点 O。

绕组间的相量关系如图 2—15 所示。

由图 2—15 中的相量关系可见，如果绕组 A、B、C 间的线电压为 35 kV，则其相电压符合星形

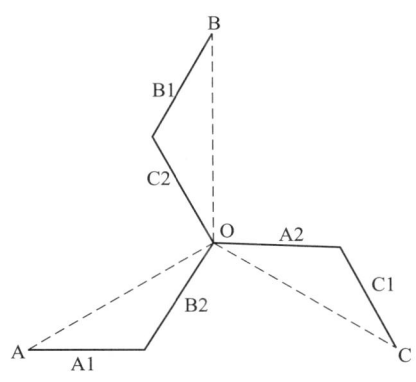

图 2—15　绕组间的相量关系

绕组联结法应为 $\frac{35}{\sqrt{3}}=20.2$ kV。而每一绕组的电压就不应为 20.2 kV/2，因为每相绕组中的两个绕组的夹角是 120°，故每个绕组的电压应是 20.2 kV/$\sqrt{3}$。

如果图 2—14 所示的曲折形联结的变压器通过三相平衡负荷，不考虑漏磁、不平衡等因素，它流通的电流仅是本绕组励磁电流，中性点无电流流过，因而它对于正序和负序电流显示出高阻抗作用。而当单相接地时，中性点出现电流，该绕组会出现极小的阻抗，因为每一铁芯柱上的两个绕组反极性串联，它们在每一铁芯柱上产生的磁通相互抵消，对接地电流没有阻抗。所以系统发生单相接地故障时，继电保护系统能够较灵敏地检测出故障电流。

曲折形联结的变压器接到系统中的接线如图 2—16 所示。其假设系统 A 相对地发生故障，其接地电流 I_{jd} 通过曲折形联结的变压器的接地阻抗 Z 进入其中性点 O。由于该变压器三相绕组通过的电流是流过相等的低阻抗通路，故三相绕组流过的 I_0 都相等，即 $I_{jd}=3I_0$。由于电源为不接地系统，B 相和 C 相的电流 I_0 流进三相 D 联结的电源侧，再由 A 相电源侧 $2I_0$ 流出，经过系统的 X 点，与 A 相的 I_0 汇合到 X 点，X 点流出的 $3I_0$ 与故障接地成一闭合回路。

由上述分析可知：

（1）曲折形联结的变压器对三相平衡负荷呈高阻抗作用，对单相接地故障呈低阻抗作用。

（2）系统发生单相接地故障时，接地变压器的中性点电位由零电位升到 $U_0=U/\sqrt{3}$。接地变压器的中性点与大地相连的阻抗（电阻线电抗）会产生一接地电流 $I_{jd}=U_0/Z$。

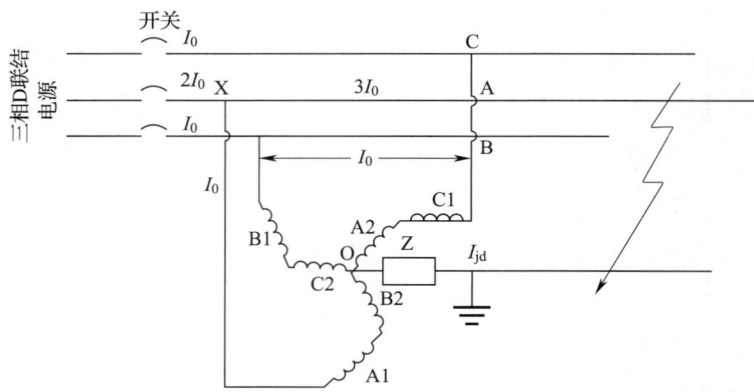

图 2—16　曲折形联结的变压器接到系统中的接线图

（3）系统发生单相接地故障，电流流过接地变压器后，在中性点以相同电流流过变压器各相绕组，即 $I_{jd}=3I_0$。

（4）由于接地变压器的介入，系统成为一个有效的接地系统，发生单相接地故障后，非故障相保持相对相的水平，非故障相不会产生危及设备的过电压。

对于用于消弧线圈的接地变压器和用于电阻的接地变压器，前者应根据电网发生单相接地故障时可继续运行 2 h 这一要求来确定，即允许连续工作 2 h，后者的工作时间仅以 10 s 来考虑，因而在接地变压器设计上应区别对待，以使接地变压器的设计在安全的基础上，尽量做到用料合理和经济，降低造价。

2.2.3　电流互感器

1．电流互感器的使用注意事项

（1）电流互感器在接入电路时，必须注意电流互感器的端子符号和极性，一般一次侧电流从 L1 流入，从 L2 流出时，二次侧电流从 K1 流出经测量仪表流向 K2，即 L1 与 K1、L2 与 K2 分别为同极性端子。

（2）电流互感器二次侧必须有一端接地，以防止互感器一次、二次绕组绝缘击穿时，危及人身和设备安全。

（3）电流互感器二次侧在工作时不得开路，否则一次电流全部被用于励磁，总磁动势比正常值增加几十倍，铁芯过热并在二次绕组中感应出危险的高电压，其值可达几千伏甚至更高，严重威胁人身和设备的安全。因此，二次回路绝不允许开路，并不允许装熔断器。

2. 电流互感器的极性及测定方法

电流互感器端子标号如图 2—17 所示。电流互感器一次绕组的端子 L1、L2 串接在被保护元件的电流回路中，二次绕组的端子接二次负载。一次侧电流从 L1 流入，从 L2 流出时，二次侧电流从 K1 流出经二次负载流向 K2，即 L1 与 K1、L2 与 K2 分别为同极性端子（同名端），同极性端子上标注"﹡"号。

同极性端子可以用下述试验方法确定，如图 2—18 所示。一次绕组通过断路器 S 再串联一个电池，二次绕组接入一个电流计。合上断路器 S，如电流表指针正向偏转，则电池正极所接端子与电流计正表棒所接的端子为同极性端子；如果电流计指针反向偏转，则电池正极所接端子与电流计正表棒所接的端子为反极性端子。

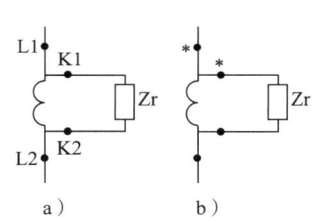

图 2—17　电流互感器端子标号

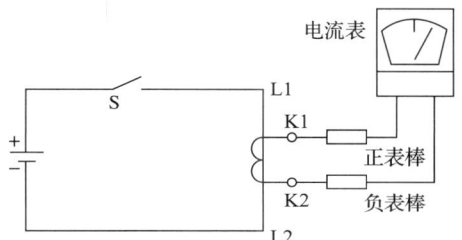

图 2—18　同极性端子试验测定法

2.2.4　电压互感器

1. 电压互感器一次、二次侧熔断器

在电压互感器一次侧安装熔断器是为了防止高压系统受电压互感器本身或其引线上故障的影响，以及保护电压互感器本身。装于室内配电装置的高压熔断器是装有石英填料的，能切断 1 000 MV·A 的短路功率。在 110 kV 及以上的配电装置中，电压互感器高压侧不安装熔断器，这是由于高压系统灭弧问题较大，高压熔断器制造较困难，价格昂贵，且电压互感器故障机会较少。

电压互感器二次侧安装熔断器是为了保护电压互感器二次侧短路，但在有些情况下，二次侧不安装熔断器。如二次开口三角形的出线一般不装熔断器，这是为了避免接触不良导致发不出接地信号；中性线上不安装熔断器。110 kV 及以上的电压互感器二次侧一般安装小型空气断路器而不用熔断器。

二次侧熔断器的熔断时间必须保证在二次回路发生短路时，小于保护装置动作时间。熔断器的容量应满足熔断器额定电流大于最大负荷电流，且取可靠系数为 1.5。

2. 电压互感器的极性及测定方法

电压互感器一次绕组的端子用 1U1、1U2 表示,二次绕组的端子用 2U1、2U2。一次和二次绕组按同一方向绕线,绕在同一铁芯柱上,在某一瞬间 1U1 端电位高于 1U2 端电位,2U1 端电位也高于 2U2 端电位,此时称 1U1、2U1 是同极性端(同名端)。这种接线称为同极性或减极性,将二次电压折算到一次电压的向量应同相。如果二次绕组与一次绕组绕向相反,这种接线称为异极性或加极性,将二次电压折算到一次电压的向量应相差 180°,1U1、2U2 或 1U2、2U1 是同极性端(同名端)。

测定电压互感器极性的方法有直流法和交流法。

(1) 直流法。如图 2—19 所示,用 1.5~3 V 干电池或 2~6 V 蓄电池,正极接于电压互感器高压侧 1U1 端,负极接于高压侧 1U2 端,直流毫伏表的正极接于低压侧 2U1 端,负极接于低压侧 2U2 端。当合上断路器 S 瞬间表针正偏,断开瞬间表针反偏,则被测电压互感器为减极性,1U1、2U1 为同极性端。如果表针偏转方向与上述相反,则为加极性。

(2) 交流法。如图 2—20 所示,将电压互感器的高压和低压绕组的一对同名端 1U1、2U1 或 1U2、2U2 用导线连接起来,在高压侧加交流电压,用一个电压表测量高压所加的交流电压 U_1,另一个电压表测量另一对同名端子 1U2、2U2 或 1U1、2U1 间电压 U_2。若 $U_1 > U_2$,则被测电压互感器为减极性,否则为加极性。

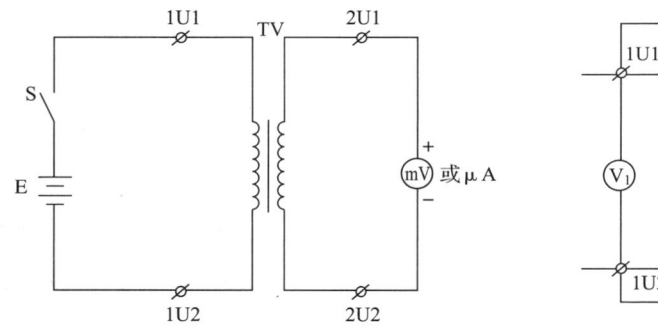

图 2—19 直流法测电压互感器极性接线图　　图 2—20 交流法测电压互感器极性接线图

3. 电压互感器的使用注意事项

(1) 电压互感器在投运前要进行极性校核,二次绕组应有一个可靠的接地点,以防止互感器一次、二次绕组匝间击穿时,危及人身和设备安全。

(2) 运行中的电压互感器在任何情况下二次侧都不得短路,否则会烧坏互感器或危及系统和设备的安全运行。所以在电压互感器的二次侧要装设熔断器保护,有的还在一次侧加熔断器保护。

（3）电压互感器在停电检修期间，为防止二次侧检修电源向一次侧倒送电，应将一次侧的隔离断路器及一次、二次侧的熔断器都拉开。

2.2.5 断路器 GIS（GAS INSVLATED SWITCHGEAR）气体绝缘金属封闭开关设备

1. GIS 的绝缘配合

GIS 绝缘必须耐受以下几种过电压作用：

（1）雷电过电压。GIS 受直击雷的可能性很小，对来自远距离的雷电侵入波，经过沿线衰减，幅值降低。同时，由于 GIS 波阻抗小（一般仅为架空线的 1/6~1/4），入口折射系数小，有氧化锌避雷器保护，一般也是安全的。唯有邻近杆塔遭雷击而导致绝缘子逆闪时，会在闪络点出现的波头极陡、幅值很高的过电压冲击波，传至 GIS 并与反射波叠加后，对 GIS 主绝缘的威胁最大。

（2）操作过电压。在断路器切合空载线路、投切空载变压器或电抗器时，会产生波头持续几百微秒、波尾持续数千微秒的暂态冲击电压。其幅值大小与系统接线、运行方式以及断路器性能等有关，一般不致危及绝缘。

（3）短时过电压。这是由发生接地故障、负荷突变和谐振等引起的一种持续时间从几毫秒到几秒的瞬态过电压。瞬态过电压幅值一般较小，即使在最严重的单相接地故障情况下，对中性点接地系统，线路侧最大过电压不会超过 1.6 倍；对中性点不接地系统，虽可达 2~3 倍，但也低于设备额定绝缘水平。

（4）快速瞬态过电压。GIS 中隔离断路器切合小电容电流时，可能产生这种波头极陡（波前时间仅 $1/100 \sim 1/10 \, \mu s$）、频率极高（数兆赫兹至数十兆赫兹）、幅值可达 2 倍左右的快速瞬态过电压。其幅值一般低于避雷器保护水平，在绝缘配合中不占重要地位。然而，若其出现频次高，可能引起对外壳放电，使外壳电位瞬时（微秒级）升高，在相邻外壳间出现暂态电位差达数十千伏，并通过电压互感器和电流互感器耦合到二次回路中，对外部环境控制回路造成电磁干扰。

综上所述，限制雷电过电压是 GIS 绝缘配合最主要的任务。现代 GIS 过电压保护方案是在模拟系统各种运行条件下利用电磁瞬态程序（EMTP）分析雷电波传输过程的基础上，掌握过电压分布状况之后确定的。分析与实践证明，在 GIS 进（出）线前沿装设避雷器效果很好。如果在每条架空进（出）线的接口处都装有避雷器，一般无须在母线上或变压器附近再装避雷器，除非 GIS 设备范围很大，母线很长或变压器相距特别远。

GIS 采用电缆进（出）线时，由于沿线损耗，而且入侵雷电波经多次折射和反射后，过电压水平会下降，因此，常采用在电缆首端与架空线接口处安装避雷器的方案。至于在 GIS 入口或内部是否还需要安装避雷器，需视具体工程，通过数值计算才能确定。

2. GIS 中 SF_6 气体的监视

监视 GIS 中的气体压力或密度有两种方式。一种是目测，用压力表指示气体压力，并用温度计测量环境温度，根据 SF_6 气体状态参数特性曲线，换算成标准条件（20℃）下的压力数值，作为判断 GIS 运行状态与特性的依据；另一种是用具有温度补偿的密度控制器或气体监测器对 GIS 中的气体密度进行长期自动检测。断路器隔室用的密度控制器或监测器必须有报警压力和闭锁压力两种控制接点。GIS 其他隔室用的密度控制器或监测器一般只需报警信号接点。此外，为了监视运行设备中气体的杂质含量，还必须设置供气体抽样用的专门接头和阀门。

3. 110 kV（GIS）断路器的主要特点

（1）全封闭组合电器组成的气体绝缘电器的变电所和常规电器组成的变电所相比，它的占地面积和空间，随着电压的增加而显著减少。

（2）GIS 组合电器内 SF_6 气体含水量大于规定值及内部夹杂有直径大于 30 μm 的微粒时，绝缘强度会降低，甚至内部会发生闪络、击穿，因此全封闭组合电器在安装或检修组装时，必须有清洁的安全、检修条件，环境的相对湿度应不大于 80%，安装或检修后的交接验收试验项目应严格。

（3）GIS 组合电器的绝缘件、带电导体封闭在金属壳体内，不受外界环境的影响，适宜在环境恶劣的地区使用。由于全封闭组合电器的布置重心低，抗震能力强，也适宜使用在高地震烈度地区。

（4）GIS 组合电器大修周期长，一般为 15~20 年，甚至可以免检修。

4. 直流高速断路器结构及原理

直流高速断路器主要用来使直流电路在正常负荷下接通和断开，以及在短路时切断短路电流。直流高速断路器和交流断路器设备相似，一般由导电部分、灭弧部分、操作和传动部分等组成。触头系统一般分为两级，动、静触头上覆有银复合材料，弧触头和引弧杆为铜制且易于更换，弧触头通过编织铜带接到主触头上。断路器"分"或"合"时，动主触头动作在先，不会被电弧灼损，电弧迅速通过弧触头和引弧杆引向灭弧室，受损的仅是弧触头及引弧杆，它们可很方便地定期予以更换。

5. 常用直流高速断路器介绍

GE Gerapid 系列直流高速断路器结构图如图 2—21 所示。

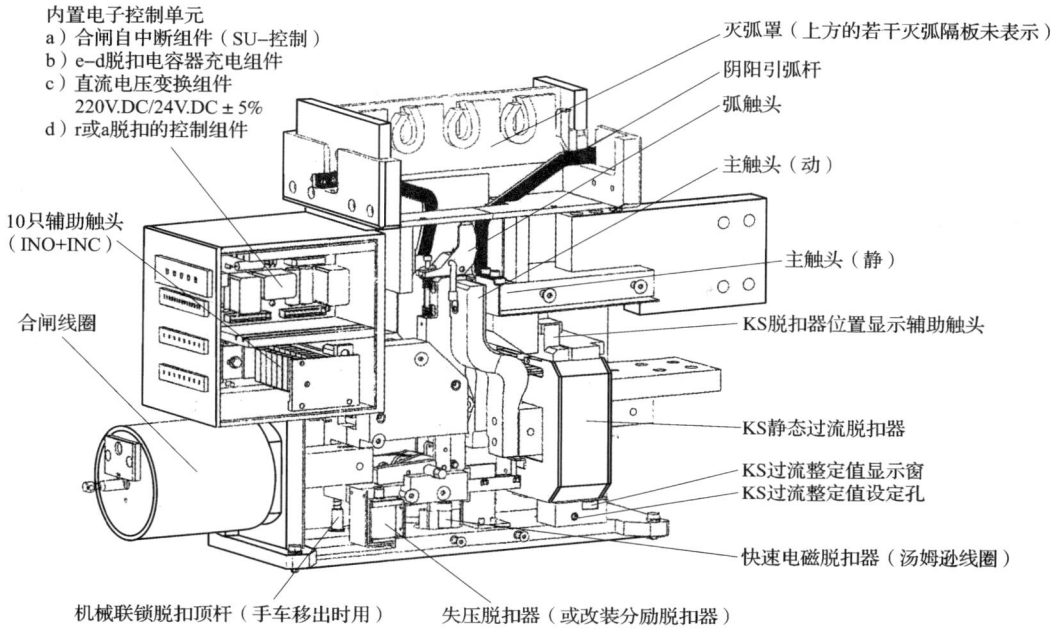

图 2—21　GE Gerapid 系列直流高速断路器结构

Secheron UR40 型直流高速断路器是一种具有电磁控制功能及自然冷却的单极直流高速断路器，在过电流（或短路）等情况下，具有快速反应的性能，特别适用于变电所直流设备的保护。Secheron UR40 型直流高速断路器的主要部件和工作原理图分别如图 2—22、图 2—23 所示。

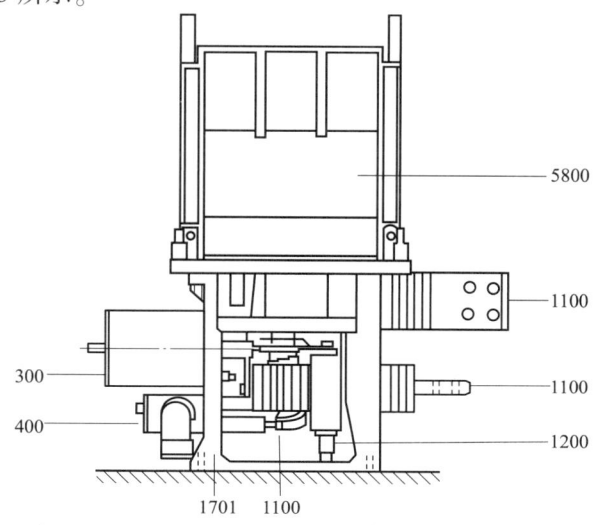

图 2—22　Secheron UR40 型直流高速断路器主要部件

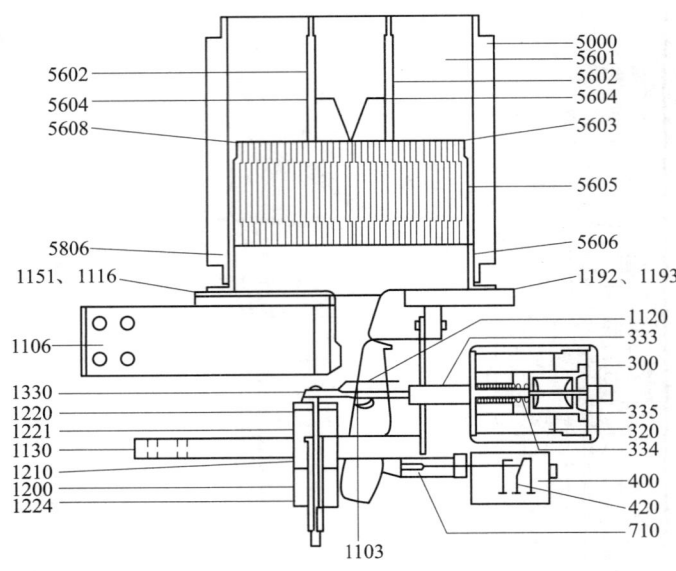

图 2—23　Secheron UR40 型直流高速断路器工作原理图

固定式绝缘杠架（1701）由加强型聚酯玻璃纤维制成，在此杠架上安装有主回路（1100）、跳闸机构（300）、过电流跳闸机构（1200）、辅助触头箱（400）以及灭弧罩（5800）。

主回路是通过直接作用在动触头上的合闸机构的帮助来实现合闸功能的。主回路由上面连接有动触头（1120）的下端连接排（1330），上端连接排（1105）以及表面镀银合金的动、静触头（1115、1116）组成。下端连接排（1130）和动触头之间为柔性弹性元件。断路器在过流或正常分闸命令情况下分闸，推杆（710）促使主回路断开，同时推杆也会带动五副可变换辅助触头（420）改变状态。

合闸机构（300）是由一个整块的筒装磁性体组成，筒内还有一浇注式的合闸线圈（320）。磁性体内装配有移动芯（335）、触头压力弹簧（336）和移动铁芯储能弹簧（334），所有这些部件都组装在合闸操作杆上（333），叉开部件（1330）安装在杆的表端。动触头通过叉形部件（1330）接通，叉形部件由合闸机构驱动，并且紧压在动触头的棘爪上。当一个持续 0.5~1 s 的电流脉冲流过合闸线圈，断路器将合闸。此电流将使磁场磁性增加，使连接在叉形部件上的可动铁芯移动，铁芯移动压缩弹簧，为触头合闸提供压力。断路器合闸后通过一个保持电流或恒定电流维持在合闸位置。断路器在接收到分闸命令后分闸，储能弹簧（334）将叉形部件拉回，推杆（710）将动触头断开。

过流跳闸机构（1200）由一个叠层构造的铁块（1210）和一个可动铁芯（1220）组

成。可动铁芯连接在一圆杆（1221）上，圆杆则通过弹簧（1224）来限位。借助于此圆杆可以设定跳闸定值。在过电流（短路或过负荷）的情况下，由主回路中构成的绕组在固定衔铁（1210）中产生感应磁场，可动铁芯（1220）被吸住上拉去撞击叉形部件（1330），使动触头回路迅速断开。断路器在过电流分闸后，合闸机构通过分闸命令信号复位。

过电流分闸的门槛定值调整可以通过螺母（1226）来完成，且可以通过可动衔铁（1210）上对应的刻度读出。

五对辅助触头箱（400）里都是可变换触头（420），变换情况由动触头控制。五对触头位于合闸机构下方的塑料筒内。

灭弧罩（5800）由拉弧角（5806）、隔板（5805）及消除游离的绝缘板（5802、5803和5804）组成，安装在两块耐电弧板（5801）中间。

断路器分闸时，触头（1105和1120）间产生的电弧被迅速移动到灭弧罩里，并且自然熄灭。电弧一进入灭弧罩（5800）立即被拉弧角（5806）和隔板（5805）分裂成细条，并且被强迫往上走，位于隔板上面的是绝缘板（5802、5803、5804），由于电弧而导致燃烧的气体在此完成放电过程的去游离作用。在灭弧过程中，电流从一端的动触头上部连接板（1150）和触头电荷（1115/1116）流过，再到另一极板电荷（1192/1193），并通过熄弧角（1191）流到动触头下部连接板。

断路器的附属机构有：①"Imax"跳闸计数器，其机构外壳安装在合闸线圈背面，每次合闸—分闸释放循环中，板随着合闸线圈的中心轴运动，压迫小断路器（420）一次；②触头磨损指示器，其机构外壳安装在合闸线圈背面，当触头行程大于极限值时，小断路器（420）动作；③位置指示器，其机构外壳安装在辅助触头箱背面，转动块由辅助触头的推杆驱动，辅助触头动作则由组合推动器（710）中的推杆来带动；④手动合闸机构，其机构安装在合闸线圈背面，可以直接作用在合闸线圈中心轴上，从而允许手动合断路器。

2.2.6　触网闸刀

1. 触网闸刀的机械结构

触网闸刀用于额定电压为直流 1 500 V 的轨道交通接触网，是在空载条件下分合闸线路的电气设备。

下面以 GWD-1.5 系列城市轨道交通用隔离断路器为例，介绍其结构。

GWD-1.5 系列城市轨道交通用隔离断路器主要由底座、手柄底座、支柱绝缘子和导电回路组成，为单柱式结构。其导电回路固定在支柱绝缘子的上端。三根支柱绝缘子呈品字形排列，两根上端固定静触头，底部固定于底座；一根上端固定动触头，底部固定于手柄底座，使之相对于底座做垂直面上的转动带动导电回路的触头做分、合闸运动。触头合闸时，电气回路接通，以承受正常负荷电流。触头分闸时，电气回路断开，承受系统正常标准规定电压，起隔离作用。GWD－1.5/3000型城市轨道交通用隔离断路器外形结构如图2—24所示。

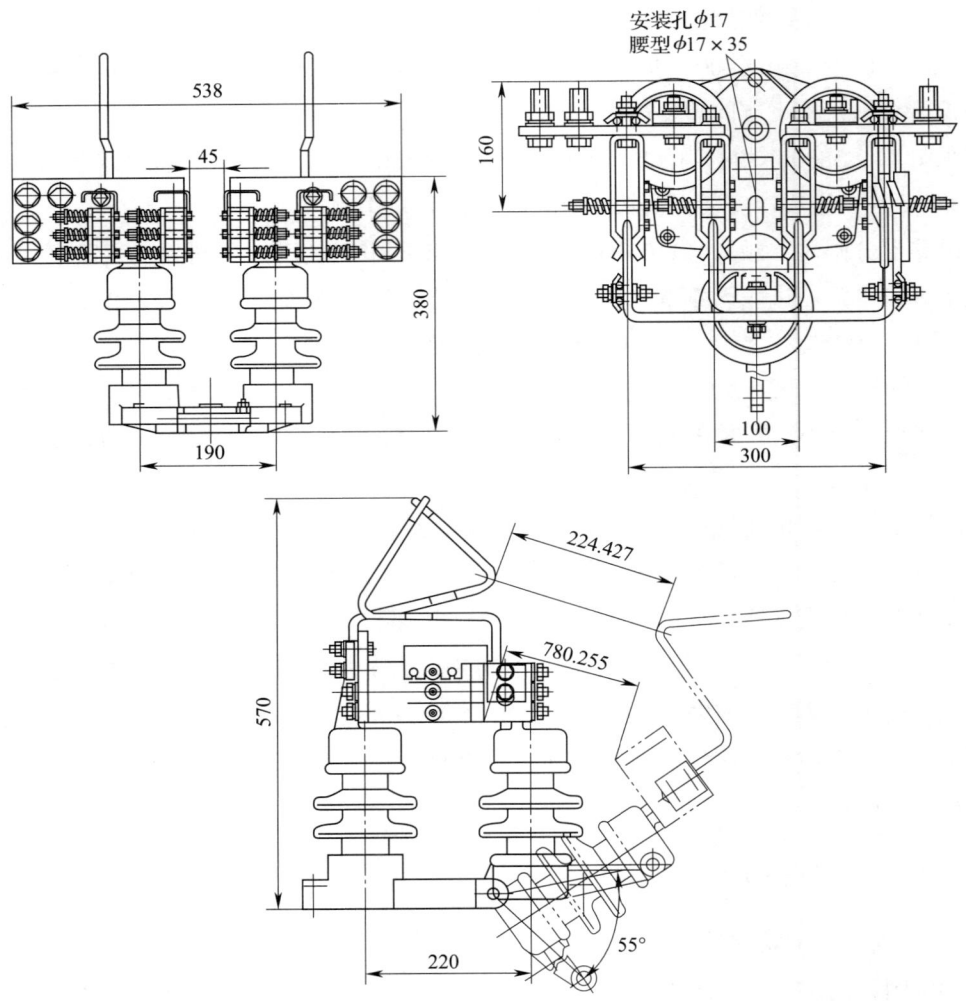

图2—24　GWD－1.5/3000型城市轨道交通用隔离断路器外形结构

2．触网闸刀的安装位置

隔离断路器安装于隧道内或地面区段，接近于接触网的高度，成对安装。

隔离断路器通过连杆与操作手柄连接。手动隔离断路器借助手柄进行分、合闸操作。手柄适合安装在离轨面或工作人员常到处地面约 1 m 的混凝土结构或接触网的电杆上，而且可锁住。最终的安装高度由现场安装条件决定。

电动隔离断路器通过连在隔离断路器上的电动操作机构和垂直金属管进行操作，其所用连杆与手动操作机构相同。电动操作机构适合安装在离轨面或工作人员常到处地面约 1 m 的混凝土结构或接触网的电杆上，最终的安装高度由现场安装条件决定。

3．触网闸刀电动操作机构

触网闸刀电动操作机构可用直流 220 V 或交流 220 V、50 Hz 的单相电源，也可用手柄或曲柄进行手动操作。隔离断路器配用电动操作机构外形结构如图 2—25 所示。对

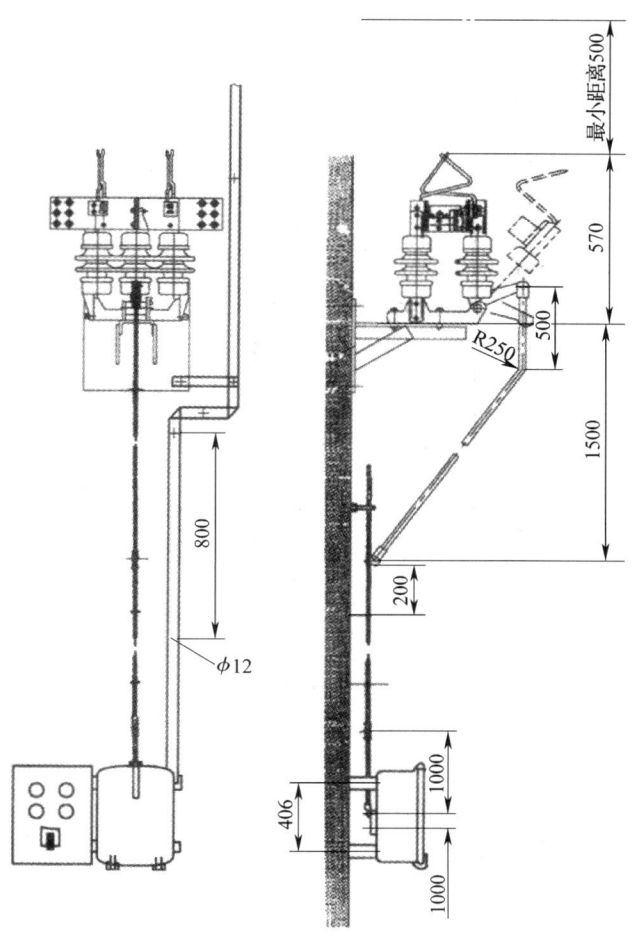

图 2—25　隔离断路器配用电动操作机构外形结构

于配有电动操作机构的隔离断路器，操动机构应具备电动、手动两种操动方式，并能实现远动控制。操动机构在隔离断路器处于终点位置时具有可靠的定位装置。

4．正极闸刀柜的作用

正极闸刀柜是用于连接整流器侧正极与 1 500 V 正极母线之间的隔离断路器设备，实现整流器组向 1 500 V 直流正极母线馈电的控制设备。正极闸刀柜如图 2—26 所示。

5．正极闸刀柜的主要构件

正极闸刀柜内装设电动隔离断路器。断路器柜前部设可锁住的金属门，上部有一个低压元件室。正极闸刀柜前视图如图 2—27 所示。

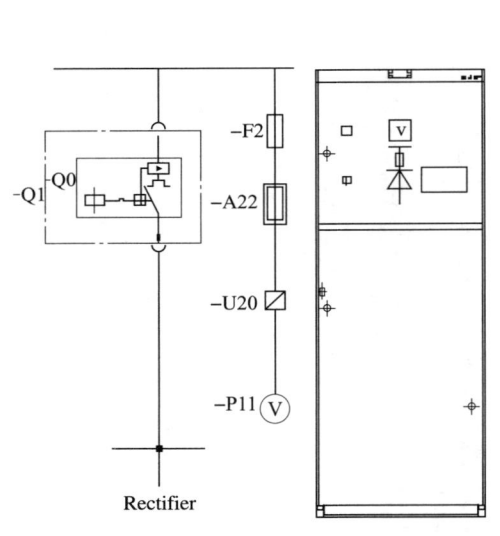

图 2—26 正极闸刀柜　　　　图 2—27 正极闸刀柜前视图

图中使用下述元件标称代号：

- A22　　　　分压器模块
- P11　　　　电压表
- U20　　　　隔离放大器

6．电动正极闸刀动作的条件

隔离断路器电动机构部分动作的前提条件是：正极闸刀与负极闸刀之间的联锁及其与 35 kV 整流变断路器之间的联锁，这可防止误操作。只有在正极闸刀处于设定的闭合/断开位置时，才可以闭合 35 kV 整流变断路器。只有在 35 kV 整流变断路器处于断开状态，同时负极闸刀处于闭合位置时，才可以断开/闭合正极闸刀。只有在正极闸刀处于断开位置时，才可以断开/闭合负极闸刀。

7. 正极闸刀的操作

在故障情况下，正极闸刀只能以摇柄手动操作。正极闸刀柜门必须打开以便插入摇柄，然后按照分/合闸的方向匀速转动手柄，当快接近分/合闸位置时应减小操动力，缓慢地使隔离断路器运行到位。若强行转动手柄则将损坏操作机构箱内的传动机构。若隔离断路器的操作导致错误，当插入摇柄时串联的 35 kV 整流变断路器自动跳闸。

正极闸刀通过可编程控制器（SIMATIC PLC）来控制。正极闸刀的分合可通过下列方式实现：由在断路器柜上部门上的带灯按钮、来自远动系统的双位置信号或经由 Profibus – DP 总线的串行信号控制。正极闸刀柜剖面图如图 2—28 所示。

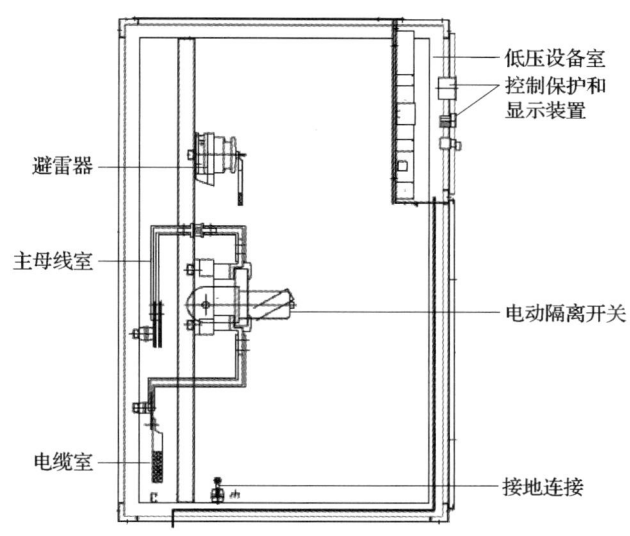

图 2—28　正极闸刀柜剖面图

如图 2—29 所示为在低压元件室门上的操作元件。

当正极闸刀处于分闸的状态时，在提供了控制电压后，"分闸"带灯按钮始终发亮。直到进行闭合操作，"分闸"带灯按钮熄灭。当正极闸刀到达闭合位置时，"合闸"带灯按钮始终发亮。若没有明确的位置检查信号返回，则组报警信号灯始终发亮。

由"当地/远方"选择断路器的工作方式。选择"远方"工作方式，则正极闸刀只接受远动分/合闸命令。选择"当地"工作方式，则正极闸刀只接受当地分合/闸命令（"分闸"/"合闸"带灯按钮）。

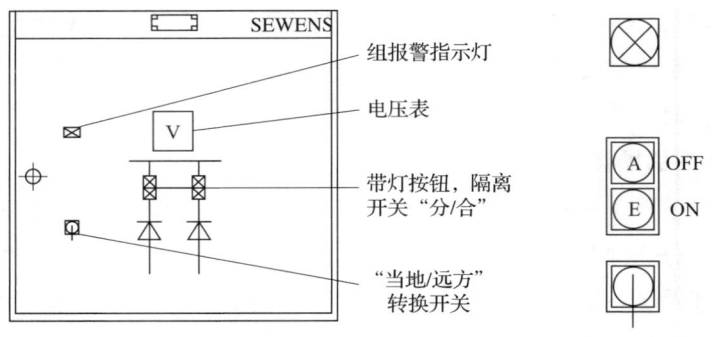

图 2—29 在低压元件室门上的操作元件

8．负极闸刀柜的作用与构成

负极闸刀柜是用于连接整流器侧负极与回流钢轨之间的隔离断路器设备，柜内装设手动隔离断路器，带拉杆的隔离断路器为标准化设计，借助于随设备附件一同供货的驱动杆来进行操作。利用此驱动杆操作时须将双手均置于拉杆上的黑色圆形护套后以保证安全。断路器柜前部设可锁住的金属门，上部有一个低压元件室。负极闸刀的分/合操作与正极闸刀有电气联锁。

9．框架保护装置

变电所设一套低阻抗框架故障保护装置装于负极柜内，是为了防止直流设备内部绝缘损坏闪络时危及人身及设备安全，主要用于保护设备安全，同时对某些特殊的故障进行保护。负极闸刀柜前视图如图 2—30 所示。

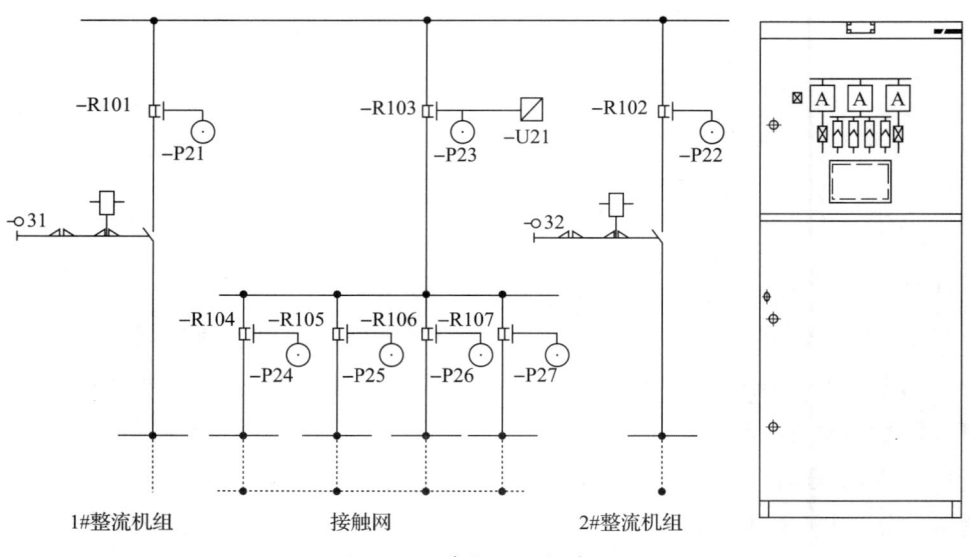

图 2—30 负极闸刀柜前视图

图中使用下述元件标称代号：
- P21…P27　　　　电流表
- R101…-R107　　分流器
- U21　　　　　　隔离放大器

2.2.7 电缆的结构分类

1. 电缆终端

电缆终端是安装在电缆线路末端，具有一定绝缘和密封性能，用以将电缆与其他电气设备相连接的电缆附件。

按使用场所不同，电缆终端可分为户内终端、户外终端、设备终端、GIS 终端；电缆终端按所用材料不同，可分为热缩型、冷缩型、橡胶预制型、绕包型、瓷套型、浇铸（树脂）型等。

2. 电缆接头

电缆接头是安装在电缆与电缆之间，使两根及以上电缆导体连通，并具有一定绝缘、密封性能的附件。

按其功能不同，电缆接头可分为普通接头、绝缘接头、塞止接头、分支接头、过渡接头、转换接头、软接头等；按所用材料不同，电缆接头有热缩型、冷缩型、绕包型、模塑型、预制件装配型、浇铸（树脂）型、注塑型等。

2.2.8 避雷器

1. 金属氧化锌避雷器型号含义

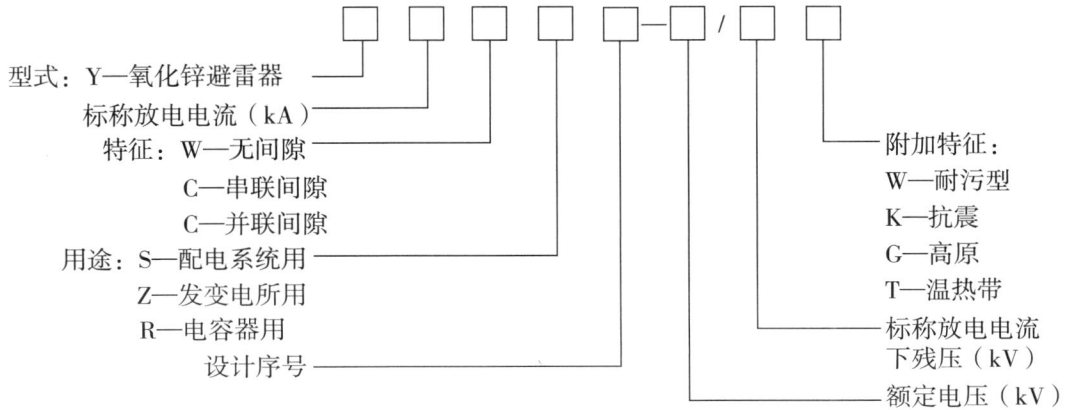

2. 金属氧化锌避雷器的结构原理

金属氧化锌避雷器和普通阀型避雷器在结构上的主要区别是阀片的材料不同，其阀片是以氧化锌为主体，添加其他少量金属氧化物（如三氧化二铋、三氧化二钴、二氧化锰、三氧化二锑等），经过粉碎混合后置于 1 000℃ 以上高温下烧结而成。与碳化硅相比，氧化锌阀片具有更优良的非线性，非线性系数仅为 0.01~0.04，即使在大电流下，非线性系数也不大于 0.1。在正常运行电压下，流过的电流很小，仅为 1 mA 左右，不会使阀片过热烧坏，因此可以不用串联间隙来隔离工作电压。而在高电压下，其电阻瞬时变得很小，可以通过大电流，残压也很低。

由于氧化锌阀片的通流容量大，阀片直径小，瓷套的内径比阀片的直径大得多，因此需要采取专门的固定措施：对于实心阀片，用 3~4 根绝缘拉杆放在阀片周围加以固定；对于中间有孔的阀片，用一根绝缘拉杆将阀片穿在其上加以固定，然后装入瓷套内，再在顶部用弹簧压紧，使芯体牢固地固定在瓷套内。氧化锌避雷器芯体如图 2—31 所示。

氧化锌避雷器装有防爆装置，即在避雷器每节元件上设有由薄金属片或塑料片构成的薄弱环节和排气导弧孔。当元件内部发生阀片击穿和闪络时，内部气压骤然升高，此时薄弱环节防爆膜首先破坏，将内部高压气体放出，并沿着排气导弧孔的方向排放高温气体，瓷套内部压力迅速降低，避免瓷套发生爆炸。有的防爆装置将金属盖板制成具有弹性的，当元件内部气压高于盖板预加的弹性变形压力时，盖板就被顶开，盖板起防爆和密封的双重作用，其结构原理如图 2—32 所示。

3. 金属氧化锌避雷器的主要特点

金属氧化锌避雷器除了具有结构简单、体积小、质量轻、寿命长等优点外，由于没有间隙，因此性能稳定、制造方便，而且不存在直流下灭弧难的问题，易于制成直流避雷器。由于金属氧化锌避雷器的保护性能仅由阀片的冲击残压决定，因此其保护性能好。当雷电通过金属氧化锌避雷器后，由于其没有工频续流问题，因此可以承受多种雷击。金属氧化锌避雷器可以对大容量电容器组进行保护，氧化锌避雷器在接近保护水平时开始导通，将电容器放电时间延长，使通过避雷器的电流大大减小。

4. 金属氧化锌避雷器的主要类型

金属氧化锌避雷器有无间隙、带并联间隙和带串联间隙三种结构形式，其中无间隙型是主要形式。

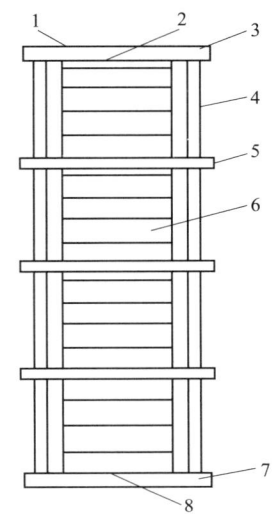
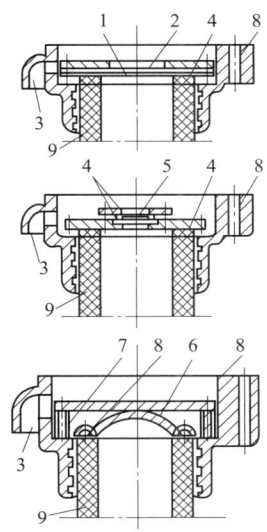

图2—31 氧化锌避雷器芯体
1—上金属隔板 2—弹簧 3、7—螺栓
4—绝缘拉杆 5—绝缘固定套板
6—阀片 8—下金属隔板

图2—32 氧化锌避雷器的防爆结构原理
1—金属薄板 2—塑料薄板 3—排气导弧孔
4—橡皮垫圈 5—玻璃片 6—弹性盖板
7—定位垫圈 8—法兰 9—瓷套

（1）无间隙型。无间隙型金属氧化锌避雷器的内部主要元件仅有氧化锌阀片。运行中，阀片经常不断地有工频电流流过，产生热量，温度升高，使阀片阻值下降，如散热条件不好，温度会进一步升高，导致阀片老化，以致发生爆炸。为解决阀片的散热问题，可在瓷套内部空间填以固体绝缘物以提高热传导能力；或灌注硅橡胶将阀片侧面裹以硅胶后装入瓷套内使之紧贴瓷套表面；或填以石英砂，增大瓷套表面积，以增加散热面积。当工频泄漏电流很小时，也可不采取上述措施。因此，在运行中必须监测无间隙金属氧化锌避雷器的工频泄漏电流，以判断避雷器是否正常。

（2）带串联间隙型。带串联间隙的金属氧化锌避雷器的结构与普阀式避雷器的结构基本相同。在正常运行电压下，氧化锌阀片上没有工频电压的作用，不必考虑老化问题。但由于氧化锌阀片的阻值很大，分担了部分工频电压，串联间隙上的电压比普阀式避雷器低，因而间隙距离可以大大缩短。另外，由于氧化锌阀片的限流作用，工频续流很小，电弧完全可以自行熄灭，所以间隙也不必考虑灭弧问题，无须采用多个平板间隙或磁吹限流间隙。同时，由于间隙距离小，在过电压作用下可以迅速击穿，相应的冲击放电电压大大下降，由于氧化锌阀片的通流能力是碳化硅阀片的4倍，因此其直径可以大大缩小。

（3）带并联间隙型。带并联间隙金属氧化锌避雷器将阀片分成主阀片和并联阀片两部分，在并联阀片上有并联放电间隙。正常运行时，并联间隙不放电，通过阀片的电流很小，运行安全可靠；当遭受雷电过电压时，避雷器上残压尚未达到规定值之前，并联间隙开始放电，将并联阀片短接，避雷器的残压仅为主阀片上的残压，其值较低，保护性能便能满足要求。

按外绝缘材质的不同来区分，金属氧化锌避雷器有瓷套型和合成绝缘（硅橡胶）型两种。合成绝缘型的外壳与阀片浇注成一体，内部没有气隙，不会受潮，体积更小，质量更轻，合成套具有憎水性，并具有良好的防污性能和防爆性能。

2.2.9 钢轨电位限制装置

1. 钢轨电位限制装置的工作原理

在直流牵引系统中，由于操作电流和短路电流的存在，可能会引起回流回路和大地间产生超出安全许可的接触电压。在此情况下，就需要在回流回路与大地间装配一套钢轨电位限制装置，以限制运行轨的电位，避免超出安全许可的接触电压的发生（此安全电压的规定参照欧洲标准 EN50122-1，12.97 及 VDE011-T3，12.97 标准）。

当发生超出安全许可的接触电压时，此钢轨电位限制装置就将钢轨与大地短接，从而保证人员和设施的安全。

2. 钢轨电位限制装置构成元件

该钢轨电位限制装置主要包含下列功能元件：

（1）复用断路器，由晶闸管元件和直流接触器组成，如图 2—33 所示。

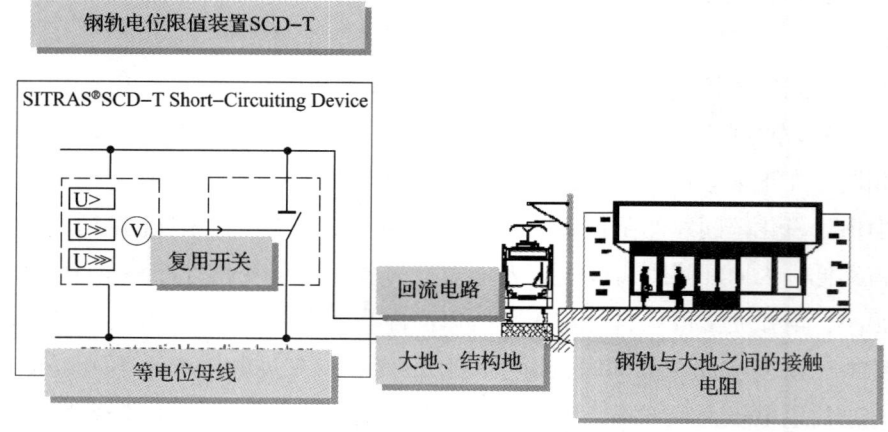

图 2—33 钢轨电位限制装置工作原理图

（2）多级电压测量元件。

（3）控制及测试逻辑模块 LOGO。

3．钢轨电位限制装置的结构（见图2—34）

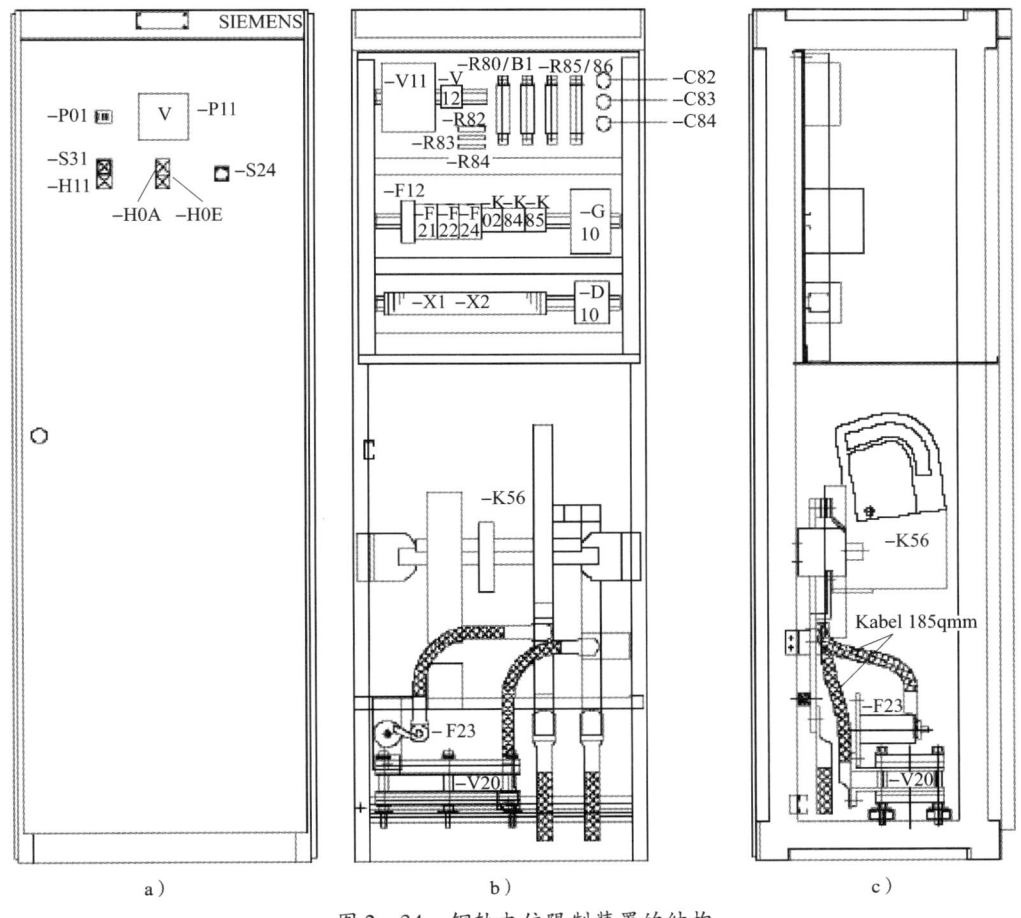

图2—34 钢轨电位限制装置的结构

a）前视图（控制面板） b）前视图（无门、无盖板） c）侧视图（无盖板）

该装置的各部件组成了一个密封的断路器柜。其构架和断路器柜正面由 2 mm 厚的钢板制成，侧面、正面和顶部均由 1.5 mm 厚的钢板制成（保护等级：IP40）。断路器柜底部为打开状态。

柜内各元件如下：

（1）功能元件

- 直流接触器—K56

- 晶闸管短路器—V20
- 加热器熔丝—F11（SITRAS® SCD – T 室外装置）
- 230 V 熔丝—F12
- 电压继电器 U > —F21（见图 2—33）
- 电压继电器 U >> —F22（见图 2—33）
- 电压继电器 U < —F24（见图 2—33）
- 电流继电器—F23
- 接触器继电器—K02，—K84，—K85
- 24 V 直流辅助供电电源—G10
- LOGO！控制器—D10
- 配套的小型整流器—V12
- 硅整流器—R80 ~ —R86
- 电解电容器—C82 ~ —C84
- 端子排—X1，—X2
- 电子制动装置（无图示）

（2）操作、显示元件

- 电压表—P11
- 操作计数器—P01
- 带灯按钮"闭锁/复位"—S31
- 测试控制断路器—S24
- "打开"指示器—HOE
- "关闭"指示器—HOA
- "告警"指示器—H11

（3）下列用于远程告警的信号在端子排的—X2 端子处可获得：

- 钢轨电位限制装置断开
- 钢轨电位限制装置闭合
- 辅助电压监测
- 钢轨电位限制装置闭锁
- 报警信号

每个断路器柜均有两个电力电缆端子：回流回路端子（左，前视，由 L - 来判读），结构地端子（右，前视，由黄/绿判读）。回流回路端子必须与回流回路连接，不论有关接触网或接触轨的电位是正还是负。结构地端子永远与柜体连接（仅室内装置）。结构地端子必须与等电位母线相连。

4．钢轨电位限制装置电气控制原理

复用断路器由直流接触器－K56和晶闸管元件－V20组成。它可将钢轨与大地通过等电位母线短接。正常情况下（钢轨电位限制装置开断）的回路原理图如图2—35所示。

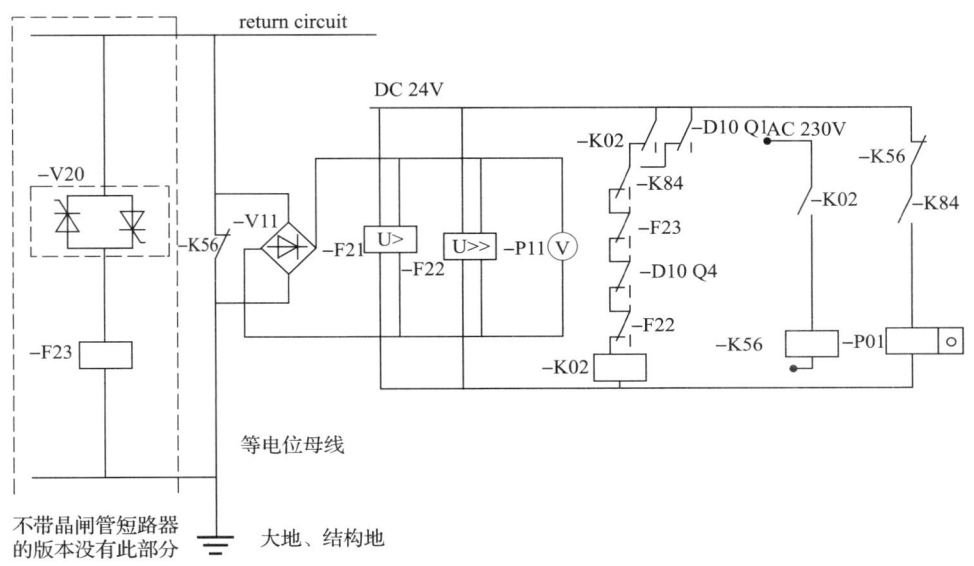

图2—35　正常情况下（钢轨电位限制装置开断）的回路原理图

正常情况下，直流接触器的端头是断开的，即接触器触头是断开的。同时，晶闸管元件也处于不导通状态（仅对于带有晶闸管短路器的两代版本）。钢轨与大地之间的电压在电压表－P11上检测和显示。而由电压测量元件－F21、－F22和电子触发器（含晶闸管元件时）来判断电压。

具有不同的、可调整的整定阀值的电压测量元件：

- －F21，电压大于或等于U＞
- －F22，电压大于或等于U＞＞
- 电子制动器（使用时），电压大于或等于U＞＞＞
- －F23，有电流通过晶闸管元件（若使用）时。

如果走行钢轨与等电位母线间的电压值小于三种电压监测系统的整定跳闸值，在这种情况下，直流接触器－K56是断开的，即主触头（在平时闭合）断开。

如果测得的电压大于或等于 U > 的阀值，这意味着电压测量元件 – F21 落下，该装置将会经过一段延时后合闸。此可调整的延时确保了在短期允许的电压最大值下，不会发生不必要的短路。10 s 之后，直流接触器 – K56 再次自动断开，即短路器再次断开。

如果当时的电压值小于 U > 的阀值，则钢轨电位限制装置经过一段可调整的延时后再进入正常状态。如果电压值又变得很高，将再次发生短路。此过程一直持续到电压又保持在许可范围内，或短路次数达到预定数字（调整范围从 1，…，n）。一旦达到预设值，短路装置即会闭锁。当闭锁时，需按带灯按钮 – S31 将其手动复位。

如果测得电压大于或等于 U >> 的阀值，这意味着电压测量元件 – F22 落下。该装置将无延时合闸，即在 100 ms 之内合闸。推荐值已预先调整好，可从"预置表"中获得。合闸状态继续保持，当闭锁时，需按带灯按钮 – S31 将其手动复位。如果测得电压超过 U >>> 的阀值，则晶闸管元件 – V20（在使用时）开通以抵消直流接触器 – K56 的机械延时，同时直流接触器 – K56 被激活，而闭锁状态继续保持。由于采用晶闸管短路器，当电压大于 650 V 时，短路速度有更显著的提高。

此钢轨电位限制装置的控制回路采用闭环原理，保证了一旦控制电源发生故障，装置会自动将钢轨与大地有效短接。这样，在控制电源发生故障时，人员及设施的安全得到了保障。

直流接触器在非正常情况下发生故障，故障信息在接触器闭合而电压仍存在的时间段里传出，同时"故障"指示器亮起指示。

如直流接触器 – K56 因故障而一直断开，在电压大于 600 V 时，此功能由晶闸管元件执行（无晶闸管元件的钢轨电位限制装置无此功能）。如晶闸管短路器发生故障，则阻抗会变低。

2.2.10 单向导通装置

1. 单向导通装置概述

地铁系统的钢轨不但起到列车导轨的作用，同时还是牵引电流负回流轨使列车电流回流牵引变电所的负极。在负回流电流沿钢轨的传输过程中，由于钢轨与地之间有泄漏电阻，总有少部分牵引电流负回流泄漏至地下，因此在车场、车辆段、隧道、高架桥等特殊地段的轨道上需设置绝缘接头，其目的是尽量减少杂散电流并缩小杂散电流的影响范围，从而减小杂散电流对结构钢筋的腐蚀。在采用绝缘接头的钢轨部位，有机车运行时，为了保证回流电流的正常流动，必须采用单向导通装置，其接于地铁轨道设置的绝缘结处，用于连接绝缘接头两端的钢轨，使钢轨中电流只向一个方向流通而在另一个方向截止，有效防止钢轨电流因部分钢轨绝缘水平较差而增加整个地铁杂散电流泄漏的数量。因此，一般在正线与停车场线路走行轨之间、停车场各电化库的库内线路与库外线路走行轨之间安装单向导通装置。停车场与正线钢轨之间的单向导通装置是将停车场与正线的钢轨回流隔离，阻止正线钢轨回流流入停车场，而停车场内的钢轨回流通过单向导通装置流入正线钢轨回流系统。停车场停车库与道场钢轨间的单向导通装置是将停车库与道场钢轨隔离，阻止道场钢轨回流流入停车库内，而停车库内的钢轨回流通过单向导通装置流入道场钢轨回流系统。

为保证地铁正常运行，在单向导通装置的进出线上并有隔离断路器作为单向导通装置的一部分。当单向导通装置的二极管出现故障或进行检修时，合上隔离断路器，使绝缘结两端钢轨导通，保证负回流回路的畅通，地铁运行不受影响。同时，隔离断路器还有在地铁直流供电系统特殊运行方式下连通钢轨的作用。当停车场牵引站退出运行时，开闭装置才投入运行。

列车在特殊情况下紧急制动时首先采用再生方式，如果无其他机车吸收产生的再生电流，机车会自动将弓压抬高到1 800 V。由于钢轨上有绝缘结和单向导通装置，使得机车产生的再生电流在钢轨上无法流通，只能从绝缘结一侧钢轨泄漏再返回至绝缘结另一侧钢轨，从而导致绝缘结两端钢轨产生高达上千伏的电位差，可能导致人身伤害事故的发生。因此，在部分单向导通装置的二极管两端并联放电间隙，当钢轨绝缘结两端大于1 000 V时，放电间隙击穿，提供一个电流通路，从而避免人身伤害事故的发生。

单向导通装置的主接线方式如图2—36所示。

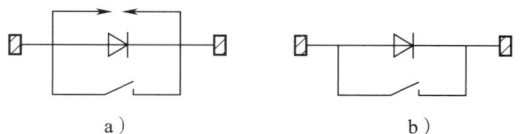

图2—36 单向导通装置的主接线方式

2．单向导通装置的结构原理

下面以DDZ-1型单向导通装置为例进行介绍。

单向导通装置箱体由主体和防雨帽两部分焊接而成，外壁由不锈钢板焊接内接保温材料而成，能有效阻止外界冷暖空气的影响。箱体底部的电缆进线孔同时也是进风孔，它与防雨帽下部的排风口形成一个空气通道，可以将电缆沟中的冷气吸入箱体，同时将箱体内由于导体发热产生的热空气排出箱外，使箱体内温度保持在一定范围内。

单向导通装置的主回路由 8 只二极管并联组成,在二极管两端并联一台额定电压 1 500 V、额定电流 3 000 A 的直流隔离断路器。在每只二极管支路均串有一个带辅助触头的快速熔断器和一个分流器,它们与二次仪表室中的信号装置共同组成了信号采集、分析和输出系统。快速熔断器与并联在每只二极管两端的压敏电阻、RC 回路组成了保护系统。

在正常运行情况下,隔离断路器处于分闸位置,电流通过二极管流通。如果单向导通装置各支路工作均正常,信号采集装置采集到的是正常工作信号;如果出现了短路或其他的异常信号情况,使快速熔断器或二极管受到损坏,这时信号采集装置采集到的是故障信号,信号装置将根据实际情况发出短路或断路故障信号。

信号装置是单向导通装置的重要元件,同时检测八个支路的运行情况。当一个支路或几个支路发生故障时,该装置发出信号,并将信号保持到人工复位为止。装置内部采用微处理控制,具有设计先进、检测分辨率高、测试稳定、抗干扰能力强及操作简便等特点。

放电间隙装置是单向导通装置的选用元件,由放电间隙和旁路断路器两部分组成。放电间隙由上下电极、磁吹线圈和铁芯组成,它们牢固地组装在支持绝缘子上面;旁路断路器由动、静触头和操作电磁铁组成,它们安装在一块环氧玻璃布板上。放电间隙装置接线图如图 2—37 所示,其结构如图 2—38 所示。

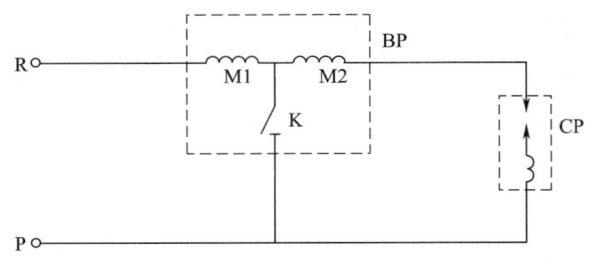

图 2—37　放电间隙装置接线图

R、P—主接线　M2 与 M1—旁路断路器合闸用线圈　CP—放电间隙　BP—旁路断路器
K—旁路断路器的主触头　M1—旁路断路器保持线圈

放电间隙动作原理:当机车进行再生制动,绝缘结两端钢轨电压升高到一定值(1 000 V),放电间隙击穿,放电回路 R—M1—M2—CP—P 内有电流流过,钢轨电压降低避免发生人身事故。当回路 R—M1—M2—CP—P 电流值达到 200 A 时,由于 M1 + M2 的作用使旁路断路器闭合,旁路断路器合上后 R—M1—K—P 回路接通,将放电间隙短路,由 M1 保持旁路断路器的闭合。在 M1 中流过的电流减小到 50 A 以下时,由于其产生的电磁力不足以保持旁路断路器闭合,旁路断路器断开。

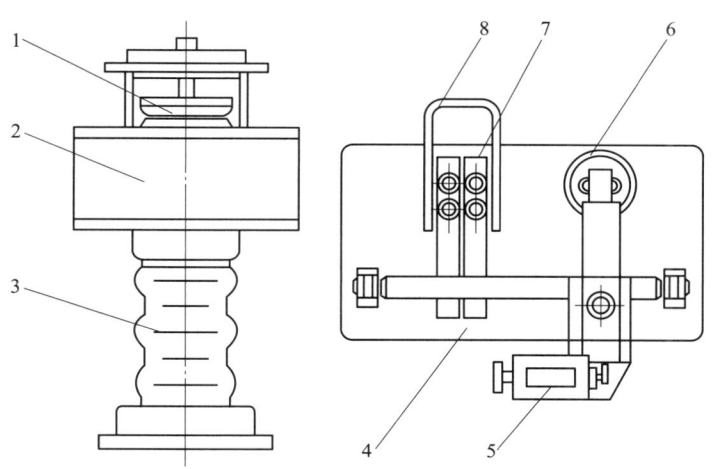

图 2—38 放电间隙装置的结构

1—环形间隙　2—磁吹线圈　3—支持绝缘子　4—环氧玻璃布板　5—计数器
6—M1、M2 线圈　7—直流接触器主触头　8—灭弧罩

2.2.11 整流器

1. 整流电路特性

交流电到直流电的变换称为整流，整流器中实现电能形式转换的元件是硅整流二极管。

（1）二极管的单向导电性。硅整流管核心是 PN 结，PN 结具有单向导电性。当 P 极电位高于 N 极电位，加正电压时，空穴或电子形成电子流，电流由 P 极流向 N 极，处于正向导通，此时，PN 结的阻值很小，可以忽略。当 P 极电位等于或小于 N 极电位时，空穴或电子形成的电子流消失，PN 结形成高阻态反向截止。电子流开始流动时的电压称为二极管的门槛电压，随着 P 极电位的升高，电流的数值也增大。

在反向电压的作用下，PN 结有极少的电子在外加电场的作用下由 N 极向 P 极流动，称为反向漏电流。当反向电压增加到一定数值时，电子在外加电场的作用下溢出数量增加，最后形成很大的反向漏电流，称为反向击穿。击穿后的二极管 PN 结结片烧坏，不再具有单向导电的性能，正、反向均能导电。硅整流二极管的伏安特性如图 2—39 所示。

图 2—39 中符号所代表的特性参数的名称及定义见表 2—2。

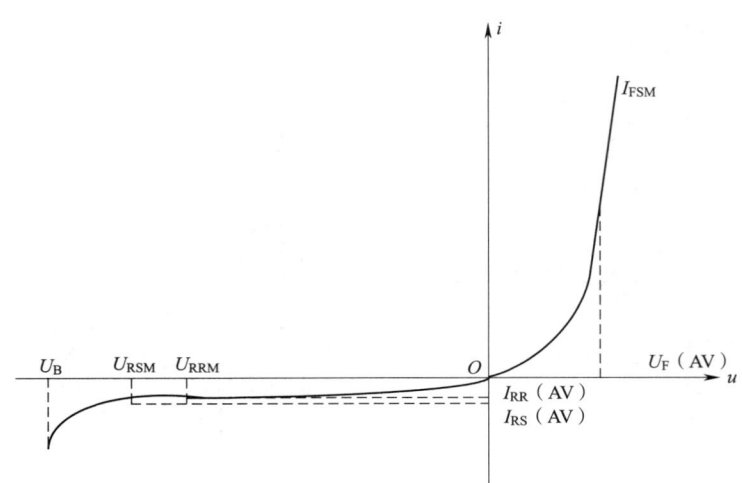

图 2—39 硅整流二极管的伏安特性

表 2—2　　　　　　　硅整流二极管特性参数的名称及定义

特性参数名称	符号	定义
额定正向电流	$I_{F(AV)}$	硅整流二极管在电阻性负载的单相工频正弦半波电路中，在环境温度 +40℃ 和规定冷却条件下，结温稳定且不超过额定结温时，所允许的最大正向平均电流
正向平均电压	$U_{F(AV)}$	硅整流二极管通以额定正向平均电流，待结温稳定后，阳极—阴极间电压的平均值
正向峰值电压	U_{FM}	硅整流二极管通以额定正向平均电流，待结温稳定后，阳极—阴极间电压的峰值
浪涌电流	I_{FSM}	硅整流二极管通以额定正向平均电流，待结温稳定后，在工频正弦半波周期间能承受的最大过载峰值电流
反向不重复峰值电压	U_{RSM}	不可重复施加且持续时间不大于 10 ms 的最大脉冲电压
反向重复峰值电压	U_{RRM}	可施加重复率为每秒 50 次且每次持续时间不大于 10 ms 的最大脉冲电压，其值为 80% U_{RSM}
反向不重复平均电流	$I_{RS(AV)}$	对应于 U_{RSM} 的平均漏电流
反向重复平均电流	$I_{RR(AV)}$	对应于 U_{RRM} 的平均漏电流

（2）单相桥式整流电路及其直流输出波形

单相桥式整流电路由四只二极管组成。单相桥式整流电路及其输出波形如图 2—40 所示。

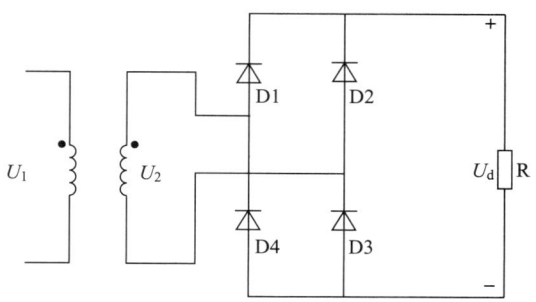

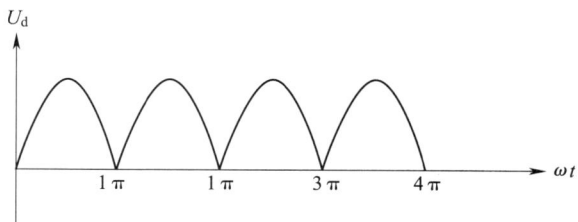

图 2—40　桥式整流电路及其输出波形

当 U_2 为上正下负时，即交流电的正半周时，U_2 + 经 D1、R、D3、U_2 - 形成回路。D2、D4 受反压截止，电阻上流过的电流波形与电压波形一致，为正半周的正弦波。

当 U_2 为上负下正时，即交流电的负半周时，U_2 + 经 D2、R、D4 形成回路，D1、D3 受反压截止，电阻上流过的电流波形与电压波形一致，为正半周的正弦波。

这样，通过四只二极管就可以将交流电变换成脉动的直流电。

（3）三相桥式整流电路

从单相桥式整流电路可以看出，其输出的直流电压脉动很大，与直流电的波形要求相差甚远，为了改善直流脉动系数，一般采用三相整流或增加滤波装置。

三相桥式整流电路如图 2—41 所示。三相桥式整流电路由六只二极管组成，三个阴极相连的 D1、D3、D5 称为共阴组，三个阳极相连的 D6、D2、D4 称为共阳组，R 为负载电阻，整流二极管利用交流电压的交变，实现自然换相，将三相交流电变换成六脉波脉动直流电。三相桥式整流电路输出波形如图 2—42 所示。

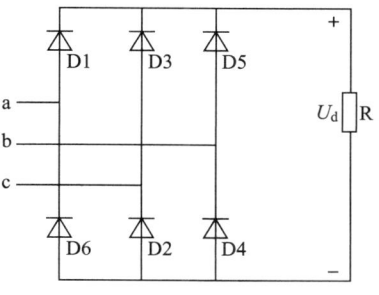

图 2—41　三相桥式整流电路

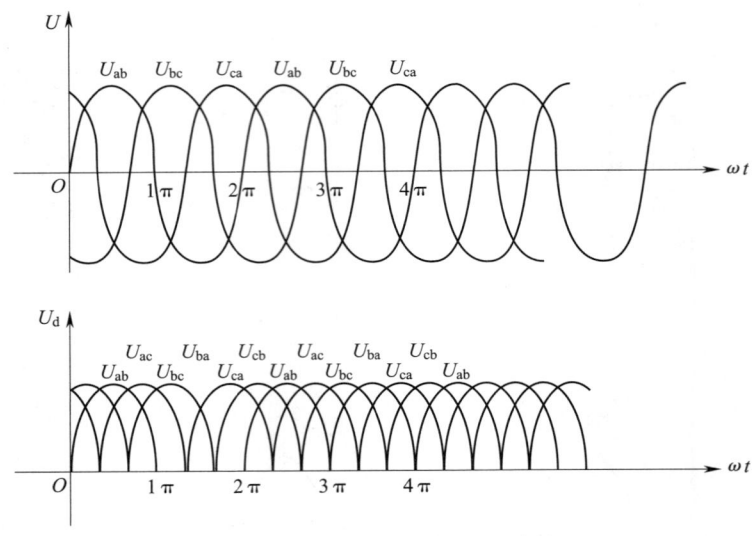

图2—42 三相桥式整流电路输出波形

(4) 十二相、二十四相整流电路。利用变压器接线组别的不同,可以获得不同相序的线电压。整流变压器两组高低压绕组分别为△/△接法和△/Y接法,两组低压绕组之间相位差30°引入整流器,两个三相桥式整流电路并联组成12脉波整流。12脉冲整流器并联连接基本排列如图2—43所示。在阴极和阳极侧每相至少有一只二极管,12脉波整流器的二极管最少为12只。

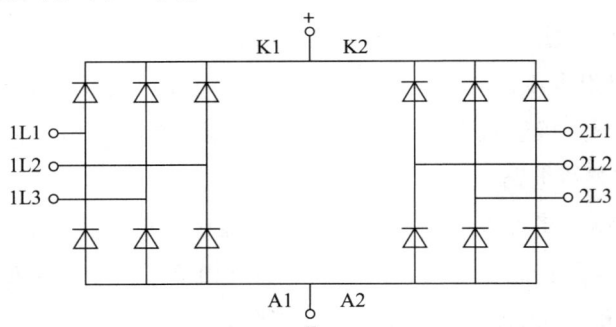

图2—43 12脉冲整流器并联连接基本排列

两台并联的整流变压器的网侧绕组用延长三角形接线,一台整流变压器移相+7.5°,另一台整流变压器移相-7.5°,两台整流器便组成24脉波整流。

大容量高电压的整流设备对整流二极管都有特殊的要求。当遇到整流电压较高,二极管的反向耐压无法承受时,采用二极管串联连接,要求串联的二极管的反向电压平均分配,提高承受反向电压的能力。当遇到电流较大的情况时,采用二极管并联联接，要求并联的二极管的通态电流平均分配，以提高整流器的负载能力。地铁牵引采用的整流器是用二极管并联的方式来提高负载能力，整流电路每个桥臂有两个正向峰值压降值相近的平板压接式整流管并联，以获得相近的电流分配，如图 2—44 所示。整个整流电路共有 24 个面接触平板式环氧封装的整流二极管。如图 2—45 所示为整流器主电路。

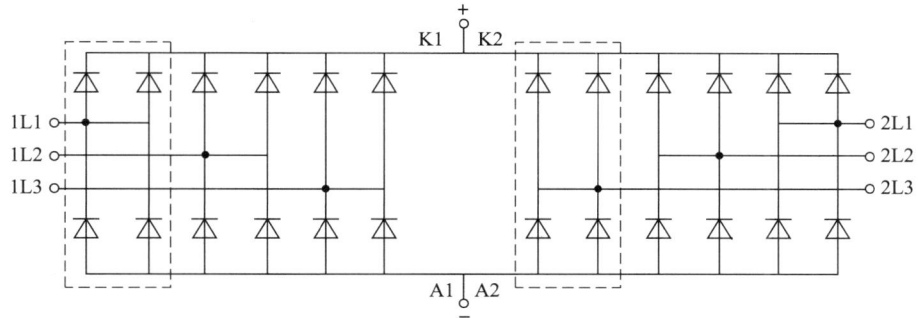

图 2—44　并联连接、带两只并联二极管的 12 脉冲整流器

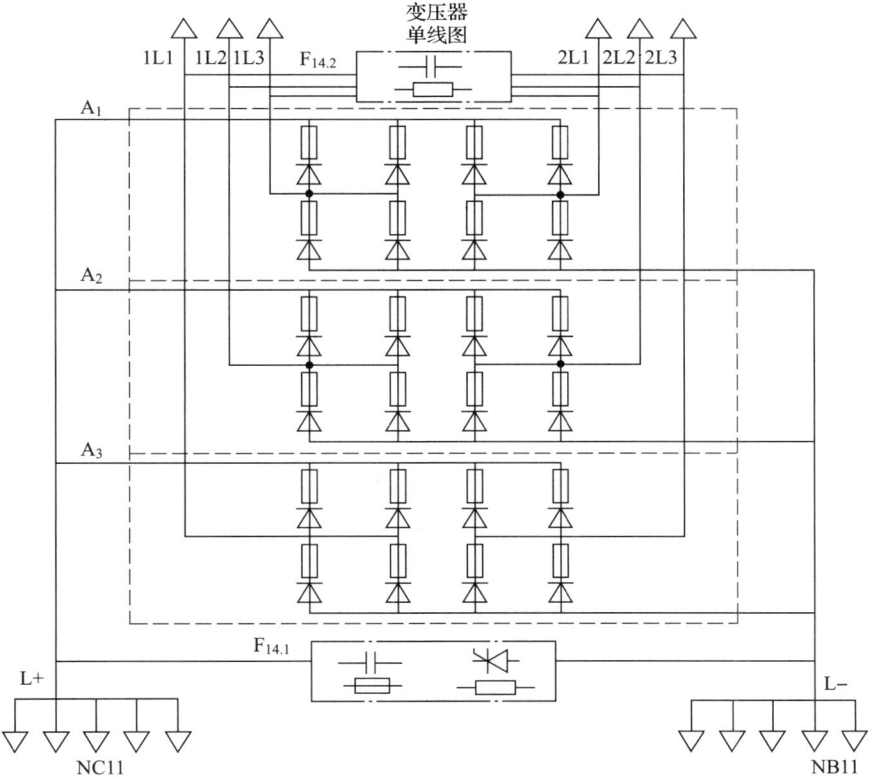

图 2—45　整流器主电路

2. 整流器柜结构

如图2—46所示为整流器柜正视图。每台整流器由两个三相电桥组成，每个三相电桥与相应整流变压器输出两路电压系统中的一路相连，分别为1L1、1L2、1L3和2L1、2L2、2L3。整流器内有三个电源块A1、A2、A3，以阶梯形安装。每个电源块与两路输入电源之一的一相连接。装有二极管和熔断器的所有三个电源块的整流器布置图如图2—47所示。

图2—46 整流器柜正视图

如图2—48、图2—49所示分别为电源块正视图和结构图。结构图显示，后部是交流端子，前部上端为直流正极端子，下端为直流负极端子。熔断器和微动断路器装于相关直流母线的电源块前面，并通过铜片与后方的前部散热片相连。熔断器固定在铜棒上，铜片固定在散热片上。二极管及散热片和接触压力组合件位于电源块中间，二极管位于两散热片中间（一个小的前部散热片和一个高的后部散热片）。后部散热片与交流端子相连。上部二极管（阴极二极管）和下部二极管（阳极二极管）的安装方法：上部二极管（阴极二极管）正向至电源块正极母线，即二极管的前凸安装于前门；下部二极管（阳极二极管）正向至交流端子，即二极管的前凸安装于后门。整流二极管安装位置如图2—50所示。

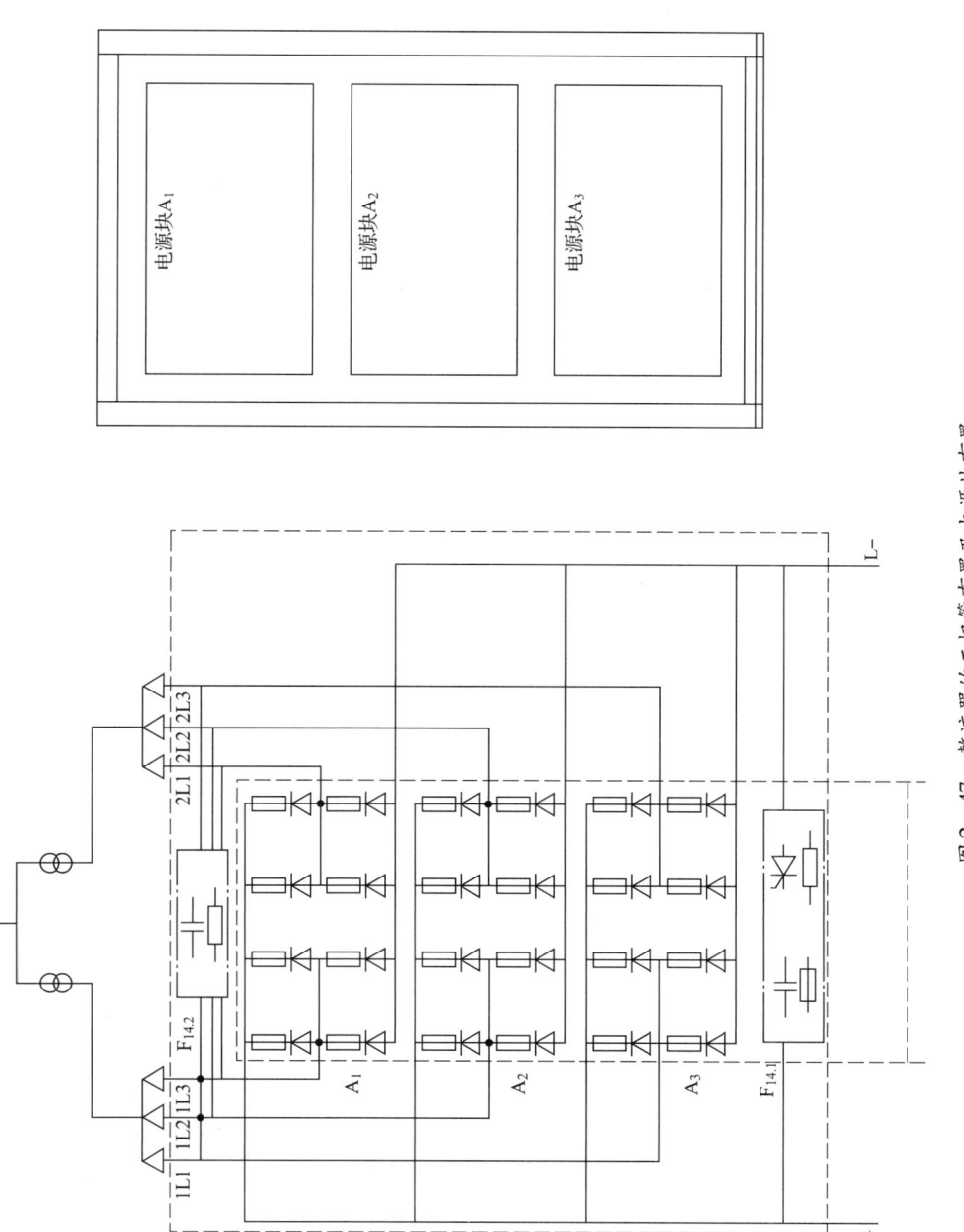

图2—47 整流器的二极管布置及电源块布置

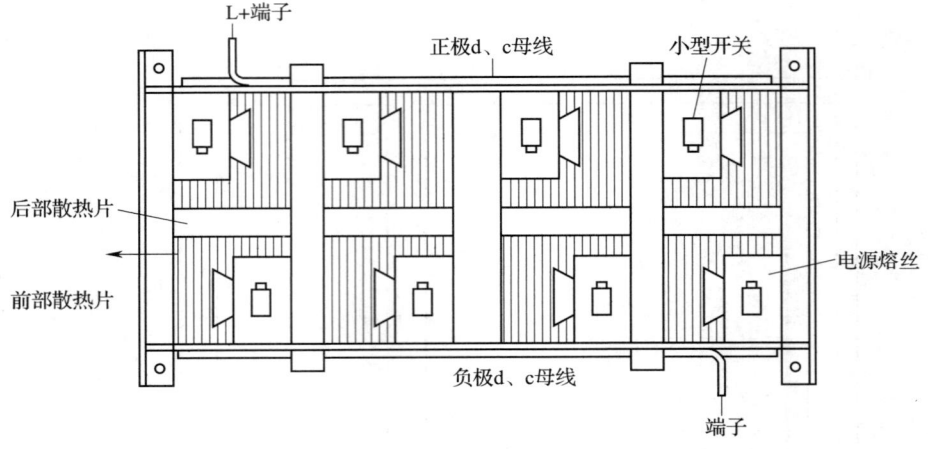

图 2—48 电源块正视图（简化）

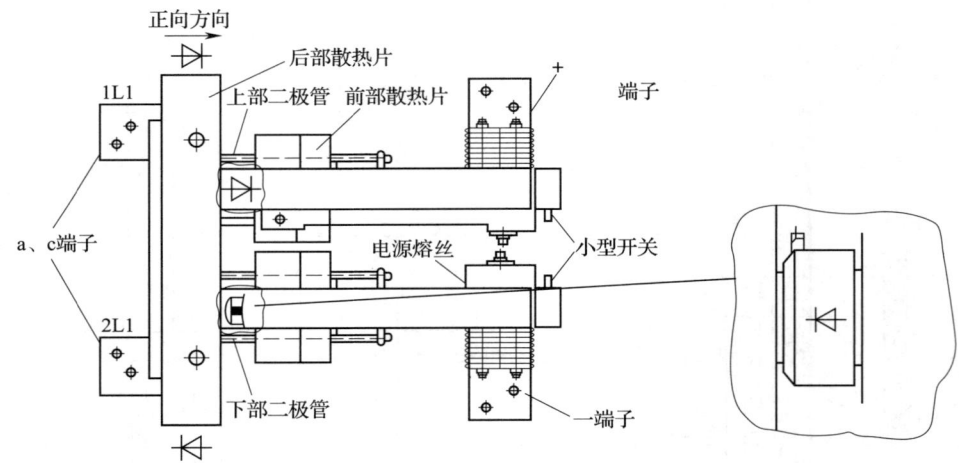

图 2—49 电源块结构图

若整流器进出线方式为上进下出，则两路三相交流输入的六根电缆装配在上部的端子上，直流输出电缆装配在下部的端子上。

3．整流器的保护

（1）过载、短路保护。每只二极管都串接一个快速熔断器作为短路保护，当整流管反向击穿引起内部短路时，快速熔断器熔断以防止事故扩大。在快速熔断器上装有微动断路器，每个微动断路器都有两副常开接点，当一只二极管损坏时熔断器熔断弹簧顶出，微动断路器动作，两副常开接点关闭。如图 2—51 所示为与微动断路器连接的熔断器。

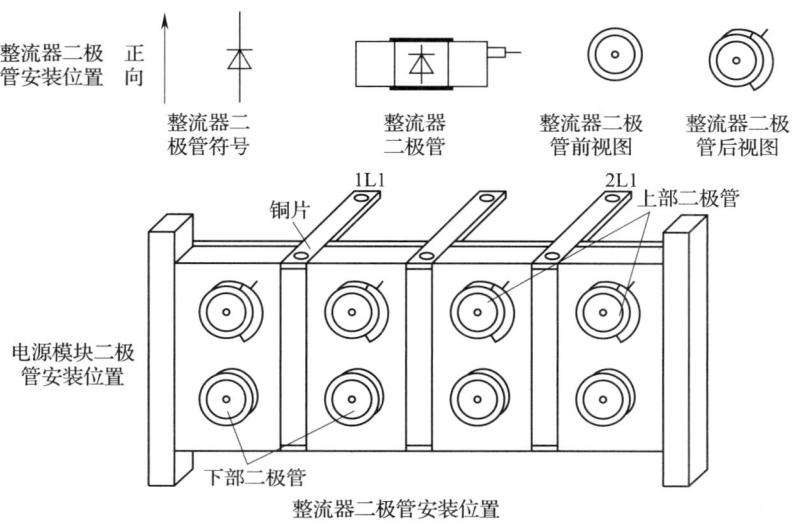

图 2—50　整流器二极管安装位置

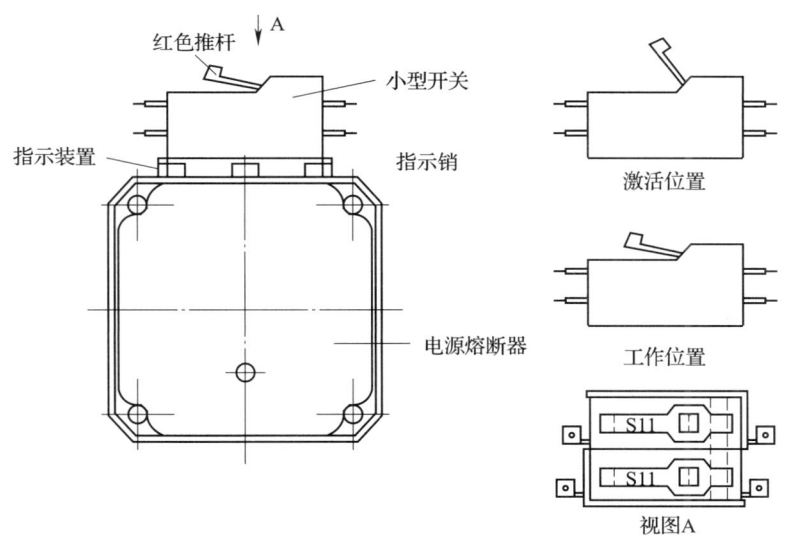

图 2—51　与小型断路器连接的电源熔断器

对于 24 只二极管中的任意两只整流二极管损坏都要报警在设计上有一定的难度，要解决这一问题，可采用直流电源供电，利用二极管的单向导电性作为故障隔离，可以收到良好的效果。整流器报警、跳闸回路如图 2—52 所示。

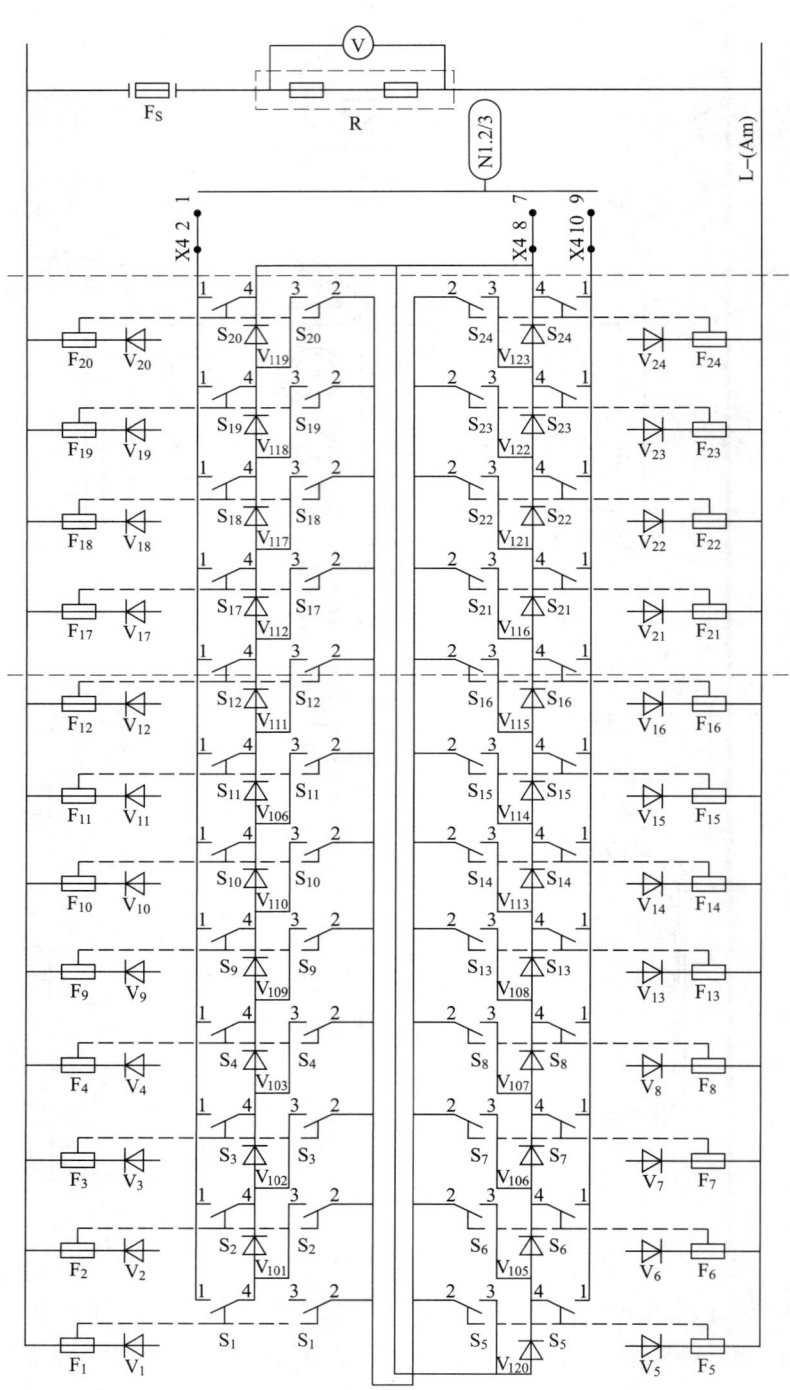

图 2—52 整流器报警、跳闸回路

当一只二极管损坏时，相应熔断器熔断，由于微动断路器两副接点之间串入二极管，使电源经上侧微动断路器接点接通报警回路，警示此整流器的负载能力有所下降，整流器仅有正常载流能力的 3/4，马上更换损坏的二极管和熔断器，不允许整流器带有受损二极管和熔断器进入 150% 负载范围内。由于两副接点之间的隔离二极管的作用，电源无法通过下侧微动断路器接点，不能发出跳闸信号。

当再损坏二极管的编号小于已损坏的二极管的编号，电源经再损坏二极管熔断器上微动断路器的上侧接点与已损坏二极管熔断器上微动断路器的下侧接点接通跳闸回路。当再损坏二极管的编号大于已损坏二极管的编号，电源经已损坏的二极管熔断器上微动断路器的上侧接点和再损坏二极管熔断器上微动断路器的下侧接点接通跳闸回路，将跳开与之相对应的整流变断路器。因为两个熔断器烧坏，很可能是发生在同一桥臂上并联的两只二极管，这将会影响整流器的输出波形，改变整流输出的相数而增加直流的脉动成分，影响机车的调速性能，使谐波含量增加，必须使之与电网隔绝，进行二极管、熔断器的更换，修复后方能投入使用。

（2）温度保护。对整流器的温度进行监测也是十分重要的，在一定程度上反映了整流器的负载情况。在整流器的正、负母线上和二极管的散热器上，均装有温度检测元件，根据所测得的温度值，发出不同的信号，其测温动作值及信号见表 2—3。跳闸信号驱动与整流器相对应的 35 kV 交流断路器跳闸，以避免长时间过载运行，引起发热，损坏设备。

表 2—3　　　　　　　　　　整流器测温动作值及信号

检测位置	报警	跳闸
正、负母线	80℃	90℃
散热器	140℃	150℃

（3）防过压保护

1）反向峰值电压 V_{RRM}。这是最大允许重复的反向电压瞬时值，发生在二极管积累期间。二极管通常在适用的额定电压下运行，其峰值是最大重复反向峰值电压除以安全系数 1.5 或 2.5 而得出。

V_{RRM} 将由以下因素所定：

直流系统额定电压：1 500 V

适用整流器二极管的直流电压：1 540 V

最大电压（20%最大）：1 800 V

计算值 $V_{RRM} = 2.5 \times 1\ 800\ V = 4\ 500\ V$

2）衰减装置。衰减装置有三个主要功能，分别为反向电流缓冲、电压峰值吸收和过压吸收，原理图如图 2—53 所示。整流器的交流输入每相有两个电阻并联，并形成星形接法，电阻与电容串联，吸收接通整流变压器引起的电压峰值，抑制整流变压器空载或轻载时断开交流断路器所产生的过电压，兼抑制整流元件的换相过电压。整流器的直流侧接有压敏电阻等组成的过电压抑制电路，用来吸收触网系统可能击穿设备的大功率电压（如剩余电压）和动车再生制动的高反向电压。为保护衰减装置，安装有三个熔断器，并有微动断路器监视熔断器的状况，熔断器熔断后，小弹簧顶出驱动微动断路器发出跳闸信号，跳开 35 kV 整流变断路器，使发生故障的整流器退出运行。

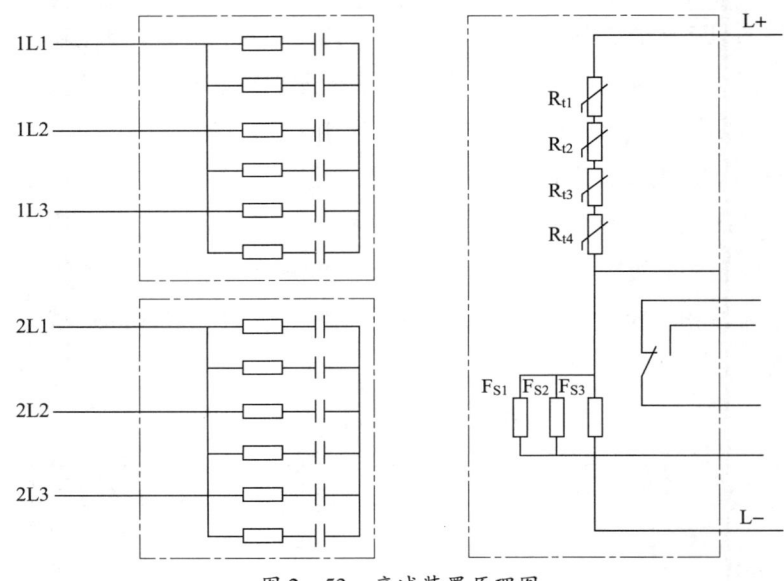

图 2—53 衰减装置原理图

2.3 杂散电流防护

2.3.1 杂散电流防护方法及建立

1. 地下迷流的产生与危害

（1）地下迷流的形成。在直流牵引供电系统中，接触网与牵引变电站的正极连接，走行轨兼作负回流线，与牵引变电站的负极连接。在地铁运行时，走行轨中流过电流，在走行轨自身电阻上形成对地的一个电位分布，使走行轨中的一部分电流通过过渡电阻（走行轨与排流网之间过渡电阻和排流网与主体结构钢筋的过渡电阻），向道床、主体结构钢筋泄漏，并在一定的地方流回走行轨和牵引变电站的负极。泄漏到道床及主体结构钢筋的电流就叫作地铁杂散电流，又称地铁迷流。隧道和高架的直流牵引系统的回流示意分别如图 2—54 和图 2—55 所示。

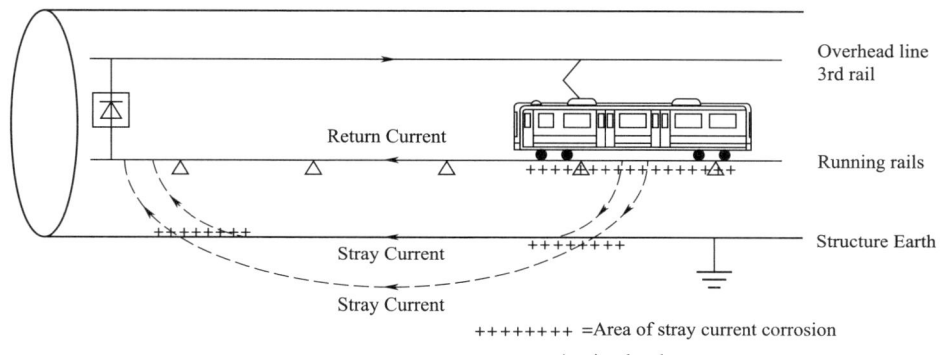

图 2—54　直流牵引系统的回流示意（隧道）

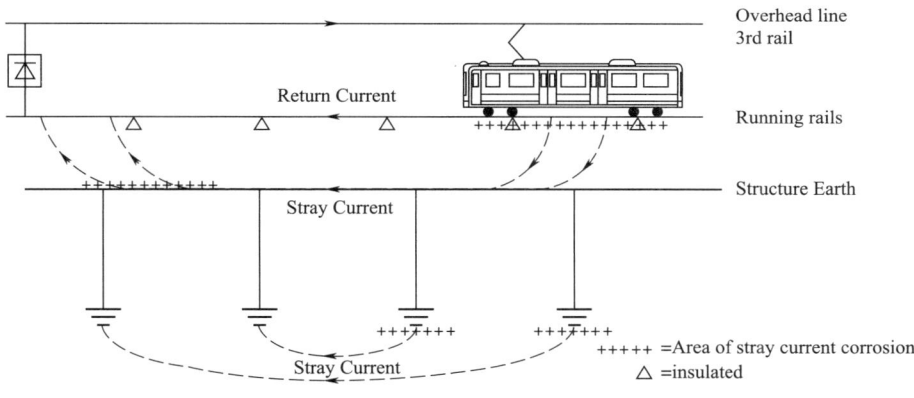

图 2—55　直流牵引系统的回流示意（高架）

（2）杂散电流的危害。杂散电流在流出主体结构钢筋和其他金属管线处会产生电化学腐蚀，尤其是地铁运行很多年后，走行轨与道床之间的绝缘扣件老化或者外表沾污，使走行轨与排流网之间的过渡电阻变小，则杂散电流增大，日积月累，造成比较严重的腐蚀。当电动列车所在处附近的迷流从走行轨流向金属体时，使金属体对地电位形成阴极区。在变电所附近，迷流从金属体流回走行轨和变电所，金属体对地电位形成阳极区。在阳极区，迷流从金属体流出的地方将出现电解现象，这种电解现象导致金属体被腐蚀。轨道交通本身和附近的金属管道、各种地下电缆或金属结构件在长期的电腐蚀作用下，将受到严重的损坏。直流牵引系统的回流示意如图2—56所示。

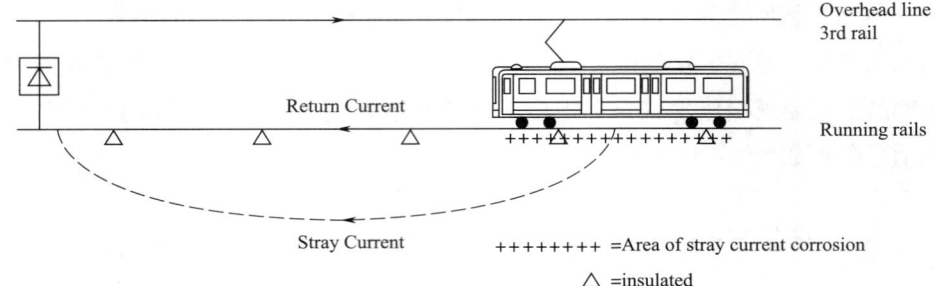

图2—56 直流牵引系统的回流示意（地面）

若地下迷流流入电气接地装置又将引起过高的接地电位，使某些设备无法正常工作。由此可知，地下迷流及其影响是需高度重视的问题。

2.3.2 减少杂散电流的方法

从杂散电流产生的原因可以得到治理的方向，即按照"堵—排"的思路进行治理。

1. 减少杂散电流的"堵"法

"堵"法包含两层意思：一是减少杂散电流量，可通过适当限制供电区段长度，减小供电区段内的负荷和走行轨电位，设置走行轨均流线和走行轨电位限制器也可降低走行轨电位。直流供电设备和回流走行轨采用绝缘安装，从而减少杂散电流。

二是走行轨道与地绝缘越好，迷流也就越小，为此在走行轨道与混凝土轨枕之间、紧固用螺栓与混凝土轨枕之间、扣件与混凝土轨枕之间采取绝缘，要求每公里轨道对迷流收集网的泄漏电阻值大于15 Ω。

对于车辆段走行轨对道床的泄漏电阻较低，杂散电流较大的区段，设置单向导通装置，限制杂散电流的扩散。

对隧道内的金属管线和其他金属设施采取选择合适的材质和对地绝缘等措施，限制杂散电流向其泄漏。

2. 减少杂散电流的"排"法

"排"法即设置杂散电流收集网，逐层屏蔽。利用杂散电流的首经通路——道床内的结构钢筋，将钢筋连通形成第一道屏蔽网，防止杂散电流向道床外部泄漏；利用隧道结构钢筋连通形成第二道屏蔽网，既保护自身受到腐蚀，又防止杂散电流向隧道外部泄漏，避免危及市政公共设施。另外，在牵引变电所内设置排流装置，构成排流通路。

2.3.3 轨道交通防迷流的技术措施

牵引回流系统（包括附属杂散电流防护设施）主要由走行轨、负回流线、上下行均流线等组成。理论和工程实践都已证明：抑制杂散电流首先要保持牵引回流回路的畅通，减小回路电阻，同时，应设法尽量加入走行轨与道床的过渡电阻。为此应采取下列措施：

1．减少迷流的供电措施

（1）选择较高的直流牵引供电的额定电压，以减少牵引电流和迷流。

（2）采用迷流较小的双边供电方式。

（3）尽可能减少走行轨间的接触电阻或增加附加回流线。

（4）尽量提高走行轨对地的绝缘程度。

（5）尽可能远离或避免平行设置地下金属管道、电缆等，并对其采用适当的防腐措施。

（6）采取各种排流措施，如极性排流、阴极保护等保护措施。

2．地面段及车辆段的防迷流措施

（1）地面段轨道采用带绝缘扣件的混凝土轨枕。

（2）为减少回流走行轨的电阻，一般采用长走行轨。

（3）所有通向地面的金属管道和电缆等均加装绝缘管和绝缘接头。

（4）对与地面轨道（直流牵引用回流走行轨）平行埋设的金属管道进行防腐处理和绝缘处理，并应离轨道 3~5 m 铺设。

（5）车辆段内检修库房屋金属构件和轨道要构成电气连接，并接地（接地电阻 $0.5\ \Omega$），同时库内外轨道要绝缘分段。

（6）由轨道交通区间至敞开段的回流轨道，由正线进入车辆段的轨道和车辆段至正线的轨道要进行绝缘分段。

3．隧道区间的防迷流措施

（1）采用长走行轨，减少回流走行轨阻抗。

（2）轨道与混凝土轨枕间，紧固用螺栓与混凝土轨枕间，扣件与混凝土轨枕间采用加强绝缘的措施。

（3）在道床内，用钢筋纵、横向焊成迷流收集网。收集网绝对不能与主体钢筋相连。

（4）轨道交通车站，变电所内的交、直流高压断路器柜，变压器，动力照明箱，电动机，水泵，直流 1 500 V 牵引用变压器，直流柜，整流设备，车站电缆桥架，自动扶梯等全都采用绝缘法进行安装（与主体钢筋绝缘），以上设备均单独从接地排引绝缘接地线，进行接地保护，严禁将主体结构钢筋作接地线与电气设备相接进行接地保护。

(5)接地极和引入车站、变电所接地线应与车站、变电所等建筑物的主体结构钢筋绝缘,并需对每个引入点结构孔洞进行绝缘和防水处理。

(6)每个轨道交通车站只能有一个接地点,接地极材料应选择耐腐蚀的。

2.3.4 设备对迷流的防护措施

上述各种技术措施能使迷流大大减小,但仍旧难以避免有一小部分迷流从混凝土道床流到隧道结构内的金属导体上,若不采取措施,这部分迷流会使金属导体产生腐蚀。因此,还对各种设备采取以下减少迷流的防护措施:

1. 采用排流柜

排流柜是收集地铁杂散电流的设备,主要由隔离二极管、分流器、隔离断路器、电流表等元件组成。排流柜接于牵引站 1 500 V 直流负极与大地集流网之间。二极管起了限制电流方向的作用,使电流方向始终是由集流网流向牵引站的直流母线。这样就达到收集散失电流的目的,也就是排走了流入大地的电流。

分流器与电流表的量程相匹配,直观地反映了回流的数值及排流设备的工作情况。

排流网是由由金属件按一定距离间隔纵横交错构成的立体网,安装于道床的下方,从走行轨同流走失的大量电流能通过排流网流回牵引站的负母线。

2. 电缆桥架的防护

地铁工程采用金属电缆桥架,要求桥架每个支架对隧道本体结构钢筋之间的绝缘电阻不小于 10 kΩ。

因此支架固定时应采用绝缘膨胀螺栓。

3. 动力、照明配管的防护

地铁的动力、照明配管全部采用阻燃 PVC 管,从而避免迷流对保护管的电腐蚀。

4. 车站给排水管道的防护

(1)进入车站的所有给排水管道在进入车站前应加入一段 2 m 长的绝缘管进行绝缘隔离,绝缘管设在车站外侧,离主体结构 150 mm。

(2)出地铁区间的给排水管道应加一段长度为 2 m 的 UPVC 塑料绝缘管后,才能引出地面,绝缘管应设在干燥和易于查看检修的地点。

(3)从水泵接出的水管在水泵处加装一段短绝缘管,使水管系统与水泵—电动机组在电气上绝缘。

(4)区间隧道的给排水管在电气上要连通,并且在有变电所的车站将水管两端接至接地极。

（5）穿越道床的给排水管用 UPVC 塑料绝缘管。

5. 车站环控系统的防护

（1）安装在金属风门上的电气装置应采用绝缘法安装。

（2）安装在同一台金属机座上的电动机、风机组，在安装时应利用橡胶装置进行绝缘。由风机引出的金属送排风管道要加一段绝缘风管，使风管系统与电动机、风机组在电气上绝缘。

6. 地铁明挖车站、矩形隧道以及圆形隧道主体结构

（1）地铁明挖车站和矩形隧道主体结构钢筋应做电气连接。

（2）地铁圆形隧道各环管片内钢筋在环向和纵向要求构成一个电气连接回路。

7. 其他的防护

电缆铠装只准外端接地；PE 线不得重复接地；地铁车站、变电所内的交流、直流高低压断路器柜，变压器，动力照明配电箱等全部采用与主体结构钢筋绝缘的安装方法，并单独从接地排引绝缘接地线进行接地保护。

2.3.5 迷流的监测

在交通供电系统中，在轨道交通的沿线设置了专用的防蚀监测点进行迷流的监测，并定期对监测点进行检查维护。

1. 杂散电流监测系统的建立

（1）监测系统一般由参比电极、测量端子、传感器、传输信号电缆、数据处理单元等组成。主要元件的功能为：

1）参比电极：埋入土壤或混凝土中，为测量的电参数提供一个稳定、统一的基准电位。一般采用 $Cu/CuSO_4$ 参比电极，为了能相互对照，也可再设置一 Zn 电极。

2）智能传感器：由单片机为核心的智能数据采集装置，并有一定的存储容量。

3）数据处理单元：收集传感器信号，并通过接口将信号输送至变电所综合自动化上位机。

（2）监测点位置的确定

1）根据对走行轨阴阳极区的分析，监测点应设于整流站的附近和供电区段中点。

2）根据对迷流的普遍检测要求，监测点应沿线路均匀分布。

3）为管理和维护方便，监测点应设于沿线车站，监测点首先应设于每个车站两端，并根据区间长短在区间设置 1~2 处。

2. 迷流监测装置

在监测点处,上下行道床上各设两个参比电极,侧墙设两个参比电极,并穿越洞壁打入土壤,穿越部位应做好防水处理。将参比电极以及道床、隧道洞体、走行轨测量端子通过测量导线引入当地接线盒的传感器,测量信号再经测试电缆引入车站变电所内的数据处理单元。该单元一方面具备当地测量功能,以便移动测试装置随时检测;另一方面具备测量信号传输功能,将信息通过上位机进入远动系统向控制中心传送。CD—I 型监测点接线盒是一种常见的迷流监测装置。

技能要求

110 kV 主变压器有载调压装置电压调整

操作条件

1. 实训目的

通过专业实训,使学员了解 110 kV 主变压器有载调压装置的机械结构、电气部件和工作原理,熟悉 110 kV 主变压器有载调压装置的操作方法和操作要求,能熟练地对其进行操作。

2. 实训设备及工具(见表 2—4)

表 2—4　　　　　　　　　实训设备及工具

序号	名称	规格	单位	数量	备注
1	主变有载调压屏柜		台	1	
2	主变后台监控系统		套	1	
3	主变有载调压电动机构		台	1	
4	安全用具		件	若干	

3. 实训要求

(1)做好操作前的准备工作。

(2)按规定的步骤进行操作。

(3)完成各项操作后检查变压器工作状态是否符合要求。

(4)完成各项操作后检查有载调压屏柜、后台监控系统、调压电动机构状态一致性。

操作准备

1. 正确穿戴好工作服,袖口必须扎紧。

2. 正确穿戴好绝缘工作鞋、工作服。

3. 带好操作工具。
4. 了解当前有载调压屏柜、后台监控系统、调压电动机构的工作状态。

操作步骤

步骤1　安全运行准备措施

检查变压器油温是否正常、变压器是否过负荷运行、变压器是否并列运行。

检查有载调压电动机构是否保持良好状态。

检查有载分接断路器配备的瓦斯保护及防爆装置是否均运行正常。

检查有载调压装置的油位及油压是否正常。

注意：若有任何故障或缺陷，应视具体情况取消本操作。

步骤2　110 kV 主变压器调压装置电压调整

110 kV 主变压器调压装置电压调整的方法有两种：

远方电气控制（通过主变有载调压屏柜或主变后台监控系统）和就地电气控制或就地手动操作。

（1）远方电气控制（通过主变有载调压屏柜操作）（见图2—57）

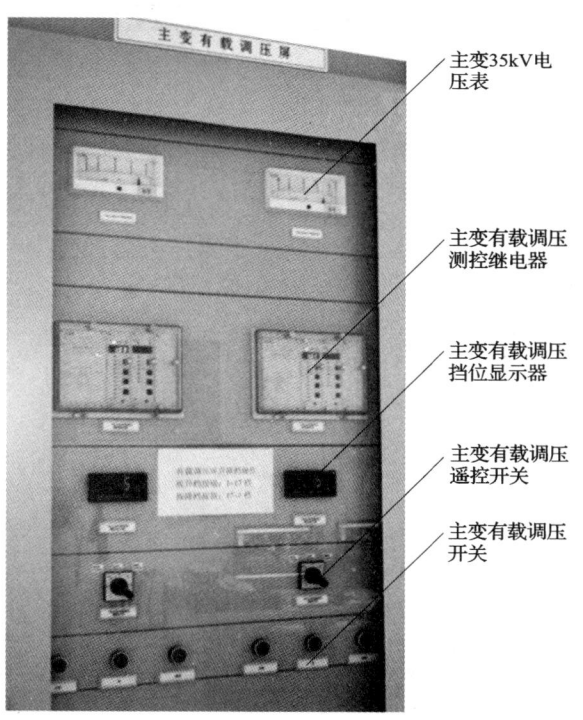

图2—57　主变有载调压屏柜

(2)远方电气控制(通过主变后台监控系统远程操作)(见图2—58)

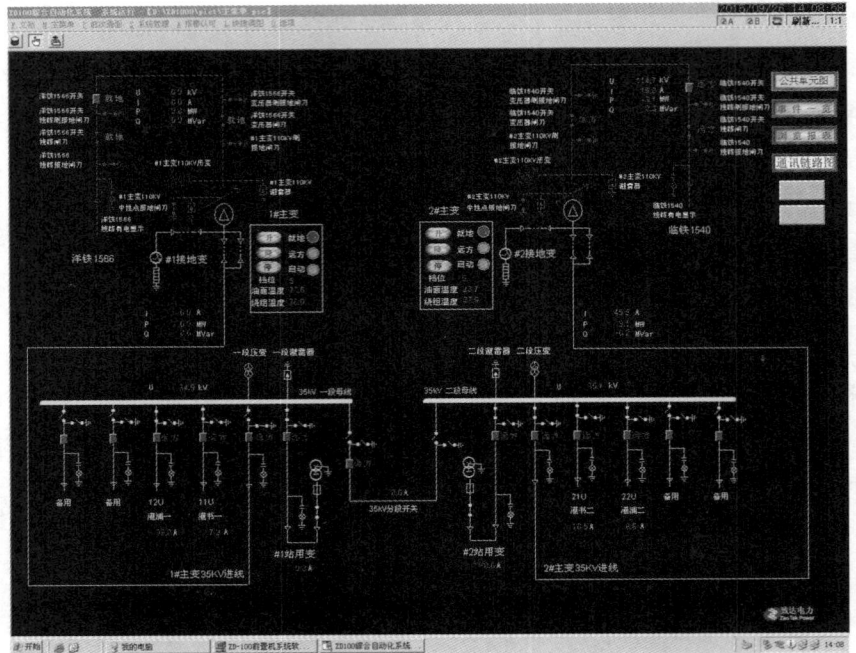

图2—58 主变后台监控系统

(3)就地电气控制或就地手动操作(见图2—59、图2—60、图2—61)

 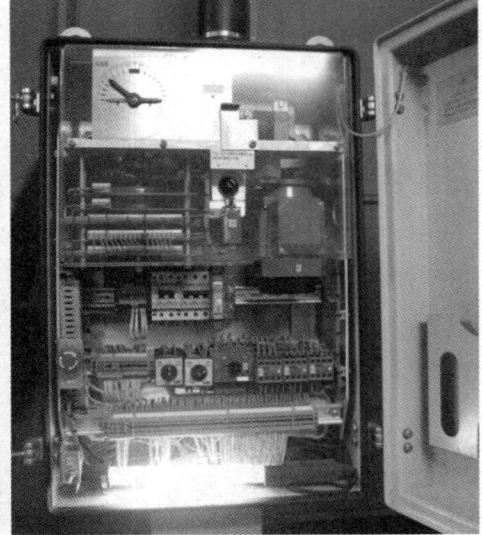

图2—59 有载调压操作箱

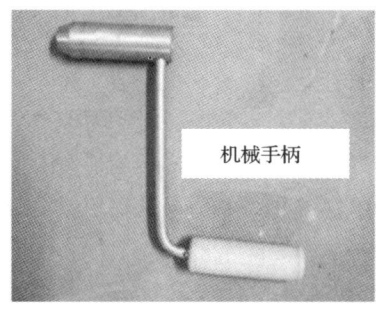
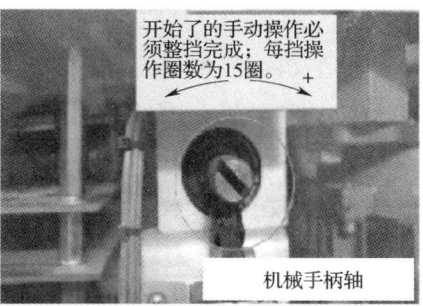

图 2—60　操作用具操作方式

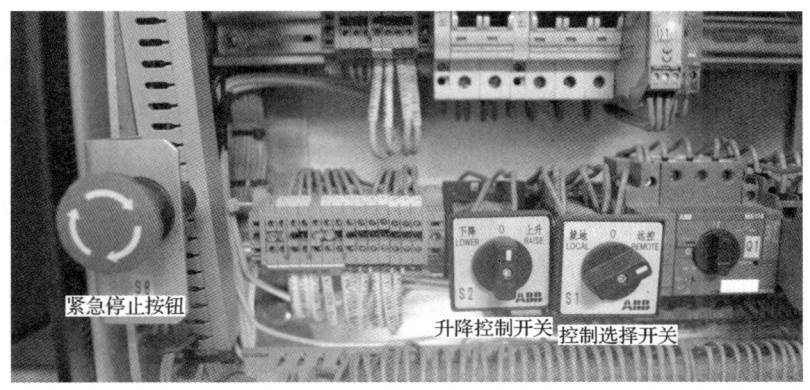

图 2—61　有载调压操作箱（电气部分）

步骤 3　检查，汇报

（1）凡需操作的断路器、按钮及手柄，应核对信号位置、面板位置、机械位置无误后方可操作，并向电力调度汇报并核对。

（2）逐级调压，同时监视变压器温升、分接位置及电压电流变化（每次调压一挡后应间隔 1 min 以上，才能进行下一挡调压）。

（3）操作过程中发生连续动作、拒动、异常声响或电压、电流无相应变化等，应在指示盘上出现第二个分接位置时立即切断操作电源。

（4）检查有载调压屏柜、后台监控系统、调压电动机构，其实际工作状态应一致。

理论知识复习题

一、判断题（将判断结果填入括号中，正确的填"√"，错误的填"×"）

1．经接地变和电阻接地的系统是小电流接地系统。　　　　　　　　　　　　（　　）

2. 接地变压器每一个绕组的磁势是相同的。（　　）
3. GIS 断路器又称 SF$_6$ 全封闭组合断路器。（　　）
4. GIS 的隔离断路器动触头只能做直线运动。（　　）
5. 快速瞬态过电压不会对 110 kV GIS 断路器外部控制回路造成影响。（　　）
6. 触网隔离断路器触头合闸时，使电气回路接通，以承受正常负荷电流。触头分闸时，电气回路断开，承受系统正常标准规定电压，起隔离作用。（　　）
7. 触网隔离断路器电动操动机构是使用单相交流电源。（　　）
8. 为使整流器避免外部过电压，通常在正极隔离断路器柜内装有避雷器。（　　）
9. 无论 35 kV 整流变断路器分合与否，正极隔离断路器都可以操作。（　　）
10. 负极隔离断路器柜是用于连接整流器直流侧负极与大地之间的断路器设备。
（　　）

二、单项选择题（选择一个正确的答案，将相应的字母填入题内的括号中）
1. 为了提高变压器利用率，减小注入电网谐波含量，整流器应该尽量采用（　　）。
　A. 三相全波桥式（六脉波）整流　　B. 十二脉波整流
　C. 二十四脉波整流　　　　　　　　D. 前三项都可以
2. 城轨交通牵引供电系统三绕组整流变压器绕组常用联结方式为（　　）。
　A. △/△–Y，△/Y–△　　　　　　　B. Y/△–Y，△/△–Y
　C. Y/△–Y，Y/△–Y　　　　　　　 D. Y/Y–Y，△/△–△
3. 整流变压器的分接头挡位数是（　　）挡。
　A. 3　　　　B. 4　　　　C. 5　　　　D. 6
4. 变压器分接头是在（　　）一侧。
　A. 高压绕组　　B. 低压绕组　　C. 辅助绕组　　D. 前三项都可以
5. 运行中，变压器的线圈温度不得超过（　　）℃，如果超过应采取通风、减负荷等措施降温。若还不能降温，则应将变压器退出运行。
　A. 100　　　　B. 105　　　　C. 115　　　　D. 120
6. 温度传感器是一个小型电阻，它的阻值随着温度变化而变化，一到预先设定的响应温度，阻值（　　）。
　A. 慢慢增大　　　　　　　　B. 几乎是瞬间增大
　C. 慢慢减小　　　　　　　　D. 几乎是瞬间减小
7. 整流变压器的运行温度是根据（　　）确定的。
　A. 整流变压器的负荷　　　　B. 整流变压器的最大运行电流

C. 整流变压器的绝缘形式　　　　D. 整流变压器的耐压等级

8. 由于线圈自身的（　　）而产生的感应电动势称为自感电动势。

A. 电流变化　　　B. 电压变化　　　C. 功率变化　　　D. 损耗变化

9. 消弧线圈产生的电感电流相位与系统电容电流的相位（　　）。

A. 超前90°　　　B. 落后90°　　　C. 同相　　　D. 反相

10. 在工频电压下消弧线圈的自感电势相位比线路电压（　　）。

A. 超前90°　　　B. 落后90°　　　C. 相同　　　D. 不确定

测试题答案

一、判断题

1. √　　2. ×　　3. √　　4. ×　　5. ×　　6. √　　7. ×　　8. √

9. ×　　10. ×

二、单项选择题

1. C　　2. A　　3. C　　4. A　　5. C　　6. B　　7. C　　8. A

9. D　　10. B

第 3 章

继电保护知识

学习目标

- ☑ 了解常用的继电器类型
- ☑ 掌握继电保护的基本计算及整定原则
- ☑ 了解并掌握城轨供电系统主变电站继电保护知识
- ☑ 熟练掌握城轨供电系统各变电站继电保护原理及故障处理

知识要求

3.1 继电保护知识

3.1.1 常用电磁型继电器的类型及校验

电流继电器是实现电流保护的基本元件,也是反应于一个电气量而动作的简单继电器的类型。电流继电器包括以下种类:

1. 电磁型电流继电器

(1) 概述

电磁型电流继电器一般由铁芯、线圈、可动舌片、弹簧、动静触点、整定值调整把手、刻度盘等部件构成。其动作原理是电流 I_j 通过线圈产生电磁吸力,当电磁吸力作用于活动杠杆产生的力矩 M_e 大于由弹簧引起的力矩 M_{th} 时,舌片将转动,使触点闭合,发出继电保护动作信号。即继电器动作的条件是 $M_e \geq M_{th}$,但考虑到机械部件的摩擦阻力矩 M_m,实际动作的力矩将会有所增大。因此,继电器实际动作的条件为 $M_e \geq M_{th} + M_m$。满足继电器动作的最小电流值称为继电器动作电流(又称启动电流),以 I_{dzj} 表示。即存在以下关系式:

$$M_e = K_2 \frac{I_{dzj}^2}{\delta^2}$$

DL—10 系列电磁型继电器结构如图 3—1 所示。

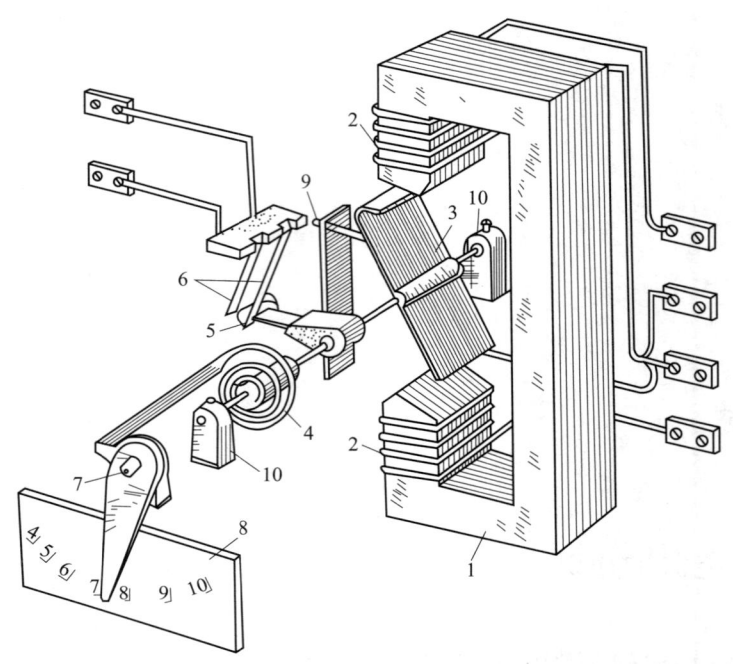

图 3—1　DL-10 系列电磁型继电器结构

1—电磁铁　2—线圈　3—Z 型舌片　4—弹簧　5—动触点　6—静触点
7—整定值调整把手　8—刻度盘　9—舌片行程限制螺杆　10—轴承

相反，在继电器动作后，要使继电器能返回原位应满足的力矩条件为 $M_e \leqslant M_{th} - M_m$，即弹簧产生的力矩 M_{th} 在克服机械阻力矩 M_m 后，应超过电磁力矩，继电器方能返回，此时与 M_e 对应的电流值称为返回电流，以 $I_{h\cdot j}$ 表示。即存在以下关系式：

$$M_e = K_2 \frac{I_{h\cdot j}^2}{\delta^2} (K_2 \text{ 为比例常数})$$

衡量继电保护特性一个重要参数是返回系数，即返回电流与启动电流的比值，用 K_h 表示，且 $K_h = \frac{I_{h\cdot j}}{I_{dz\cdot j}}$，返回系数衡小于 1，通常情况下要求电流继电器的返回系数在 0.85～0.9 之间，如能提高则更好。继电器启动电流的调整可通过改变线圈的匝数和弹簧的张力来实现。

除电磁型电流继电器外，还有晶体管型、集成电路型电流继电器，它们通常都包括电压形成回路、整流滤波回路、比较回路、执行回路及输出等组成部分。

（2）电流型继电器的校验

1）校验接线

如图3—2所示为DL-11/100型电流继电器的校验接线原理图，4、6端子需短接。其中，DI_1为保护校验装置第一个断路器量输入通道，DIn为第n个断路器量输入通道。I_A、I_B、I_C、I_N为三相电流输出孔。断路器量、模拟量的输入/输出通道的数量及保护校验仪的性能与各个厂家的产品设计有关，以江西华东电气有限公司的HD-6940E为例（见图3—3），它具有八个断路器量输入通道、四个断路器量输出通道、三相电流及四相电压通道，同时还具有计算机的相关外设和通信接口，这些设备功能充分满足了现场应用的需求。

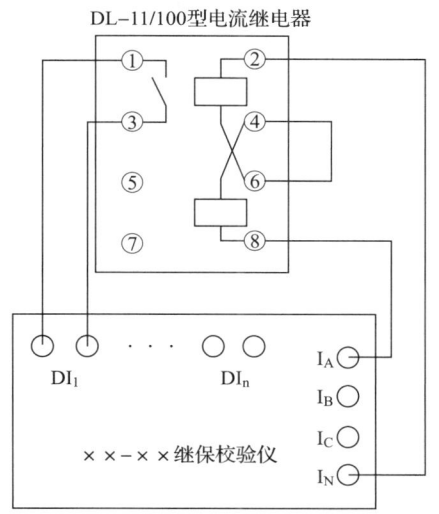

图3—2　DL-11/100型电流继电器的校验接线原理图

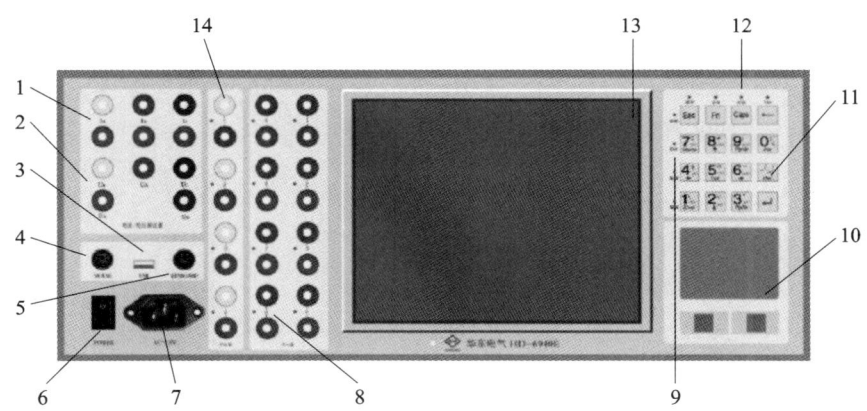

图3—3　江西华东电气HD-6940E继保校验仪正面视图

1—三相电流　2—四相电压　3—USB接口　4—鼠标接口　5—键盘接口
6—电源开关　7—电源插座　8—八对开关量输入　9—装置状态指示灯
10—触控板　11—触摸键盘　12—键盘状态指示灯
13—真彩超大液晶屏　14—四对开关量输出

2）校验项目及要求（见表3—1）

表3—1　　　　　　　　　　校验项目及要求

检查大类	检查项目	要求或标准	备注
机械部分检查	继电器外观检查	外观完好，可动部分接触元件无灰尘，有防尘措施	
	触点检查	触点光洁完好，接触与返回可靠，触点距离在1.5～2 mm且无偏移	
	各连接部位检查	各连接部位连接可靠，无虚焊、假焊、脱焊现象	
	舌片活动情况检查	Z形舌片活动灵活，无卡住现象，舌片活动范围在7°度左右，上下间隙不小于0.5 mm	
	游丝、轴承、刻度盘把手等部件检查	游丝或轴承垂直，层间距均匀、平整，刻度盘把手固定后不自由移动，且把手与传动弹簧杆夹角为90°	
绝缘检测	二次回路绝缘电阻测量	线路对地的绝缘电阻不得小于50 MΩ，线圈间绝缘电阻不得小于20 MΩ	当二次回路额定电压为48 V及以下时，可选用500 V的兆欧表，当为110 V或220 V时，选用1 000 V的兆欧表来进行测量
	交流耐压试验	要求继电器的导体对地能够耐受50 Hz、1 000 V的交流耐压1 min	当无交流耐压设备时，可以用2 500 V兆欧表代替，但必须断开或短接绝缘水平低于1 000 V的元器件
大电流冲击试验	用50 A以上的大电流冲击	触点应接触良好，不应有抖动、鸟啄现象；舌片活动灵活、无卡住；动触点在静触点上滑动不超过其触点长度的2/3	
		触点闭合数次后应保持完好无损伤，且继电器动作定值仍在允许范围内	

续表

检查大类	检查项目	要求或标准	备注
继电器整定值试验	整定值刻度位置检查	整定值应大于或等于全刻度的1/3	
	整定动作电流校验	整定点动作电流值与整定值误差小于或等于±3%，且通以95%整定电流时，继电器应可靠不动作	
继电器整定值试验	时限特性试验	通以1.2倍动作电流时，继电器动作时间应小于或等于0.15 s	
	返回系数K_h校验	K_h=返回电流/动作电流，其值应在0.85~0.95之间	
	多组运行定值检查	如在运行中需改变定值运行的，需对各个整定点的动作电流实施校验，并做好标志	

2．电压继电器

（1）电压继电器概述

电压型继电器是反应于电压变化而动作的继电器。它是用于反应发电机、变压器、线路及电动机等电压升高或降低的保护装置，以 DJ 系列电压继电器为例，它在原理上与 DL 系列电流继电器基本一致，但也有其自身的特点。

与电流继电器接在电流互感器二次侧不同，电压继电器接于电压互感器二次侧。在电压继电器中流过的电流为 $I_{k\cdot act} = U_k/Z_k$，其中 U_k 为加在电压继电器上的电压，Z_k 为电压继电器的阻抗。由该电流产生的电磁力矩为 $M_{dc} = K_3 I_{k\cdot act} = K_3 U_k/Z_k = K_4 U_k$（$K_3$、$K_4$ 为比例系数）。

电压继电器的电磁力矩与继电器端子上的电压平方成正比。一般情况下，对于经常接入的低电压继电器，为了减少继电器的振动，避免轴承的磨损，其整定值应不小于全刻度盘的1/3。

（2）电压型继电器的校验

1）校验接线

如图3—4所示为 DJ-111 型电压继电器的校验接线原理图，4、6端子需短接。其中，端子1、2接入继保校验仪的 DI_1 通道，电压输出端子 U_A、U_N 分别接入串联线圈的2、8端子。

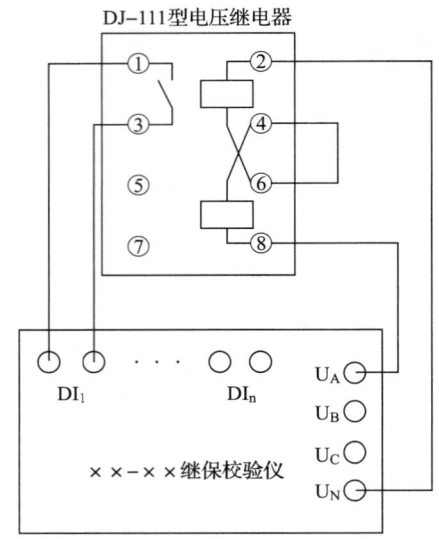

图 3—4　DJ-111 型电压继电器的校验接线原理图

2）校验项目及要求（见表3—2）

表 3—2　　　　　　　　　　校验项目及要求

检查大类	检查项目	要求或标准	备注
机械部分检查		与电流型继电器雷同	
绝缘检测		与电流型继电器雷同	
电压冲击试验	在额定电压下	电压继电器触点应无振动或抖动	
	对于过电压继电器	当施加110%的额定电压冲击时，电压继电器触点应不振动或鸟啄现象，舌片活动灵活无卡住，动触点在静触点上的滑移距离不超过其触点长度的2/3	试验时，电压刻度调整手柄应在最小刻度位置
	对于低电压继电器	当施加的电压从额定电压均匀下降至动作电压和零值时，触点应无振动或鸟啄现象	
	冲击试验后的触点完好度检查	在实际负荷状态下，施加冲击电压动作数次后，触点应完好无损，且继电器动作定值不超过许可范围	

续表

检查大类	检查项目	要求或标准	备注
继电器整定值试验	整定动作电压校验	整定点动作电压值与整定值误差≤±3%，当施加95%整定电压时，继电器应可靠不动作	
	动作时间检查	对过电压继电器，当通以1.2倍动作电压冲击时，继电器动作时间应≤0.15 s。对于低电压继电器，其时限特性一般不做校验	
	返回系数 K_h 校验	K_h = 返回电压/动作电压，对于过电压继电器，其值应在0.85~0.95之间；对于低电压继电器，则要求在1.05~1.25之间	

3．时间继电器

（1）时间继电器概述

时间继电器是一种利用电磁原理或机械原理实现延时控制的自动开关装置。

按延时部分的原理不同，有以机械式的用钟表机构来取得延时，有按电磁原理构成启动机构的传统型时间继电器，也有通过集成电路时间元件来获得延时的新型计算机保护装置。相比较而言，计算机保护装置的延时元件在延时准确性上要比传统的时间继电器更加准确、可靠。但在传统的控制回路中，传统时间继电器更具有其实用性。

以 DS－110 系列时间继电器为例，简要分析其功能。DS－110 型时间继电器的结构如图 3—5 所示，当继电器线圈得电时，衔铁被吸入线圈内，瞬时动闭触点闭合，动断触点打开，同时扇形齿曲臂被释放，扇齿受钟表弹簧牵引而转动，带动轴轮上的传动齿轮，由于轴轮的作用，使同轴上的主传动轮只能单向传动，带动钟表机构转动。因钟表机构钟摆和摆锤的作用使动触点恒速转动，经一定的时限与静触点接触，触点闭合，继电器动作。通过改变静触头的位置可调整继电器的时限。

当断开电源后，衔铁被返回弹簧顶回原位，同时扇形齿曲臂也被顶回原位，并使钟摆弹簧重新拉伸，以备下一次动作。

（2）时间继电器的校验

1）校验接线

DS－111 型时间继电器的校验接线原理图如图 3—6 所示。

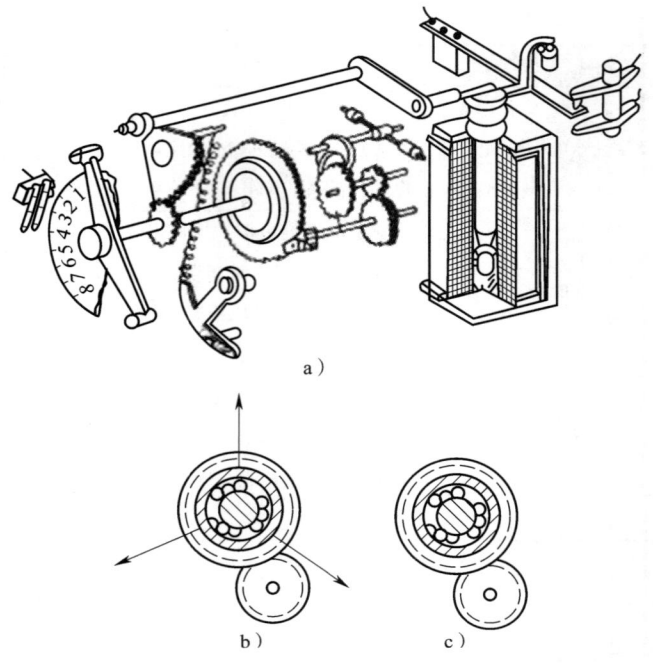

图 3—5　DS-110 型时间继电器结构

a）结构图　b）继电器工作情况下的摩擦离合器　c）继电器返回情况下的摩擦离合器

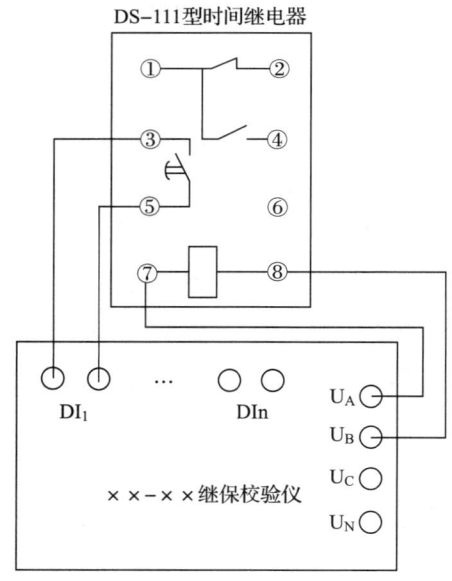

图 3—6　DS-111 型时间继电器的校验接线原理图

2）校验项目及要求（见表3—3）

表3—3　　　　　　　　　　校验项目及要求

检查大类	检查项目	要求或标准	备注
机械部分检查	内外部连接及触点情况检查	继电器各部件外观完好，连接部分牢固，无虚焊、假焊、脱焊等现象，压接良好。触点光洁、完好，能良好接触或可靠分开	
	可动系统检查	当把时间刻度放至最大值，用手按住衔铁，时钟应转动均匀无卡住，迅速释放衔铁，动触点应迅速返回原位；缓慢释放衔铁，应无卡住现象，动触点也能返回原位	
	时间刻度调整以后的稳定度检查	要求时间刻度在调整以后不能自由移动，继电器的额定电压和电阻的设计应满足线圈的热稳定性要求	一般说来，对于不附加电阻的时间继电器，在110%的额定电压下，其线圈的持续通电能力只有2 min
绝缘检测		与电流型继电器一致	
动作电压与返回电压检查	动作电压	对于直流时间继电器，应不高于额定电压的70%，对于交流时间继电器，则应不高于额定电压的85%	动作电压指的是使继电器衔铁完全吸下的最小冲击电压
	返回电压	继电器的返回电压应不低于额定电压的5%	
继电器整定值试验	动作时间检测	在额定电压下测量时间继电器的动作时间，每点测5次以上，取其平均值，要求与刻度值的误差不超过±5%	
	整组试验后的触点情况检查	在实际负荷下，通过继电器保护整组试验后，时间继电器的触点应保持完好	

4．中间继电器

（1）中间继电器概述

中间继电器的主要作用：当继电保护系统中需要同时闭合或断开几个回路，或要求比较大的触点容量动作与跳闸等情况时，用中间继电器实现信号的扩展和转换。按接线方式分，中间继电器可分为两种情况，一种是线圈与电压回路并联（并联线圈），另一种是与电流回路串联（串联回路）。

中间继电器一般都是按电磁原理构成，结构如图3—7所示。在结构上，中间继电器一般包括电磁铁、线圈、衔铁、动触点、静触点、反作用弹簧及铁芯等构件，其中，电磁铁有"Π"或"Ⅲ"等形式。其作用原理是线圈上电后,电磁铁将产生电磁力吸合衔铁,衔铁带动常开或常闭触点,使其闭合或断开,当外加电压消失后,反作用弹簧将拉动衔铁使其复归原位。

除了电磁式直流中间继电器外,还有交流型的中间继电器,与直流型中间继电器相比,这种继电器可以直接接入电流互感器的二次回路中,接入与否可由其他继电器的触点来控制。因其直接串接在电流回路中,故有时也称为串联中间继电器。其动作原理与直流中间继电器一样,均遵循电磁作用原理,但在内部构件上,它增加了桥式整流器和饱和变流器,因此,经桥式整流器和变流器后,作用在中间继电器线圈上的电流仍然是直流电。

(2) 中间继电器的校验

1) 校验接线

DZB-138 型中间继电器的校验接线原理图如图 3—8 所示。

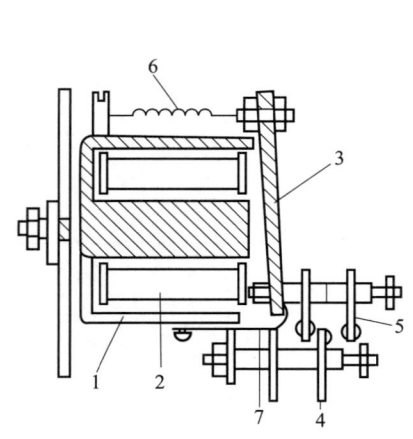

图 3—7　电磁式中间继电器结构图

1—电磁铁　2—线圈　3—衔铁　4—静触点
5—动触点　6—弹簧　7—衔铁限制钩

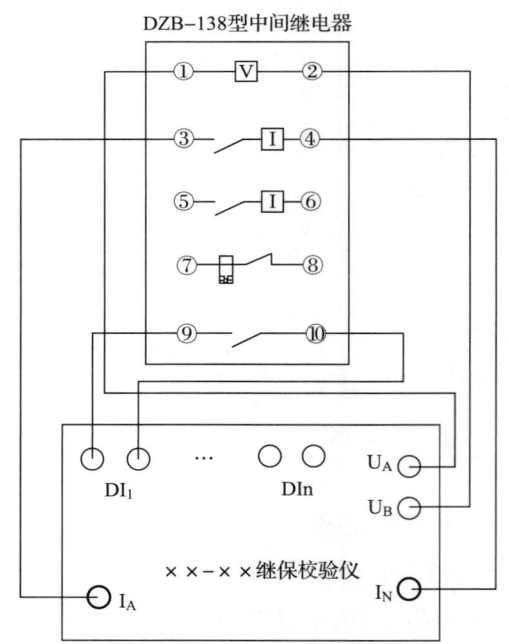

图 3—8　DZB-138 型中间继电器的校验接线原理图

应当注意的是,其电压线圈的 1、2 端子及电流保持线圈 3、4 端子所施加的电压、电流均为直流量。

2）校验项目及要求（见表3—4）

表3—4　　　　　　　　　　　　校验项目及要求

检查大类	检查项目	要求或标准	备注
机械部分检查	外观及连接件检查	要求焊接点完好，无虚焊、假焊、脱焊现象。螺钉紧固，导线压接良好正确，各部件无变形、损坏。可动衔铁活动灵活，继电器线圈规格及所附阻值符合原理设计及铭牌	中间继电器有多余触点时应尽可能并联使用，并联接线应连接在接线端子上，不应连接在继电器内部
	触点检查	触点表面光洁，接触与返回可靠，具有良好的断流能力，在额定负荷下动作次数后，触点应无烧损现象，常开触点间距≥2 mm，偏心度≤0.5 mm	
绝缘检测	二次回路绝缘电阻测量	线路对地的绝缘电阻不得小于50 MΩ	当二次回路额定电压为48 V及以下时，可选用500 V的兆欧表，当为110 V或220 V时，选用1 000 V的兆欧表进行测量
	交流耐压试验	要求继电器的导体对地能够耐受50 Hz、1 000 V的交流耐压1 min	在无交流耐压设备时，可以用2 500 V兆欧表代替，但必须断开或短接绝缘水平低于1 000 V的元器件
线圈极性检查		对有保持线圈的中间继电器（直流继电器），动作线圈与保持线圈之间要求同极性，因为只有同极性才能起保持作用	
继电器整定值试验	动作、返回及保持值检验	对于出口中间继电器，一般要求其动作值为额定电压的55%～70%，其他中间继电器为额定电压的30%～70%或不大于额定电流的70%。返回电压（电流）则不大于额定值的5%。对具有保持线圈的中间继电器，要求电流保持线圈的保持电流不大于8%的额定电流，电压线圈不大于65%的额定电压	
	时限特性试验	在额定电压下的动作时限≤0.06 s	

5. 差动继电器

（1）差动继电器概述

现以 BCH-1 差动继电器为例来说明差动继电器的动作原理及特性。差动继电器结构原理如图 3—9 所示。在由一个三柱式铁芯的速饱和变压器和一个电流继电器组成的差动继电器中，中间柱绕有差动线圈 L_{op} 和平衡线圈 L_{b1} 及 L_{b2}，两个边柱则分别绕有制动线圈 L_{brk} 和二次线圈 L_{sec}，其中制动线圈及二次线圈一分为二，分别绕在两个边柱，两个边柱上的 $L_{sec}/2$ 同向串联，而两个制动线圈 $L_{brk}/2$ 则反向串联。$\varPhi_{brk}$ 为由制动电流产生的磁通，$\varPhi_{op}$ 为差动电流产生的磁通。按图 3—9 所示接法，$\varPhi_{brk}$ 在两个二次线圈上感应出来的电流大小相等，方向相反，因此不会使电流继电器动作。而 $\varPhi_{op}$ 在两个边柱的二次线圈 $L_{sec}/2$ 上感应出的电流则大小相等，方向相同，因此，在与电流继电器线圈组成的回路中形成环流，只要环流的大小达到电流继电器的动作值，则继电器将动作并驱动变压器高低压侧断路器跳闸。

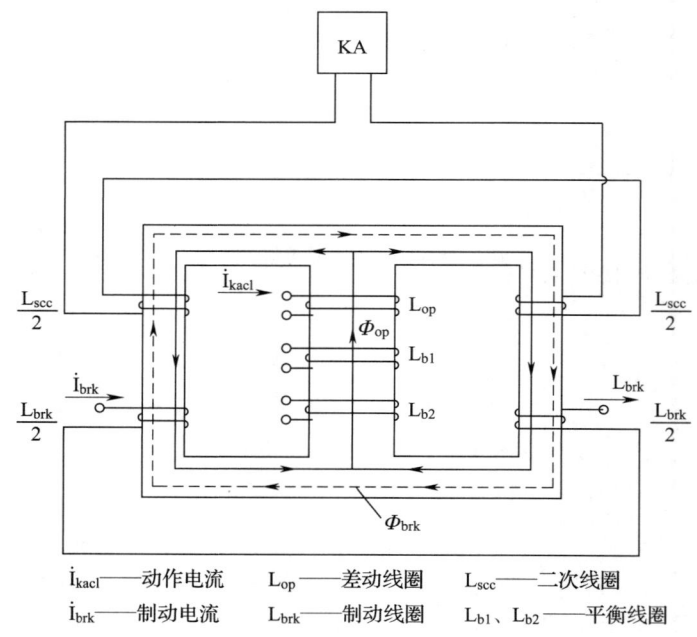

i_{kac1}——动作电流　　L_{op}——差动线圈　　L_{scc}——二次线圈
i_{brk}——制动电流　　L_{brk}——制动线圈　　L_{b1}、L_{b2}——平衡线圈

图 3—9　差动继电器的结构原理图

（2）差动继电器的校验接线

1）校验接线

BCH-1 型差动继电器的校验接线原理图如图 3—10 所示，其中 3、8 为动作电流施加端子，2、6 为制动电流施加端子，5、7 端子为继电器的动作接点。

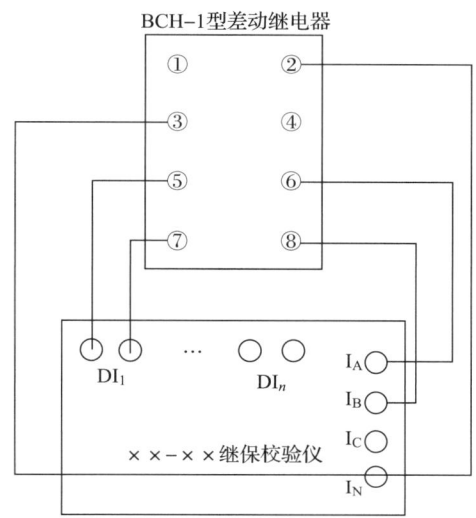

图 3—10 BCH-1 型差动继电器的校验接线原理图

2）校验项目及要求（见表 3—5）

表 3—5　　　　　　　　　　校验项目及要求

检查大类	检查项目	要求或标准	备注
机械部分检查	外观及连接件检查	螺钉紧固，导线压接良好，各部件无变形、损坏	中间继电器有多余触点时应尽可能并联使用，并联接线应连接在接线端子上，不应连接在继电器内部
	执行元件检查	衔铁活动灵活、无卡死，游丝平整、间距均匀，触点间距≥2 mm，动作要有超行程，触点接触可靠。动作电压为 1.5～1.56 V，动作电流为 220～230 mA，返回系数 0.7～0.85	
绝缘检测	导体与外壳绝缘电阻测量	导体与外壳的绝缘电阻不得小于 50 MΩ	
继电器特性试验	无制动安匝时的启动安匝检查	要求启动安匝为 $AW_0 = 60 \pm 4$	
	各绕组正确性检查	要求各绕组面板插孔上所标匝数与实际的匝数相符	
	制动绕组与二次绕组间的无互感检查	在制动绕组通入 10 A 电流时，二次绕组上的感应电压应≤40 mV	

续表

检查大类	检查项目	要求或标准	备注
继电器特性试验	制动特性检查	首先在制动绕组上通以20 A制动电流（$AW_Z=280$）；然后在工作绕组及平衡绕组上通入6.5 A（$AW_{DZ}=252$），调整工作电流对制动电流的超前角为0°、30°、60°、90°时，继电器应可靠不动作；保持制动电流不变，增大工作电流至9.6 A（$AW_{DZ}=375$），此时继电器应可靠动作	
	可靠系数检查	工作线圈及平衡线圈均置于最大匝数，执行元件的舌继电保护和原理片卡在初始位置，通以1倍动作电流，记录此时的二次绕组上的感应电压V_1，同样通入2倍、5倍动作电流并记录相应的电压V_2、V_5，要求V_2/V_1大于等于1.2，V_5/V_1大于等于1.35	
	动作时间检查	当通以3倍工作电流时，继电器的动作时间应小于等于0.35 ms	
投运前的检查	空载投入试验	当差动保持装置全部检验完毕，确定其接线及整定值准确无误后，则应在变压器高低侧进行5次空载闭合冲击试验，继电器应能可靠不动作	

3.1.2 继电保护的基本计算及整定原则

1. 电流速断保护的基本计算及其保护范围

电流速断保护是一种仅反应于电流增大而瞬时动作的电流保护。保护的启动电流按线路末端出现三相短路时的短路电流来整定，取一定的可靠系数K_{rel}，可靠系数一般为1.2~1.3，保护启动电流I_{act}按下式计算：

$$I_{act} = \frac{K_{rel}I_{k\cdot max}}{n_{TA}}$$

式中 $I_{k \cdot max}$——线路末端三相短路时的电流;

n_{TA}——电流互感器的变比。

电流速断保护在系统最大运行方式下发生三相短路时,其保护范围(百分数)按下式计算:

$$\alpha_{max} = \frac{(1 - K_{rel}) \times Z_{s \cdot min}}{K_{rel} Z_L} + \frac{1}{K_{rel}}$$

式中 $Z_{s \cdot min}$——最大运行方式下三相短路时短路点的阻抗;

Z_L——被保护线路全长的阻抗。

电流速断保护在系统最小运行方式下发生三相短路时,其保护范围(百分数)按下式计算:

$$\alpha_{min} = \frac{0.866 \times Z_{s \cdot min} - K_k Z_{s \cdot max}}{K_{rel} Z_L} + \frac{0.866}{K_{rel}}$$

式中 $Z_{s \cdot max}$——最小运行方式下两相短路时短路点的阻抗;

K_k——故障类型系数,当三相短路时取1,两相短路时取$\frac{\sqrt{3}}{2}$。

2. 限时速断和限时过流保护的基本计算及整定

限时速断保护是反应于电流增大而延时动作的一种电流保护类型,限时过流速断保护要求在系统的最小运行方式下,线路末端发生两相短路时,具有足够的反应能力,这个能力通常用灵敏系数K_{sen}来衡量,一般要求$K_{sen} \geq 1.5$,灵敏系数按下式校验:

$$K_{sen} = \frac{I_{k \cdot min}^{(2)}}{I_{act}}$$

式中 $I_{k \cdot min}^{(2)}$——最小运行方式下线路末端的两相短路电流;

I_{act}——保护的启动电流值。

当按最小运行方式下线路末端的两相短路电流校验灵敏度不满足要求时,可按下一线路的速断保护定值来整定,并取一定的配合系数K_{mat},通常K_{mat}取1.15。

限时过流保护是反应于电流增大而延时动作的另一种电流保护类型。限时过流保护按躲过最大负荷电流来整定,取一定的可靠系数K_{rel},通常K_{rel}取1.25~1.5,同时,为了保证继电器在负荷电流作用下能够可靠返回,还必须考虑继电器的返回系数K_{re},返回系数一般取0.85~0.95,动作电流可按下式校验:

$$I_{act} = \frac{K_{rel}}{K_{re}} I_{L \cdot max}$$

式中 K_{rel}——可靠系数,通常取1.25~1.5;

K_{re}——返回系数,通常取0.85~0.95;

$I_{\text{L·max}}$——最大负荷电流。

如果线路中存在电动机,还必须考虑到由于短路时的电压降低,电动机将被制动,故障切除后,由于电压的恢复,电动机将有一个自启动的过程,因此,为确保继电保护能够可靠躲过电动机自启动时的电流,必须考虑电动机的自启动系数 K_{Ms}, K_{Ms} 的取值大于1,具体应根据网络的具体接线和负荷性质来确定。此时,动作电流应按下式计算:

$$I_{\text{act}} = K_{\text{Ms}} \frac{K_{\text{rel}}}{K_{\text{re}}} I_{\text{L·max}}$$

3. 反时限过流保护的基本计算及整定

反时限过流保护是动作时限与被保护线路中电流大小有关的一种保护,当电流大时,动作时限短,当电流小时,动作时限长。构成反时限特性的基本方法有两种,一种是通过 R-C 充电回路构成的晶体管型时间元件构成反时限特性,另一种是计算机保护通过软件来实现反时限特性。以某类型计算机保护装置的常规反时限过流继电器的电流—时间特性为例,其动作方程为:

$$t = \frac{0.14}{\left(\frac{I}{I_{\text{act}}}\right)^{0.02} - 1} \cdot T_{\text{p}}$$

式中 T_{p}——时间倍率;

  I_{act}——设定的启动电流。

反时限过流保护启动电流的计算可参照限时过流保护的启动电流计算公式。

4. 变压器差动保护的计算与整定

变压器差动保护是一种反应流入和流出变压器能量差的保护类型。通过选取合适的电流互感器可以将能量以电流的形式反映在差动保护回路中,差动继电器的动作线圈接在差动保护回路的差动臂上。其启动电流按躲过变压器励磁涌流、因电流互感器的不同型而产生的不平衡电流以及穿越性故障引起的不平衡电流为原则进行整定。

(1)按躲过变压器励磁涌流为原则,其不平衡电流值应为:

$$I_{\text{ub}} = K_{\text{rel}} \times I_{\text{TN}}$$

式中 K_{rel}——可靠系数,考虑到励磁涌流的影响,对中、小容量的变压器,K_{rel} 取
  1.4~1.5,对大容量变压器则一般取 1.3~1.4;

  I_{TN}——变压器一次侧额定电流。

(2)按躲过最大不平衡电流为原则,其不平衡电流值应为:

$$I_{ub} = K_{REL}(K_{tx}\Delta f + \Delta U + \Delta f')I_{K \cdot max}$$

式中　K_{REL}——可靠系数，一般取 1~1.3；

　　　K_{tx}——电流互感器同型系数，同型时取 0.5，不同型时取 1.0；

　　　Δf——电流互感器允许的最大相对误差，一般取 0.1；

　　　ΔU——变压器改分接头引起的相对误差，该值与变压器的调压范围有关，如调压范围为 ±5% 时，取 $\Delta U = 0.05$；

　　　$\Delta f'$——计算值与实用值的差异系数，一般取 0.05~0.091；

　　　$I_{K \cdot max}$——最大外部短路故障穿越电流的周期分量。

（3）按躲过电流互感器二次回路断线时引起的不平衡电流为原则，其不平衡电流值为：

$$I_{ub} = K_{rel} \times I_{L \cdot max}$$

式中　K_{rel}——可靠系数，一般取 1.3；

　　　$I_{L \cdot max}$——变压器最大负荷电流。

差动继电器的启动电流按以上三者中最大的计算值为依据进行整定。在实际应用中，对于计算机型差动继电器而言，其动作电流一般选择在 $I_{d0} = (0.2~0.3)I_N$，基本能有效躲过以上因素导致的不平衡电流。不同类型的计算机差动继电器其特性曲线会有所不同，这与产品所选择的算法有关，在此不再介绍。

5．定时限过流和反时限过流保护的区别

定时限过流保护是一种按躲过最大负荷电流来整定的保护类型，在整定时应考虑到与后端线路保护的时限配合。它反映于线路故障时的电流增大而动作，它可作为电网络端设备的主要保护或长线路时的后备相邻线路的后备保护。一旦经计算机保护装置整定后，继电器动作的时限就与短路电流的大小无关，因此，称为定时限过流保护。

而反时限过流则不同，一旦通过调整继电器电气参数或通过某种算法确定反时限类型曲线后，反时限过流保护的动作时限与短路电流密切相关，短路电流越大或故障点越近，动作时限越短；反之，短路电流越小或故障点越远，动作时限越长。

在基本整定原则上，定时限和反时限是一致的，但反时限可使靠近电源的故障有较短的切除时间。而且与阶段式保护相比，反时限保护可以用一只继电器来实现，这是反时限过流保护的优点，但缺点是整定配合比较复杂，并且在最小方式下短路时，其动作时限可能较长。因而，反时限过流保护通常用于单侧电源供电的终端线路或电动机上，作为主保护或后备保护。

3.2 城轨供电系统变电站继电保护

3.2.1 城轨供电系统主变电站继电保护

1. 主变电站内保护的配合基础知识

(1) 110 kV 保护主要类型和内容。在地铁 110 kV 系统中，主要有过流保护、变压器差动及重瓦斯保护、零序电流保护和来自 35 kV 侧母线的联跳保护等多种保护类型。

其中，变压器差动和重瓦斯保护作为变压器的主保护，分别反应于变压器绕组及引出端故障和油箱内故障，两者配合使用，基本上可以防止与变压器相关的各种故障。而配备过流保护的目的是使其作为变压器的后备保护，过流保护的整定原则是躲过变压器可能出现的最大负荷电流，并取一定的可靠系数。考虑到 110 kV 侧属于大接地电流系统，短路概率比较大，为了防止母线和引出线上的接地短路，一般都装设零序电流保护，作为变压器或相邻元件的后备保护。

(2) 35 kV、33 kV 保护主要类型和内容。在主变电站 35 kV 系统中主要配有变压器差动保护，110 kV 侧过来的纵差、重瓦斯、过流、零序电流保护联跳，35 kV 过流保护，再配备 35 kV 母线分段自切功能和接地变重瓦斯保护及过流零序电流保护等保护类型。

(3) 10 kV 保护主要类型和内容。10 kV 系统主要有定时限过流、零序电流、反时限过流、定时限速断等保护类型。

(4) 站内保护的配合基础知识。在地铁主变电站中，差动保护与瓦斯保护配合作为变压器的主保护。差动保护按躲过变压器励磁涌流及由外部穿越性故障电流在二次系统中可能出现的最大不平衡电流为原则进行整定。过流保护则以躲过二次侧可能出现的最大负载电流为原则，一般取综合系数为 2~4，过流保护作为变压器的后备保护。接地变则一般装设过流和零序电流保护，其中过流一段为瞬时过流保护，用于防止接地变自身内部或引线端出现的短路故障，过流二段为定时限过流保护，为接地变后备保护。而零序电流一段、二段均为防止低压侧供电系统可能出现的接地故障，其中零序电流 I 段按躲过下一母线出口处出现单相或两相接地时可能出现的最大不平衡电流来整定，取一定的可靠系数（一般为 1.2~1.3）。

2. 城轨供电系统主变电站继电保护的运用实例

现以城轨主变为例,来简要说明主变电站的继电保护。该主变电站主要有 110 kV 和 35 kV/33 kV 及 10 kV 等几个电压等级。城轨主变供电系统如图 3—11 所示。该主变 110 kV 侧为大电流接地系统,保护主要类型有变压器差动、瓦斯保护、过流及过负荷等保护类型。其中,差动和瓦斯保护作为变压器的主保护,过流及过负荷的保护作为变压器的后备保护。35 kV 侧是通过接地变经消弧线圈接地的小电流接地系统,主变 35 kV 侧断路器配有差动、过流及零序电流等保护类型。其中,过流一段及零序电流一段兼起 35 kV 母线相间及相对地的保护作用,不装设特殊的母线保护类型,分段之间配自切功能。

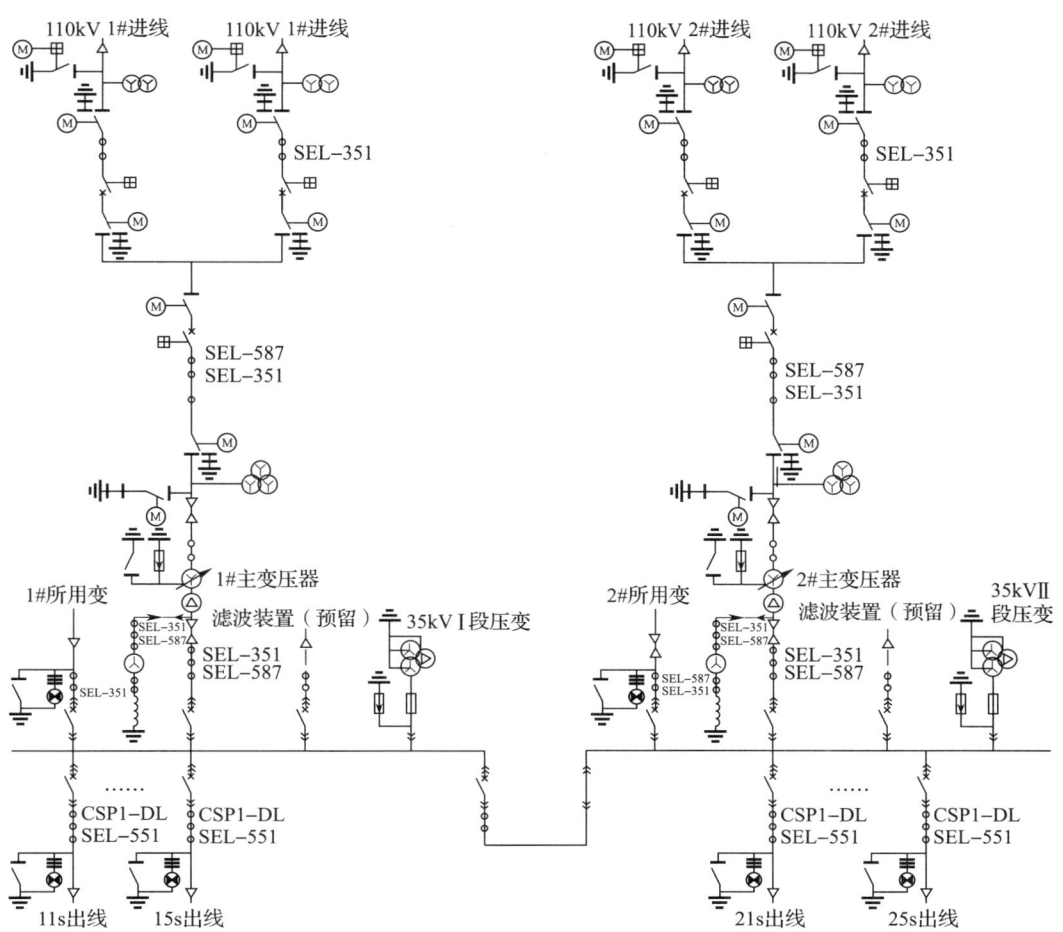

图 3—11　城轨主变电站供电系统

所谓分段自切功能，是指在 35 kV 某段母线进线失电时，能自动断开该段 35 kV 母线的进线断路器，然后母联断路器自动合上，实现由另一段母线对失电母线进行供电的功能。

在 35 kV 馈线中，装设有线路差动和过流零序电流保护，其中差动为主保护，用于保护馈线后端电缆，过流零序电流保护作后备保护。

接地变断路器装设了过流、零序电流保护，其中过流一段、二段用于切除接地变自身出现的故障，保护动作将跳开接地变 35 kV 断路器；而零序电流一段、二段则用于切除后端 35 kV 系统可能出现的接地故障，保护动作将跳开主变 110 kV 及 35 kV 断路器。

站用变 35 kV 断路器一般装设有过流、零序电流保护，不装设差动保护。

3. 变压器瓦斯保护和差动保护的基本原理及应用

（1）变压器瓦斯保护。一般情况下，400 kV·A 及以上的车间内油浸式变压器或 800 kV·A 及以上的油浸式变压器，应装设瓦斯保护。瓦斯保护是一种反应于油箱内部产生的气体或油流而动作的保护类型。它又分为轻瓦斯保护和重瓦斯保护，分别用于报警和跳闸。

气体继电器是构成瓦斯保护的重要元件。它安装在油箱和油枕之间的连接管道上。为了使气体能通畅地流过气体继电器，变压器安装时应使其顶盖沿气体继电器的方向与水平面有 1%～1.5% 的升高坡度，而气体继电器经油枕的连接管道则应有 2%～4% 的升高坡度。瓦斯继电器安装图如图 3—12 所示。

目前在我国的电力系统中使用较多的是开口杯挡板式瓦斯继电器，其结构如图 3—13 所示。正常情况下，上、下开口杯均浸在油中，由于开口杯和附件在油内的重力矩小于平衡锤的重力矩，因而开口杯向上倾。在轻微故障时，油内部所产生的少量气体聚集在气体继电器上部，气体的压力使油面下降，于是使得上开口杯露出油面，由于浮力的减小，开口杯和附件在空气中的重力加上杯内油的重力产生的力矩大于平衡锤产生的重力矩，故开口杯将按顺时针方向转动，并带动永久磁铁靠近干簧触点，使触点闭合，从而发出"轻瓦斯"保护信号。当变压器油箱内发生严重故障时，大量的气体和油流将直接冲击挡板，使下开口杯按顺时针方向转动，并带动永久磁铁靠近下部干簧，使触点闭合发出"重瓦斯"保护动作信号。

一般情况下，"轻瓦斯"保护信号用于报警，而"重瓦斯"保护信号用于跳闸。在接线方式上，上开口杯的触点可直接接入信号报警继电器回路，而下开口

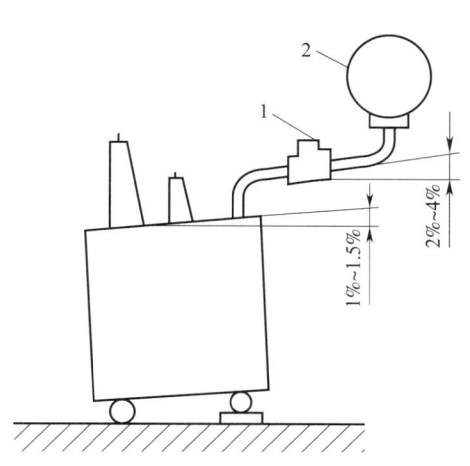
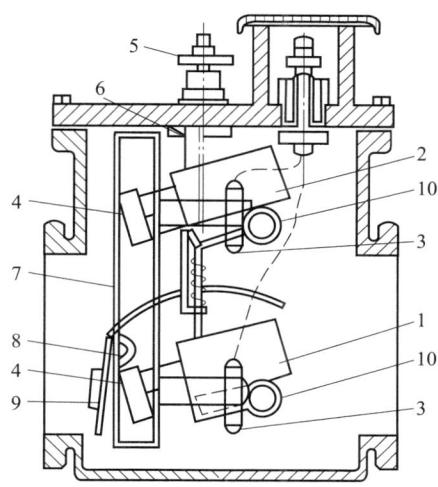

图 3—12 瓦斯继电器安装图
1—瓦斯继电器 2—油枕

图 3—13 开口杯挡板式瓦斯继电器结构
1—下开口杯 2—上开口杯 3—干簧触点
4—平衡锤 5—放气阀 6—探针 7—支架
8—挡板 9—进油挡板 10—永久磁铁

杯的触点则应接入一个具有电流保持线圈的中间继电器来驱动跳闸,这主要是为了防止下开口杯在大量气流作用下,由于油流不稳定而造成干簧触点的抖动,使断路器无法可靠跳闸,跳闸中间继电器的自保持可由断路器辅助触点来断开。

在地铁供电系统的实际运用中,一般将轻、重瓦斯保护信号接入计算机保护装置中。由计算机对保护信息进行采集判断,并通过站控自动化系统将保护信息上传至监控工作站或控制中心进行记录或处理。

(2)变压器差动保护。变压器差动保护是一种反应于变压器内部故障的保护类型,其基本原理是流入变压器的能量与流出变压器的能量理论上应该相等(除去变压器的励磁及漏磁损耗),实际使用中往往以电流的形式来反映。高低压侧通过选择合适变比的电流互感器,可使得高压侧及低压侧电流互感器二次侧产生的电流比较接近,而电流继电器线圈上流过的电流即为高、低压电流互感器二次侧电流的差值($I'_2 - I''_2$),理论上差值应为0,但实际使用中由于高、低压侧电流互感器型号变比的不同,这个固有的差值电流是存在的。这就是说,正常情况下,电流继电器线圈是有电流通过的,在这个电流作用下,继电器不应误动作。而在变压器内部发生故障的情况下(如短路),故障电流在电流互感器二次侧差动电流继电器线圈中的电流远大于正常的电流差值,从而继电器将动作,跳开高、低压侧断路器。多线圈的变压器差动保护原理与双线圈的变压器差动保护原理完全一致。

在实际应用中,差动继电器的整定值应大于以下因素引起的不平衡电流:

1) 由变压器励磁涌流 I_{EF} 所产生的不平衡电流。
2) 由变压器两侧相位不同而产生的不平衡电流。
3) 由计算变比与实际电流互感器变比的不同而产生的不平衡电流。
4) 由两侧的电流互感器的不同型而产生的不平衡电流。
5) 由变压器带载调压而产生的不平衡电流。
6) 由穿越故障而引起的不平衡电流。

在变压器空载进行时,励磁涌流中将含有大量的谐波分量,其中以二次谐波及五次谐波为主。为防止变压器励磁电流或涌流时由于谐波而导致误动作,一般均采取一定的制动措施,目前使用的计算机型变压器差动继电器也设置了二次谐波及五次谐波制动的功能选项,用户可根据需要启用或关闭。

在实际应用中,差动继电器按如图 3—14 所示的方式连接,差动侧线圈 L_{op} 接入差动回路中,制动线圈及平衡线圈均接入差动保护的臂上,而二次线圈则接入电流继电器的线圈回路中。

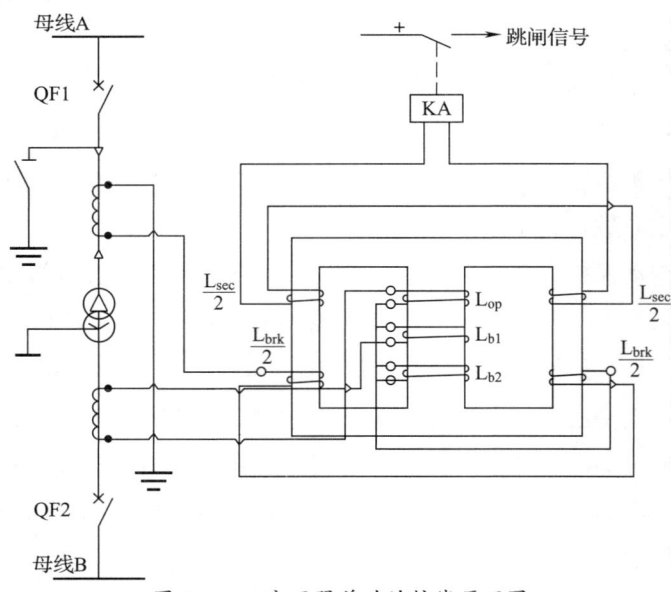

图 3—14 变压器差动的接线原理图

当不考虑制动线圈的作用时,差动线圈与二次线圈实际上就是一个饱和变流器,因此它可以有效消除不平衡电流或励磁涌流中的非周期分量。使用中将在这种情况下的继电器动作电流称为最小工作电流，用 I_{kact} 表示。但当考虑制动线圈的作用时，它就有了更好地躲过穿越性故障不平衡电流的性能。因为在穿越性故障情况下，随着一次故障电流增大，制动电流 I_{brk} 也随之增大，从而使两边柱的磁通饱和，导磁率降低，在这种情况下，要使电流继电器动作，就必须加大差动线圈 L_{op} 的电流，才能使继电器动作。在 I_{brk} 一定的情况下，制动线圈 L_{brk} 匝数越多，制动能力就越强，动作电流 I_{kact} 也就增加得越多。通过试验可以获得继电器动作电流与制动电流之间的关系，即 $I_{kact}=f(I_{ark})$ 制动曲线，其与水平轴的夹角为 α，tanα 为制动系数，用 K_{brk} 表示，如图 3—15 所示。为了保证继电器在内部故障的情况下，继电器能可靠动作，一般取 $K_{brk}=I_{K \cdot act}/I_{brk}=$ tanα < =（0.5~0.6）。

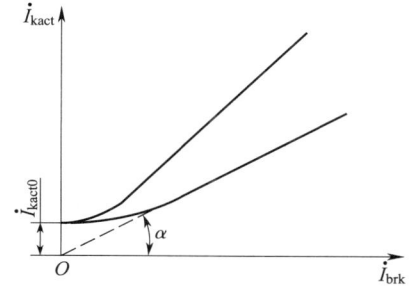

图 3—15　差动继电器的特性曲线图

通过引入制动功能，使得变压器在发生穿越性故障时，能够可靠不动作，因为动作电流将随着制动电流的提高而成倍提高。但在变压器内部发生故障时，差动继电器能迅速地做出反应并驱动跳闸。

3.2.2　城轨供电系统牵引变电站继电保护

1. 地铁牵引变电站继电保护的主要类型

地铁牵引变电站的主要作用是将 35 kV 交流电经牵引整流变压器变压后，降为 1 220 V 交流，再经三相桥式整流（全波）后输出理论值为 1 720 V 左右的每周波为 24 脉动波形的直流该直流电，电通过高速直流断路器馈往接触网，用作列车牵引动力源，再通过列车的受电弓将电能引入列车的驱动系统。理论上（不考虑漏磁、损耗等因素的影响）得到的电压平均值为：

$$U = \frac{1}{\frac{\pi}{12}} \times 1\,220 \times \sqrt{2} \times \int_{75°}^{90°} \sin(\overline{\omega}t + 7.5°)d(\overline{\omega}t) \approx 1\,721(V)$$

实际运行中（空载时）表计显示电压为 1 685 V 左右，电压的损耗率为：

$$(1\,721 - 1\,685) \times 100\%/1\,721 = 2.09\%。$$

在牵引变电站的进出线中主要有纵联差动保护及过流、零序电流、（欠）失压保护等保护类型。在整流变压器馈线中装设有变压器温度保护、二极管监视保护、整流柜母排温度保护、散热器温度保护等保护类型。在直流 1 500 V 系统中，主要有过流保护、上升率保护、失（过）压保护、热保护、框架保护及双边联跳保护等保护类型，其中框架保护是直流牵引供电系统特有的保护类型。整流后 1 500 V 母线上获得的 24 脉波直流电压波形如图 3—16 所示。

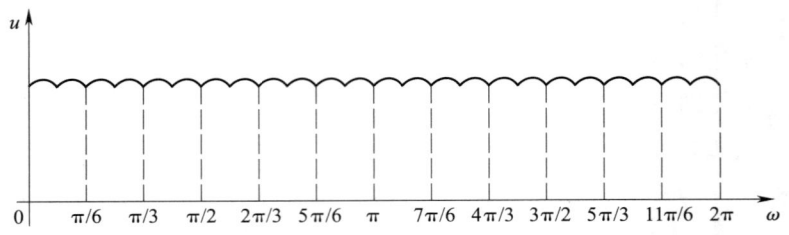

图 3—16　整流后 1 500 V 母线上获得的 24 脉波直流电压波形

2. 35 kV 进线保护主要类型和内容

35 kV 进线或联络线断路器一般装设有纵联差动保护和过流保护，其中过流保护又启用了反时限和定时限等具体类型。在 3 号、5 号线等地铁线路的供电系统中，为最大程度地确保地铁安全运营，35 kV 相邻联络站点采用了进线、联络线"四投三"的运行方式。在某一站点 35 kV 进线失压的情况下，能自动断开失压线路进线断路器，并自动合上联络断路器，通过联络线实现由相邻牵引站往本所供电，这种运行方式对地铁的安全运营是极其重要的。

3. 线路纵联差动保护简介

35 kV 进线或联络线一般均装设线路纵联差动保护（常简称为线路纵差保护），该保护为进线电缆或联络电缆的主保护。它的工作原理是流入电缆的电流与流出电缆的电流应该相等（除去远距离输电时的电容电流），其原理如图 3—17 所示。

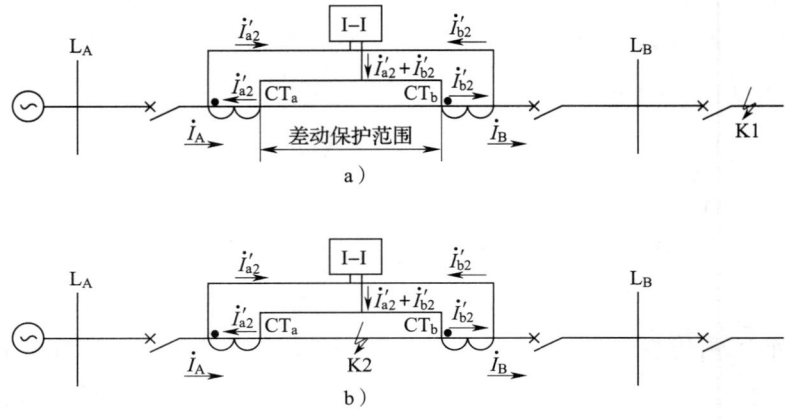

图 3—17　传统型纵差保护原理图

目前,上海地铁使用比较多的是 SIEMENS 公司的产品,如 7SD24(模拟式)差动继电器和 7SD61××(数字式)差动继电器。特别是在新近开发的线路中,全部采用了功能先进的数字式光纤纵联差动保护继电器(见图 3—18),线路两端装设的继电器实时采集线路上通过的电流值,通过光纤与另一侧继电器进行数据交换,以便进行差动、制动电流分析,两台差动继电器之间采用软件进行同步和补偿,保持了数据的同步性和有效性。

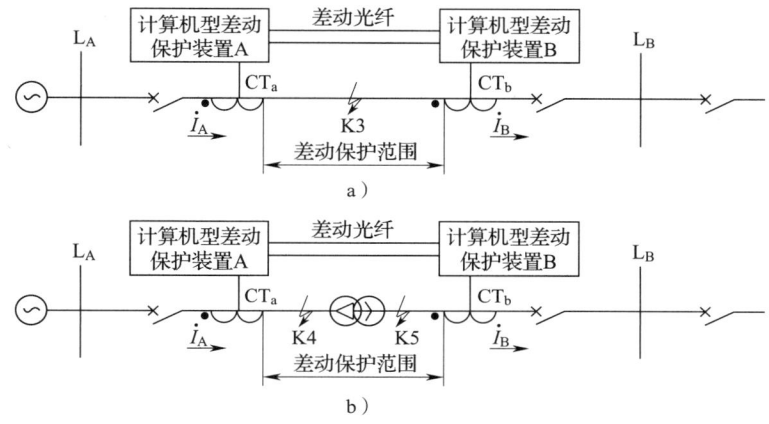

图 3—18 计算机型纵差保护原理图

在城轨行业的继电保护试验中,考虑到潮流走向的单向性以及现场试验电源难以统一,采用了从单侧加电流量的方法来校验继电器。试验流程一般为单侧加电流→检查输入电流与显示电流是否一致→继续加电流至保护动作,读取并记录差动电流值和制动电流值,并将试验结果与整定值特性曲线相比较以分析其动作的准确性。

计算机型线路纵联差动保护装置的原理与 BCH—1 基本一致,现以西门子 7SD61 为例来说明其工作原理。如图 3—19 所示,该计算机继电器采用了如下计算方法:

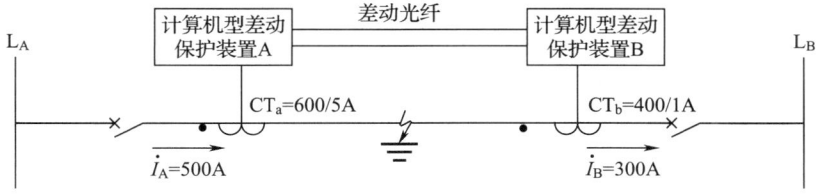

图 3—19 差动计算实例

差动电流：$I_{\text{Diff}} \geq |I_1 + I_2|$

制动电流：$I_{\text{Rest}} = I_{\text{diff}} > + \varepsilon_1 \cdot \text{CT1} \cdot |I_1| + \varepsilon_2 \cdot \text{CT2} \cdot |I_2| + \text{sync. error}$

其中，sync. error $= (1.2 \sim 1.8)\% \times I_N$ 为不同步误差补偿项，ε_1、ε_2 分别为线路两端的 CT 误差，其取值与流过保护安装处电流的大小有关，当流过的电流在额定范围内时，按［0253］参数设定取值，若流过的电流超过额定范围时，按［0254］参数设定取值。

以图 3—19 情况为例，对首端装设的差动保护继电器而言，如果相关参数设定为 $\varepsilon_1 = 3\%$，$\varepsilon_2 = 5\%$，$I_{\text{Diff}} >$ 设定为 $0.2 I_N = 120$ A，则按以上方式计算差动电流和制动电流，可得：

$$I_{\text{Diff}} > = |I_1 + I_2| = |500 + (-300)| = 200 \text{ A}$$

$$I_{\text{Rest}} = I_{\text{diff}} > + \varepsilon_1 \cdot |I_1| + \varepsilon_2 \cdot |I_2| + 1.5\% \times I_N$$

$$= 120 + 0.03 \times 500 + 0.03 \times 300 + 0.015 \times 120 = 145.8 \text{ A}$$

于是有 $I_{\text{Diff}} >$ 大于 I_{Rest}，首端差动继电器将动作，跳开相应断路器，并联跳末端断路器。对于末端装设的差动继电器来说，其计算方法与首端一致，在此不再赘述。7SD61 继电器动作特性如图 3—20 所示。

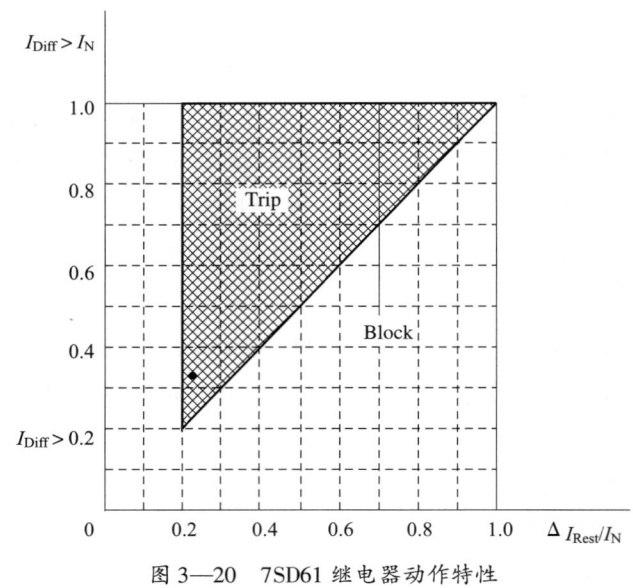

图 3—20　7SD61 继电器动作特性

4．整流变压器的保护类型和内容

整流变压器柜一般配备有电流速断保护、延时过流保护、零序电流保护及反时限过流保护等保护类型，同时装设有变压器超温保护。在以上保护类型中，电流速断保护为主保护，其余为后备保护。变压器的过负荷保护是通过电流继电器的反时限来实现。

5. 整流器的保护类型和内容

在地铁牵引供电的整流器中，一般装设有二极管快速熔断器故障报警/跳闸（即所谓一报警二跳闸）、散热器超温报警/跳闸（或热敏装置报警/跳闸）、母排超温报警/跳闸。这几类跳闸将使整流变的 35 kV/33 kV 断路器跳闸，使故障整流器组退出运行。

6. 牵引变电站继电保护的配置实例

以曹杨路牵引站为例，在 35 kV 进线或联络线中配置了 CSP1－L 线路差动计算机保护用于与上游差动继电器配合，保护 35 kV 进线或联络线电缆，并配备了 SEG 的 MRI1－IBE 过流保护装置，作为 35 kV 的母线保护。另外，为了实现相邻站进线及联络线之间的"四投三"功能，还装设了 MRU1－1 失压保护装置，用于检测两侧进线的欠失压情况，相应的欠失压信号送往 PLC 进行逻辑处理，由 PLC 发出相关指令，自动实现相邻联络站之间的"四投三"功能。

7. 直流高速断路器的保护类型和内容

在直流高速断路器中，配备了过流、速断及热保护等类型，这些保护类型与交流系统同一类型的保护在原理上具有相似性，本文不再论述。除此之外，直流高速断路器还配备有直流系统特有的保护类型，如电流上升率保护（包括远端及近端）、联跳保护。同时，直流断路器还装设有本体保护，这也是直流断路器独立于直流保护装置之外的最后一道保护。

现以上海地铁一号、二号线中使用的 SIEMENS SITRAS DPU96 和三号线使用的 Adtranz DCP106 数字式保护装置为例，来简要分析两种类型保护装置的保护原理。如图 3—21 所示是 SITRAS DPU96 电流上升率保护（ROR）的电流增量（ΔI）保护动作特性图。它的作用是在达到最大的短路电流之前检测到短路，并发信跳闸。这对于直流供电系统的安全具有极其重要的作用。

在电流增量保护监视模式下，当某一时刻 di/dt 大于设定值时，当前电流值即成为基值，随后持续测量电流值，并计算与内部保存的基值之间的差值，如果该电流差值达到或超过设定值，并且持续时间达到 ΔI 延时，则保护出口动作并驱动跳闸。如果在监视过程中，电流斜率小于 di/dt 设定值，即出现上升中断的趋势，但中断时间小于 $\Delta I di/dt$ 设定的允许中断的时间段，则继续监测 ΔI 及 ΔI 延时，如果均达到设定值，保护出口动作并驱动跳闸；如果中断时间大于 $\Delta I\, di/dt$ 设定的允许中断的时间段，随后

电流斜率又大于 di/dt 设定值,则从新的电流斜率大于 di/dt 的时间点开始重新监测,保存当前电流值作为新的基值,并且重新开始计时。以下是图 3—21 中的几种电流上升情况:

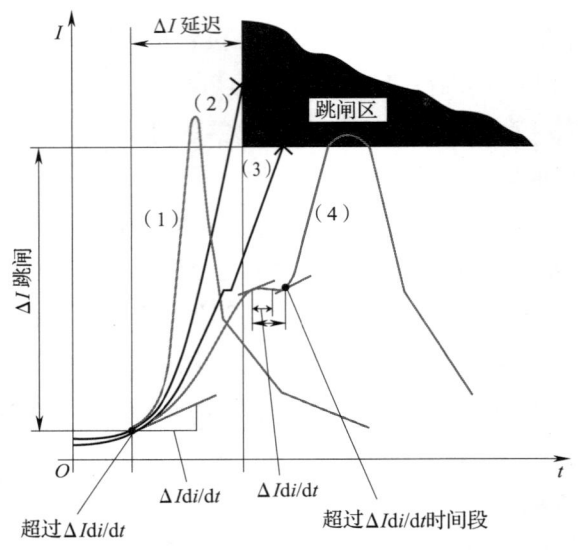

图 3—21 DPU96 的 ROR 上升率保护（远区）特性图

（1）阶越电流上升,例如,由电容器空载投入至稳定工作的电流变化过程。由于 ΔI 延时未达到设定值,尽管 ΔI 已经超过设定值,但随后回落,该情况被判断为正常情况,保护不动作。

（2）电流突然上升,达到并超过了 ΔI 设定值,同时 ΔI 延时也达到设定值,则保护动作并发出跳闸信号。

（3）电流突然上升,ΔI 达到并超过了预设值,且 ΔI 延时也达到了预设值,尽管上升过程出现了中断,但中断时间没有超过允许的 di/dt 中断时间段,保护仍然认为是系统故障。因此,保护动作并发出跳闸信号。

（4）电流突然上升,由于上升过程出现中断,并且中断时间超过了允许的 di/dt 中断时,di/dt 将重新检测,当 di/dt 某一新起点达到预设值时,上升率保护重新启动,并且将新起点的电流值保存为基值,重新监测 ΔI。类似这种情况不会使保护动作,因此无跳闸发生。

ΔI 保护适用于近端短路保护。图 3—22 所示为上升率保护的远区短路保护特性,当 di/dt 连续超过预设值并达到设定的延时时间时,保护将动作并发出跳闸信号。

由如图 3—23 所示的 DCP106 的 ROR 上升率瞬时保护的动作特性图可知，当电流上升率 di/dt 在某一时刻达到或超过瞬时保护 di/dt_ ins 设定值，ROR 保护将从该时刻开始启动检测，如果上升率持续超过设定值 di/dt_ ins，并且电流增量 dI 达到瞬时增量电流的设定值 dI_ ins，则保护动作并发出跳闸信号。di/dt 瞬时保护功能适用于近端短路保护，它使故障线路在达到最大的短路电流之前将线路断开，以减轻对电气设备的破坏程度。

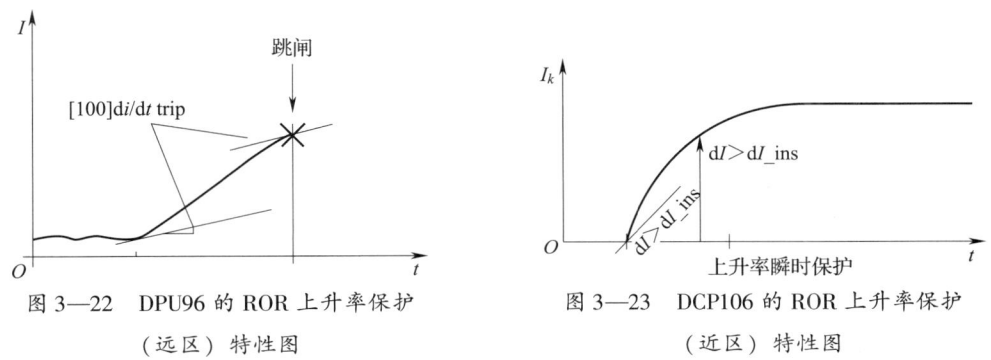

图 3—22　DPU96 的 ROR 上升率保护（远区）特性图　　图 3—23　DCP106 的 ROR 上升率保护（近区）特性图

与近端短路保护相对应的是远端保护，如图 3—24 所示，当电流上升率 di/dt 小于 di/dt_ ins 瞬时设定值，但达到或超过 di/dt_ del 延时设定值时，di/dt 延时保护将启动，并持续检测电流变化率至等于 0，若此时电流增量达到了 dI_ del 延时电流增量设定值，则延时计时开始，如果电流的增量值 dI 持续超过 dI_ del 达到延时设定值 t_ del，保护将动作并发出跳闸信号。

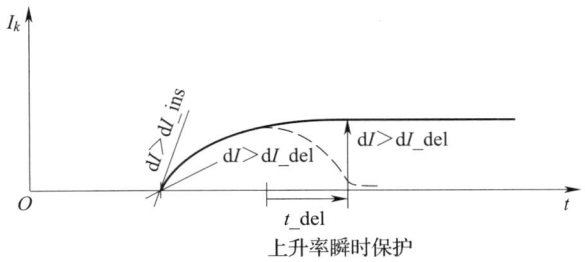

图 3—24　DCP106 的 ROR 上升率保护（远区）特性图

8. 直流 di/dt、ΔI 保护的判断和基本处理方法

直流供电系统 di/dt 和 ΔI 保护是直流 ROR（上升率保护）中的两种具体形式，其中 di/dt 适用于远端故障，而 ΔI 则适用于近端故障保护，不同厂家的产品对 di/dt 及 ΔI 的描述各不相同，但原理基本一致。

一般情况下，对 di/dt 和 ΔI 保护的判断可通过以下途径加以识别：

（1）通过设备自身带有的标志或人机界面来识别，如在一号线老线部分，直流保护用的 3UB61 模拟式保护装置，在其面板上有两个指示灯，一个用于标志 ΔI – Trip，一个用于标志 di/dt – Trip。

（2）从断路器柜上的二极管指示器看出，这是继电器动作信号经 S5 PLC 分析处理后，做出的识别判断。

（3）在后期出来的直流保护产品则更容易判别，如 DPU96，一旦 ROR 动作，在液晶屏上可以在液晶屏查看故障信息，确定是 ROR 中的何种类型动作。DCP106 的情况类似，一旦保护动作后，可通过激活 MLP 菜单查看 ROR 保护的具体的动作类型。但 DCP106 与 DPU96 在表述上有一些区别，如 DCP106 将 ΔI 动作表述为 di/dt – inst 动作，而将 di/dt 动作表述为 di/dt – del 动作。

通过判断是 ΔI 或 di/dt 动作初步判断故障点靠近哪一个牵引站，从而为快速故障处理争取时间。该类型保护动作跳闸后，系统将进入自动重合闸程序，PLC 或计算机保护装置将启动线路测试，检测线路残余电阻值是否满足要求，如果残余电阻值大于系统设定值，则发出合闸命令，否则进入新一轮测试程序。一般说来，线路测试的次数设定在 3~5 次，如果重复完设定次数的线路检测后，仍然检测到线路残余电阻低，则闭锁线路重合闸，并发出"持续短路"或类似的相关故障信号。

根据以上分析的保护动作流程可以看出，对于值班员来说，在保护动作后，只需要做以下几项工作：

1）观察指示灯或两台 HMI 液晶屏，观察保护的动作类型。

2）观察线路测试指示灯是否亮起，以确定是否进入重合闸程序。

3）如线路测试周期完成规定次数的测试后，仍然无法重合闸成功，并且显示线路测试封锁，组报警灯亮并持续短路信号，则请检修人员处理。

9. 框架保护的基本原理

牵引系统框架保护是直流供电系统特有的保护类型，以如图 3—25 所示的一号线老线框架保护的系统框图为例来说明其原理，图 3—25 中虚线部分为牵引系统设备外壳（包括直流断路器、整流柜、正极柜、负极柜等），在外壳与站保护地之间装设有电流泄漏检测装置（包括分流器、分流电阻及直流变送器），变送器二次侧电流（0~20 mA）送往 PLC，PLC 对采样值进行分析判断。对电压型框架保护而言，采样值代表的是负极对站地（保护地）之间的电压，它对保护供电设备的安全具有极其重要的作用。

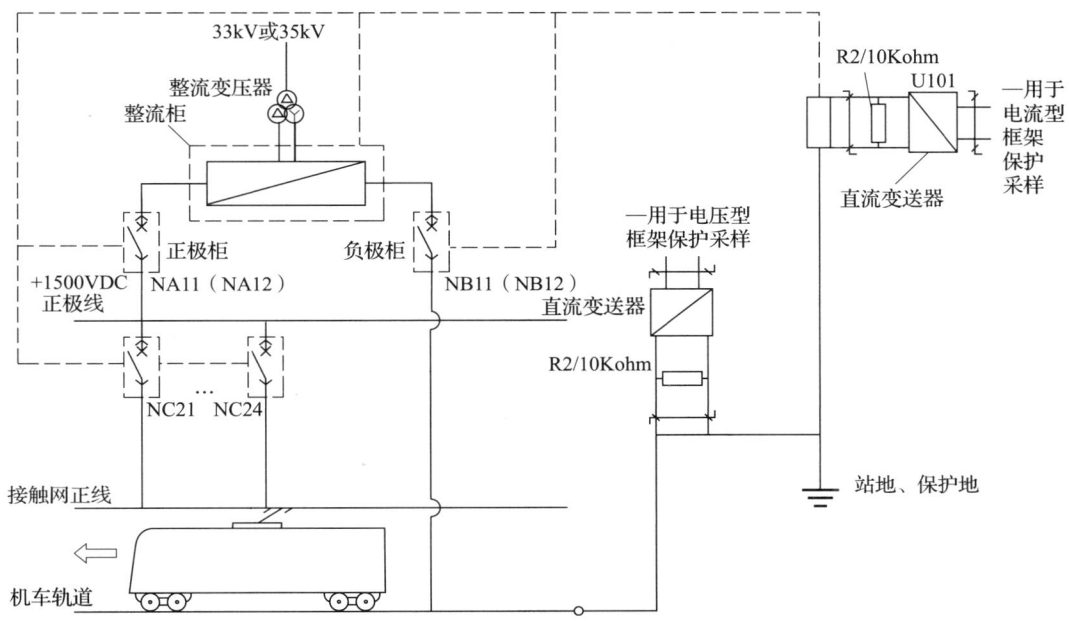

图 3—25 框架保护的系统框图

（1）电压型框架保护的基本原理。电压型框架保护是框架保护中的一种具体类型，该类型保护的采样对象是整流柜负极与站保护地之间的电位差。当负极对地电位达到一定值时，该类型保护将动作，发出跳闸信号，跳开本站两台 33 kV/35 kV 牵引变压器断路器及本站所有直流高速断路器。装设电压型框架保护的主要目的是保护设备的安全，它与车站短路器不一样，车站短路器的主要目的是保护人身（乘客）的安全，在整定值上框架保护的动作定值要比车站短路器高。如图 3—26 所示是通过 PLC 实现电压型框架保护的采样原理图，它通过分流器、电压变送器将框架电压信号变成 PLC 模块可以接受的电流或电压信号，由 PLC 对输入的信号进行处理，决定是否报警或跳闸。当然，也有一些地铁线路直接采用电压检测继电器来采样电压值，以判断框架电压是否达到报警或跳闸值。如上海地铁三号线、五号线，均采用了电压检测继电器来直接检测框架对地电压，并直接通过继电器的触点发出相应的保护动作信号，用于跳闸及给远动系统发信。

（2）电流型框架保护的基本原理。电流型框架保护是框架保护的另外一种形式，与电压型框架保护不同的是，它的采样对象是牵引设备的框架（整流柜，直流断路器柜和正、负极柜的外壳）对地的电流泄漏，其主要目的是保护人身的安全。当然，对于设备的安全来说，电流型框架保护的设置同样具有重要意义。

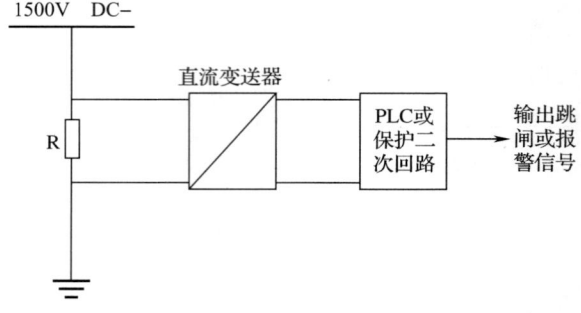

图 3—26　电压型框架保护的采样原理图

当框架泄漏电流大于电流继电器整定值时，框架保护将动作，并跳开两台 33 kV/35 kV 牵引整流变 35 kV 断路器、本站的所有直流高速断路器以及左右邻站供同一区段的四台直流断路器，跳闸后形成闭锁，直到收到框架复位信号为止。应该说明的是，在新近建设的线路中，电流型框架保护采取了对邻站直流断路器"只跳不锁"的方案，即跳闸后仅闭锁邻站相应直流断路器的重合闸功能，用户可以根据需要对邻站被联跳的直流断路器进行就地或远动合闸。如图 3—27 所示是通过分流器采样的电流型框架保护的采样原理图。

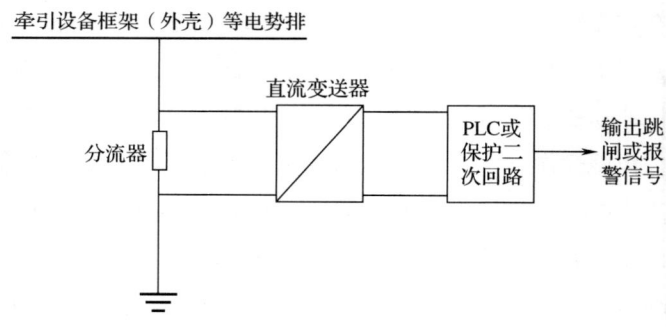

图 3—27　电流型框架保护的采样原理图

（3）牵引变电站框架保护类型的判别。

1）电压型框架保护的判别。一般情况下，电压型框架保护动作只跳开本站两台 35 kV 整流变压器断路器及本站所有的直流高速断路器，不跳闸邻站，这是判别电压型框架保护的依据之一。另外，也可通过站内的信号系统或远动系统对电压型框架保护做相应的识别和判断。

2）电流型框架保护的判别。与电压型框架保护不同，电流型框架保护的采样对象是直流系统框架对地（保护地）的电流泄漏，它反映了设备外壳的带电情况。如果泄漏电流大于允许的设定值，则发出框架保护信号至各直流断路器柜及 35 kV 中压断路器柜，同时发信至相临站驱动供往同一区段的直流高速断路器跳闸，跳闸后闭锁相应断路器的重合闸程序，直至收到框架保护复位信号为止。因此，是否联跳邻站直流断路器是判定电流型或电压型框架保护动作的重要依据之一。此外，信号系统及远动系统对框架保护动作情况也有相应的标志和记录。

（4）框架保护的一般校验方法。框架保护一般可采用以下方法校验，对电压型框架保护而言，可施加相应的报警或跳闸电压至变送器输入端，检查保护是否会做出相应的动作反应。对有些线路而言，如三号线和五号线，因为直接采用了电压检测继电器采样框架电压，可直接通过给该继电器施加直流电压，观察继电器是否能准确动作。

对通过分流器采样的电流型框架保护而言，可施加相应的电流或电压至变送器，观察逻辑控制器是否能准确动作。但对于直接采用电流继电器检测框架泄漏电流的线路而言，则必须使用足够大的电流发生器来施加动作电流（80 A），才能检测继电器动作的准确性。

10. 整流器保护动作的判别和一般分析

在地铁牵引系统中，整流器保护类型包括二极管快速熔断器故障报警/跳闸、散热器超温报警/跳闸及母排超温报警/跳闸等保护类型。判别方式有多种，可以通过负极柜面板上的信号指示器观察，也可以通过信号屏上的二极管小指示灯判断或通过 PLC 模块上的指示灯判断，还可以通过站控及控制中心远动系统进行识别判断。二极管监视报警跳闸原理图如图 3—28 所示。

在后期建设的线路中，由于设备自动化水平的提高，设备故障有了更好的人机界面提示，用户可以直接通过操作人机界面获知相应的故障信息。

以已建设的线路中为例，通过以上各种识别方法确定是何种类型的保护动作后，即可进行下一步的分析。如出现二极管故障报警，则表示有一只快速熔断器熔断，跳闸则表示有两只快速熔断器熔断。如果散热器发出报警信号，则表示散热器温度已达到 140℃，如果继续上升到 150℃，该保护类型将会动作并发出跳闸信号，使相应的整流变 35 kV 断路器跳闸。而母排超温报警则表示母排温度达到 80℃，如果继续上升至 90℃，则发出母排超温跳闸信号，使相应的整流变 35 kV 断路器跳闸。整流器组报警跳闸原理图如图 3—29 所示。

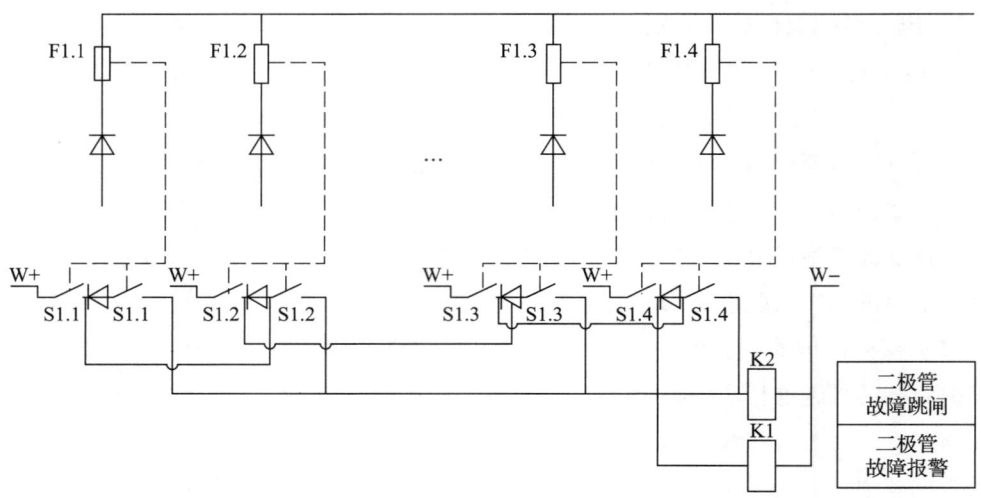

图 3—28 二极管监视报警跳闸原理图

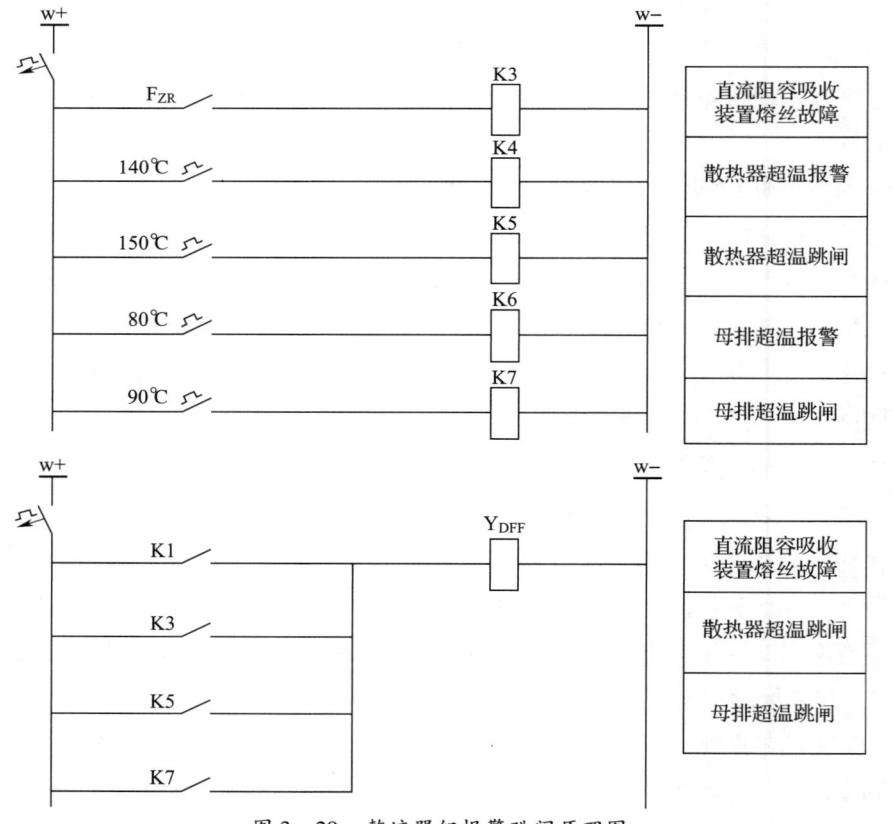

图 3—29 整流器组报警跳闸原理图

11. 整流变压器保护动作的判别和一般分析

对小容量的变压器而言，可不装设专门的差动保护，而是通过装设过流保护来达到对变压器保护的目的。地铁整流变压器就采取了这种方式，在整流变压器 35 kV 断路器柜上，装设了时间过流继电器，启用了电流速断保护、延时过流保护、零序电流保护和反时限过流保护等具体类型。其中，电流速断保护为主保护，其余类型均作为变压器的后备保护。当然，除上述类型的保护外，整流变压器还有自身的温度保护。

保护动作类型可通过信号系统加以判断，因为保护动作总会在信号系统中留有痕迹。在地铁牵引变电站中，整流变压器一般都装设有先进的计算机保护装置，因此很容易从继电器面板上的指示灯观察出保护的动作类型。或者也可以从站内的信号系统及控制中心远动系统中读取故障的状态或记录。

一般情况下，速断保护动作表明变压器引线或内部有短路故障；而定时限保护动作则说明变压器二次侧可能存在短路故障；反时限过流保护则主要用作变压器的过载保护，其启动电流值比速断保护和定时限过流要低，但动作时限长，因此，如果反时限过流保护动作，则变压器存在过载，需分析情况减轻负载；而零序电流保护动作则说明保护范围内可能有接地故障。

除了以上保护类型外，一般还有变压器温度保护。如果变压器负载长时间过大，将导致变压器升温，长期如此将使得变压器绝缘老化或损坏，因此，应采取措施减轻负载，温度保护的作用是当变压器温度升高到设定的温度值后，系统将会报警或跳闸。在实际运行中，应区分是实际的变压器温升还是由温控仪工作不稳定而引发的保护误动，从而采取快速有效的排故措施，减少系统停电时间。

总之，在整流变压器出现保护动作的情况下，应根据设备运行规律综合判断，科学处理。

12. 直流高速断路器保护装置的一般维护和使用

直流高速断路器保护装置在地铁牵引供电系统中起着极其重要的作用，其动作的准确性和可靠性直接影响地铁列车的运营。因此，在使用和维护过程中应注意以下几个方面的问题：

（1）主、附件均应安装牢靠，切忌机械撞击。

（2）使用过程中尽量减少不必要的电源分断，以减少电源分合时带来的冲击。

（3）保护装置修理或更换后，投用之前必须对保护装置进行功能性试验，应严格按照保护装置的试验要求施加电压或电流信号。

（4）保护装置的维护工作必须由专业技术人员或接受过专门培训的工作人员进行。

(5) 做二次回路绝缘检测时,应断开与继电器的相关连接。

13. MCB 小断路器的基本使用知识

MCB 小断路器通常指的是具有过流保护及过载保护的空气断路器。它使用于不频繁接通或断开的电路或电动机回路中,一般配有用于监视的辅助触点。

在地铁供电系统中,MCB 小断路器广泛用于控制回路、联跳回路以及整流器的控制电源回路等。在直流系统中,电力检测或站内信号系统均对相应的 MCB 小断路器进行了监视,有些小断路器跳闸会导致直流高速断路器跳闸,如柜内的控制电源小断路器。因此,全面了解系统内 MCB 小断路器与主回路断路器跳闸之间的关联关系,对确保供电系统安全运营有重要意义。

3.2.3 城轨供电系统降压变电站继电保护

1. 变压器过负荷保护和过流保护基本原理

变压器过负荷保护是为了防止变压器由于过负荷而造成异常运行或引起变压器的过电流而设置的一种保护类型。由于一般情况下变压器的过负荷都是三相对称的,所以,过负荷保护往往只接入某一相电流,用一相电流继电器来实现,并延时作用于信号。对双绕组的降压变压器而言,保护一般安装在变压器的高压侧。

过负荷保护的动作电流按躲过变压器的额定电流来选取,即:

$$I_{Kact} = (K_{rel}/K_{re}) \times I_{TN}$$

式中　K_{rel}——为可靠系数,取 1.05;

　　　K_{re}——返回系数,取 0.85;

　　　I_{TN}——保护安装侧变压器的额定电流。

在动作时限上应比同一设备的过流保护动作时间长,一般取 8~10 s 即可满足要求。

过负荷保护是变压器保护中的另一种类型,它按躲过变压器可能出现的最大负荷 $I_{1 \cdot max}$ 为整定原则,因此应该考虑以下情况:

(1) 对多台并列运行的变压器,应考虑突然切除一台时出现的最大负荷,在各台变压器容量相同的情况下,可按下式求出负荷电流,即:

$$I_{1 \cdot max} = (n/n - 1) \times I_{N \cdot T}$$

式中　n——并列运行变压器的台数;

　　　$I_{N \cdot T}$——单台变压器的额定电流。

在保护整定计算时,还应引入可靠参数及参考继电器的返回系数,因此,启动电流可整定为：

$$I_{act} = (K_{rel}/K_1) \times I_{L \cdot max} = (Kre_{rel}/K_r) \times (n/n-1)I_{N.T}$$

式中　K_{rel}——可靠系数，常取 1.25；

　　　Kre——返回系数，常取 0.85。

（2）对降压变压器还应考虑负荷侧电动机自启动时的最大电流，此时还应引入电动机的自启动的系数 K_{ms}，即 $I_{c \cdot max} = K_{ms} \times I_{1 \cdot max}$。

其中电动机自启动的系数 K_{ms} 一般为 1.5~2.5，$I'_{1 \cdot max}$ 为正常运行时的最大负荷。

保护的灵敏度按最小运行方式下，在灵敏度校验点发生两相短路时的情况来校验，一般情况要求灵敏度系数 $K_{sen} \geq 1.25$。

在动作时限上，应与上、下级保护相配合，一般比上级保护低一个 Δt。

不论是过负载保护还是过流保护，均作为变压器的后备保护。

2. 变压器电流速断保护基本原理

在中、小容量的变压器中，瞬时电流速断保护可用作变压器的主保护。装设瞬时过流速断保护的目的是防止变压器一次绕组及其引线的短路故障。对于油浸式变压器，用电流速断保护与瓦斯保护配合，可切除变压器高压侧及其内部的各种故障。

由于变压器相当于一个集中阻抗，对于小容量的变压器而言，在一次侧引线端和二次侧引线端发生故障时，流过故障点的短路电流相差很大，当故障点在一次侧时，保护具有足够的灵敏度，但故障点发生在二次侧时，则灵敏度往往不够，这是电流速断保护的不足。在这种情况下，还需配备带有一定时限的过流保护作为后备，这样就可以将保护范围延伸到二次侧。

在变压器电流速断保护的整定计算时，一般以动作电流躲过最大运行方式时变压器二次侧母线的最大穿越短路电流为原则，其中计算公式为：

$$I_{op \cdot 1} = K_{rel} \cdot I''^{(3)}_{k2 \cdot max}$$

$$I_{op \cdot r} = K_{wi} \cdot \frac{I_{op \cdot 1}}{n_a}$$

式中　K_{rel}——可靠系数，常取 $K_{rel} = 1.3~1.4$；

　　　K_{wi}——接线系数，继电器接在相电流时，$K_{wi} = 1$，当继电器接在两相电流差动
　　　　　　或三角形接线时，$K_{wi} = \sqrt{3}$；

　　　n_a——电流互感器变比；

　　　$I''^{(3)}_{k2 \cdot max}$——系统在最大运行方式时，变压器二次侧三相短路，折算到一次侧的暂

态电流；

$I_{op.1}$——保护的一次动作电流；

$I_{op.r}$——继电器的动作电流。

同时，保护动作电流还应躲过变压器空载合闸时的励磁涌流。

电流速断保护的灵敏性通常按保护安装处发生两相金属性短路时流过保护装置的最小短路电流来校验。

3. 电力电容器继电保护的整定

电力电容器在电网中的主要作用是无功补偿，提高功率因素使发电机或变压器的有功功率得以提高。一般在供电系统中感性负载比较多，采用集中补偿方式的优点是损耗小，效率高，投资低，噪声小，使用方便，装设地点灵活，运行中维护量小，因此，在地铁 10 kV 变电站中，广泛采用了在 400 V 母线上并联电力电容器的办法来补偿无功功率。

目前，电力电容器组保护一般都采用熔断器与继电保护相配合的方式。对相间故障采用装设过流保护装置，启用速断及延时过流保护功能。对单相接地故障，则可采用装设零序电流保护装置予以预防。对电容器内部元件故障，根据一次接线的不同有多种不同的接线方式，本节对此不进行讨论。

在地铁的实际应用中，采用了整组保护熔断器加热继电器的方式来保护每一台电容器。所谓整组保护熔断器方式，是指在每一组电容器外装设一组 3 只熔断器。当某组电容内部出现击穿、在外部接线出现短路时，熔断器熔断，本组电容器将从电源中断开，退出运行。从而不影响其他组电容器的正常运行。装设热继电器的目的则是防止电容器过负荷运行，即在正常运行时，当电流达到某一定值，将按设定时限延时断开电容器与系统的连接，以防止电容器过热损坏。

对于整组保护形式的熔断器而言，额定电流一般按 1.3 ~ 1.8 倍的额定电流选定。热继电器的整定则一般取额定电流的 1.1 ~ 1.15 倍为宜，时间不超过 10 min。

4. 城轨供电系统降压变电站各级保护定值配合的基础计算实例

本节以上海地铁三号线江湾镇降压变电站为例来分析各级保护的整定配合，该站基本的参数如下：

10 kV 电力变压器的容量为 315 kV·A，短路阻抗（%）为 4.01，变压器最大负荷电流为 36.4 A。该降压变电站 10 kV、400 V Ⅰ 段部分电气图如图 3—30 所示。

（1）电力变压器断路器整定值计算。选取基准容量 S_b = 100 MV·A，则各基准电压及电流分别为：

第一段：$U_{bI} = 10.5$ kV

$$I_{bI} = \frac{S_b}{\sqrt{3}U_{bI}} = \frac{100}{\sqrt{3} \times 10.5} = 5.5 \text{ kV}$$

第二段：$U_{bII} = 0.4$ kV

$$I_{bII} = \frac{S_b}{\sqrt{3}U_{bII}} = \frac{100}{\sqrt{3} \times 0.4} = 144.3 \text{ kA}$$

变压器电抗标示值：$X_* = \frac{11\%}{100} \times \frac{S_b}{S_{T1}} = \frac{4.01}{100} \times \frac{100}{0.315} = 12.73$

$X_{*\Sigma} = 12.73$

短路电流标示值：$I_{*k} = \frac{1}{12.73} = 0.0786$

在Ⅱ段发生短路的实际短路电流：$I_{*k} \times I_{bII} = 0.0786 \times 144.3 \text{ kA} = 1134 \text{ A}$

选取灵敏度为2，则311断路器处保护定值 $I \gg$ 约为 $\frac{1134}{2} = 567$ A，电流互感器变比为 50/1，故二次侧电流为 $\frac{567}{50} = 11.34$ A，因二次额定 $I_N = 1$ A 故 $I \gg$ 整定为 $11.4 I_N$，选取速断时限为 0.035 s。

过流保护按躲过变压器的最大负荷电流为 36.4 A，取可靠系数 $K_{rel} = 1.5$，则过流定值 $I >$ 为 $1.5 \times 36.4 = 54.6$ A，换算至二次侧，其电流值为 $\frac{54.6}{50} = 1.09 \times I_N$（$I_N = 1$ A），记为 $I > 1.1 I_N$，取过流时限为 $t_1 \geq 0.4$ s。

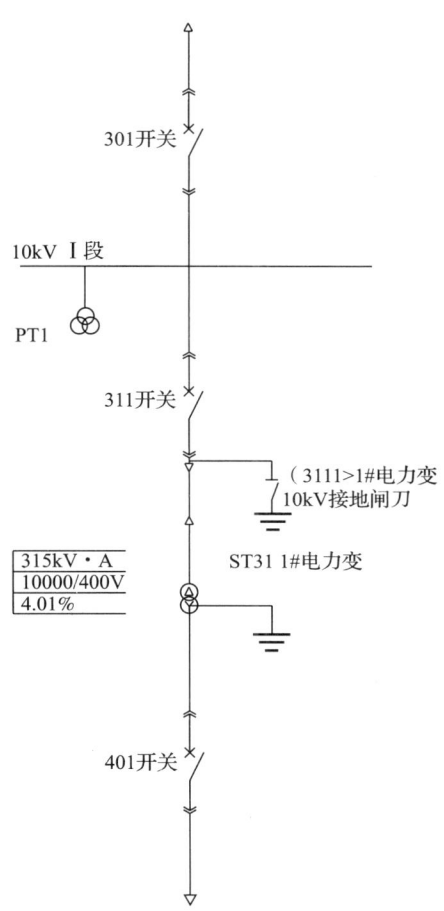

图3—30 降压变电站10 kV、400 V Ⅰ段部分电气图

（2）与上游10 kV断路器整定值的配合。根据降压站10 kV环网最大负荷电流说明，江湾镇10 kV进线断路器的最大负荷电流为50 A，而该断路器的定时限过流定值为 $I \geq 80$ A，$t_1 \geq 0.3$ s。因此，该断路器整定值的裕度为 80/50 = 1.6，故该断路器能可靠躲过系统的最大负荷电流。当其作为电力变311断路器的后备保护时，其灵敏度为 $K_{sen} = 1134/80 = 14.12$，此值大于2，因此，在311保护失灵时，301远后备保护均能

可靠动作。

在时限的配合上，301 过流保护动作时限设定为 0.3 s，而 311 保护的速断时限设定为 0.03 s。因此，在短路故障的情况下，301 及 311 保护均启动，但 311 保护先行动作切除故障点，故障切除后，301 保护自动复归，从而保证了保护的选择性。

（3）与下游 400 V 断路器整定值的配合。除了与 10 kV 进线配合外，311 保护的过流定值与下游 400 V 断路器保护配合，按躲过后端最大负荷电流为原则，且取一定的裕度。401 断路器长时限整定为 600 A，归算到 10 kV 一次侧电流为 24 A，因此，此时 311 过流保护整定值的裕度为 55/24 = 2.3，此值大于 2，能可靠躲过最大负荷电流，保护可靠不动作。

401 断路器短路电流设定为 8 × 600 = 4 800 A，时限为 0.1 s，归算至 10 kV 侧 311 处的稳定电流为 4 800/25 = 192 A。因此，在 401 后端发生短路的情况下，其灵敏度为 K_{sen} = 192/55 = 3.49，此值大于 2，能满足其作为 401 断路器远后备的要求。

3.2.4　城轨供电系统继电保护常见实例及故障处理

1. 城轨供电系统中运用的常见的计算机继电保护装置及功能

随着计算机技术的不断发展，计算机继电保护装在地铁供电系统中得到了长足的应用。以上海地铁为例，用到了 SIEMENS、ABB、SEG、ALSTON、SEL、Powerwell 等厂家的计算机继电保护产品。在诸多计算机继电保护中，往往具备了相当多的保护类型选择，但实际可能只运用了其中的一小部分功能，且往往配备独立的后备保护装置。

以 SIEMENS 数字式过流保护装置 7SJ63 为例，该继电器集成有如下功能：

（1）有多种保护类型供选择。

（2）各种输入、输出及系统信号的矩阵配置功能。

（3）带多个功能键和液晶屏，功能键的功能可通过 DIGSI 专用软件设置；同时，液晶屏可以显示单线图，电流、电压数值信号及查询时显示各种事件及故障记录。

（4）支持 CFC 语言编程，由此可灵活实现各种功能，如"四投三"功能。

（5）具有系统接口，支持 IEC60 870 – 5 – 103、DNP、Modbus、Profibus – DP 等通信协议，具有强大的组网能力，能方便接入电力监控自动化（SCADA）系统。

（6）支持整定值组切换。

其他品牌的计算机保护装置也具有类似的功能，不同之处仅在于配置或编程方式的不同。它们的核心都是通过计算机技术将各种保护功能集成到同一套综合保护装置上，故它们具有很多的共同特点，概括起来主要有：自动化程度高；功能先进；组网能力强;良好的交互性;维护方便。

计算机继电器的这些特点,使其在地铁供电系统中得到充分运用,但同时也对维护人员提出了更高的要求,它要求维护人员必须具备以下能力:对继电保护的专业知识;较强的计算机能力;具有一定的英文水平;具有良好的耐心和责任心。

2. 城轨供电系统降压变电站继电保护的配置实例

根据降压站继电保护的不同类型,分别配置了不同类型的继电器,除一号、二号线外,三号、四号线均采用了功能先进的计算机保护装置。以 F650 为例,该型计算机保护装置已具备了多组保护供选择,用于适应各种运行方式下的保护定值切换,具有强大的逻辑编程功能,并具有系统接口,支持 Modbus/TCP – IP、IEC60 870 – 5 – 104、DNP3.0 等通信协议,具有较强的组网能力。用户可根据需要灵活选择系统参数,以及打开或关闭包括过流、零序电流在内的多种保护功能。以四号线为例,各断路器柜的 F650 或 F35 通过与远动系统对接,实现与控制中心及站内中央信号屏之间的数据转换。如图 3—31 所示是城轨供电降压站内的 10 kV 系统网络拓扑图。

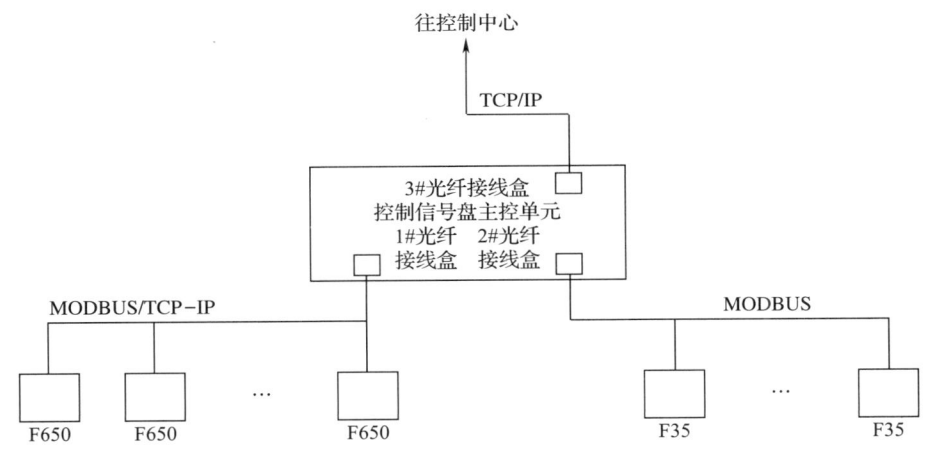

图 3—31　城轨供电降压变电站内的 10 kV 系统网络拓扑图

3. 继电保护装置常见故障的处理

(1) 由于定值整定问题导致的故障

1) 由于电力系统参数或元器件的参数的标称值与实际值有出入,有时两者的差别比较大,则可能导致计算机的定值与实际有较大偏差。因而有可能导致实际运行中的误跳闸,解决的办法是适当提高整定值,但应与灵敏度配合起来考虑。

2) 设备整定的错误。这类故障一般是由于工作人员不仔细,检查手段滞后,导致错误整定而引发跳闸,解决的办法是在现场整定时须认真操作,仔细核对,尤其是要找好校验点,才能避免失误。

3)由于定值的漂移导致误跳闸。引起定值漂移的因素很多,如温度、电源、元器件老化、元器件的损坏等。发生这种情况时,应检查定值的偏差是否在许可范围之内,一般应≤5%。当≥5%时,应查明原因,处理后方可将保护投入使用。

(2)回路绝缘损坏导致的故障

1)因二次回路绝缘引起的故障,如某一运行中的保护,机箱后部跳闸插件板的背板接线距离很近,在跳闸触点出线处只有2 mm,由于静电作用,导致灰尘聚集在接线焊点的周围,在潮湿环境条件下,两焊点绝缘击穿,结果导致跳闸事故发生。为避免此类故障,应尽可能在设计或施工中考虑焊点距离不要太近,并做好日常的维护清洁工作,保持二次回路绝缘良好

2)"mn"回路接地引起的断路器跳闸如图3—32所示。"mn"回路接地使断路器跳闸,"mn"回路接地前,绝缘检查回路上的两电容电压对称,均为110 V,但"mn"接地后C1继续充电,C2放电。当跳闸线圈LT动作电压小于110 V时,回路"mn"接地将使得LT动作跳闸。这种故障只有通过提高二次回路绝缘水平,消除接地来解决。

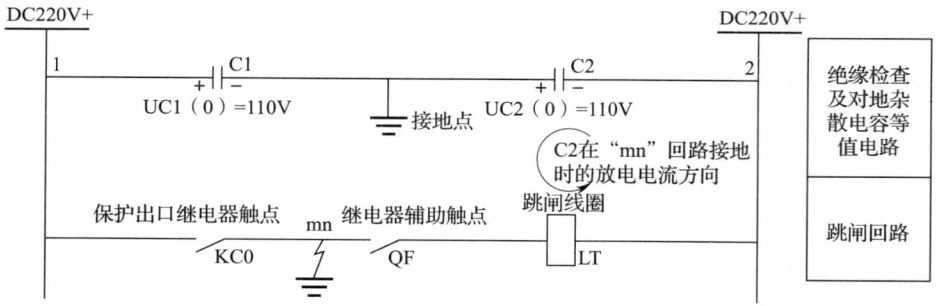

图3—32 "mn"回路接地导致跳闸的原理图

3)由接线错误引起的保护误动作或拒动,发生这种情况时,应检查设计图样及接线,确保图样正确,接线正确,在新建或改建时,应通过试验的手段检验接线的正确性。

4)由于误碰或误操作引起的保护误动,这类故障的发生,往往是违章操作所致,因此,预防这类事故的关键是要根据运行检修规程开展工作。

5)设备的抗干扰性能差导致保护误动,运行经验表明电磁型、整流型的保护抗干扰性能比晶体管保护,集成电路保护以及计算机保护要好。集成电路保护的抗干扰问

题尤为突出。因此，站内应严格限制使用无线电通信设备，同时做好相应的屏蔽措施，减轻因操作、冲击负荷、变压器励磁涌流等因素带来的干扰。

6）由工作电源引发的问题。在地铁供电运行过程中，应注意出现直流屏直流电源故障而导致跳闸的情况。因此，加强对直流系统的维护也是应该重视的问题。只有这样，才能减少因直流屏电源电压过高或过低而引发的保护误动作问题。

总之，引起继电保护的故障原因有很多，应根据故障的情况进行具体分析。

理论知识复习题

一、判断题（将判断结果填入括号中，正确的填"√"，错误的填"×"）

1. 常用电磁类继电保护装置可以用大电流冲击。用 50 A 以上的大电流冲击，触点应接触良好，应不抖动、鸟啄；舌片间隙无卡住现象；动触点在静触点上滑动不超过其触点长度的 2/3。（   ）
2. 电磁类差动继电器主要由一种特殊的变压器和电流继电器构成。（   ）
3. 电磁类差动继电器内的变压器是一个三柱式速饱和变压器。（   ）
4. 定时限过流保护和反时限过流保护的区别是，前者是定时的，而后者是不定时的。（   ）
5. 变压器差动保护是一种反应于变压器内部故障的保护类型。（   ）
6. 变压器在穿越性故障的情况下，能够可靠地动作。（   ）
7. 车站断路器在整定的动作电压值上比框架保护的动作电压要低。（   ）
8. 电流型框架保护会联跳 35 kV 进线断路器。（   ）
9. 当一台整流变压器 35 kV 断路器跳闸后，另一台整流变 35 kV 断路器不会联跳。（   ）
10. 变压器温度保护是针对过电流。（   ）

二、单项选择题（选择一个正确的答案，将相应的字母填入题内的括号中）

1. 电磁类差动继电器内采用的变压器是（   ）。
   A. 双线圈变压器　　　　　　B. 升压变压器
   C. 降压变压器　　　　　　　D. 速饱和变压器
2. 当二次回路额定电压为 220 V 时，选用（   ）V 的兆欧表来进行测量。
   A. 500　　　　B. 1 000　　　　C. 1 500　　　　D. 2 500
3. 电磁类差动继电器内的变压器中间柱绕有（   ）。

A. 差动线圈和平衡线圈　　　　B. 差动线圈和二次线圈
C. 一个差动线圈和两个平衡线圈　D. 一个差动线圈和两个二次线圈

4. 电磁类差动继电器内的变压器两个边柱上的差动线圈是（　　）连接。

A. 串联　　　B. 并联　　　C. 正向串联　　　D. 反向串联

5. 电磁类差动继电器内的变压器两个边柱上的二次线圈是（　　）连接。

A. 串联　　　B. 并联　　　C. 正向串联　　　D. 反向串联

6. 定时限过流保护是一种（　　）来整定的保护类型。

A. 按躲过最大负荷电流　　　　B. 按最小运行方式下的接地电流
C. 按最小运行方式下的接地电流　D. 正常运行方式下的接地电流

7. 反时限过流保护通常用于（　　），作为主保护或后备保护。

A. 低压用户供电线路上　　　　B. 负荷较大的供电线路上
C. 双侧电源供电的终端线路　　D. 单侧电源供电的终端线路或电动机上

8. 反时限过流保护的动作时限与短路电流密切相关，短路电流越大或故障点（　　），动作时限（　　）。

A. 越近　越短　　B. 越远　越长　　C. 越远　越短　　D. A或B

9. 变压器差动保护是一种反应于变压器（　　）的保护类型。

A. 内部故障　　B. 外部故障　　C. 线路故障　　D. 内部气体故障

10. 当变压器差动保护采用电磁类差动保护继电器，在变压器空载合闸时，（　　）线圈产生的作用使得差动保护不受变压器励磁涌流的影响而误动。

A. 二次线圈　　B. 制动线圈　　C. 工作线圈　　D. 平衡线圈

测试题答案

一、判断题

1. √　2. √　3. √　4. ×　5. √　6. ×　7. ×　8. ×
9. √　10. ×

二、单项选择题

1. D　2. B　3. C　4. D　5. C　6. A　7. D　8. D
9. A　10. B

第 4 章

变电所交直流系统

学习目标

- ☑ 掌握直流系统的组成
- ☑ 掌握所用电交直流系统的配置
- ☑ 掌握蓄电池定义及分类
- ☑ 掌握蓄电池原理

知识要求

4.1 变电所交直流系统

4.1.1 直流系统的组成

直流电源主要由充电装置、蓄电池、馈线屏三大部分组成，直流电源应可靠、安全地供电，在发生事故情况时保证供电不间断，同时为供电设备提供控制、保护、通信和应急照明电源。为了使直流电源能正常工作，还设置了辅助设备，如直流绝缘监视、蓄电池电压监视等。

1. 直流充电装置

直流充电装置主要由充电装置模块、浮充机模块、充电控制模块、替代浮充机自动替换电路、输出电路等构成。它们的功能是将交流电转换成直流电。在这个过程中直流充电装置的电压输出要求平稳、可调、可靠，满足蓄电池在不同充电阶段对电流、电压的不同要求，且直流电压波纹在规定的要求范围内。目前使用的充电装置主要有磁饱和充电装置、移相式充电装置、高频断路器电源。其中，磁饱和充电装置已较少使用（但在上海地铁中仍有较多)，高频断路器电源在直流系统中的使用正日益普及。它在自动控制方面大量使用计算机技术，与监控器一起组成一个自动化监视和控制度更高的系统。

直流充电装置正常运行时，由浮充机对控制母线供电及对蓄电池进行长期浮充电，当需要对蓄电池充电时由充电机进行，如果充电机发生故障，浮充机可以自动替换。

整个充电过程是由恒流源工作状态转为恒压源工作状态，再转为均衡充电状态，最后转为长期浮充电状态。这些转换充电控制模块全程自动控制，中间只要有一个环节发生故障就会发出报警。

2. 蓄电池

蓄电池的作用是储存电能，平时处于浮充状态，变电站全部失电时，能够对直流控制母线供电及为应急照明提供电能。蓄电池主要分成酸性和碱性两大类。在电力系统直流电源中，阀控式密封铅酸蓄电池占绝大多数，主要是因为它的性价比高、运行维护简单。

3. 馈线屏

馈线屏结构与直流控制母线结构、馈线保护、直流供电方式有关，对馈线屏的要求是运行可靠，平面布置简单明了，电源走向一目了然，负载名称清晰准确。直流电源负极不直接接地，避免当绝缘不良时构成寄生回路，造成保护误动作和电源短路，也避免了一次电网系统大电流接地时对直流电源的高压反击。

4. 辅助设备

辅助设备主要由交流Ⅰ/Ⅱ路进线自切装置、直流系统绝缘监视器、蓄电池监视器、蓄电池活化装置、数据通信和监控报警装置、仪器仪表显示器等组成。

4.1.2 交直流系统中各类表计配置

1. 交流电压表

交流电压表用于监视交流进线电压是否正常、是否缺相，一般使用一个电压表通过手动和自动方式显示三相交流电压。

2. 充电装置和浮充电装置输出电压表

充电装置和浮充电装置输出电压表用于监视充电装置和浮充电装置输出直流电压变化。通常浮充电装置输出电压值应大于蓄电池浮充电压，留出一定的差值，以便需要时可以调整。充电装置的输出电压一般等于蓄电池的充电电压。

3. 充电装置和浮充电装置输出电流表

充电装置和浮充电装置输出电流表用于监视负荷电流和充电装置以及浮充电装置的电流。在正常运行时，蓄电池的浮充电流很小，为 $2\sim3$ mA/AH。充电刚开始时电流较大，充电装置恒流输出电流，对于阀控铅酸蓄电池来说，充电电流应为 0.1 C；对于镉镍碱性蓄电池来说，充电电流应为 0.2 C，随着充电的深入，充电电压为一个恒定值，充电电流逐渐减小。

4．蓄电池电压表

蓄电池电压表用于监视蓄电池组端电压。充电时蓄电池组端电压应与充电装置输出电压相同，放电时则通过该电压表可监视蓄电池放电电压。浮充时若读不出电压，应怀疑蓄电池熔丝是否熔断。

5．蓄电池电流表

蓄电池电流表用于监视蓄电池在各种运行状态下的电流变化情况，应选用精度较高的电流表，能显示小数点后面两位，便于在运行中看出浮充电流大小。对于密封阀控铅酸蓄电池来说，保证蓄电池充电电流不大于规定值是保证蓄电池安全运行的一个非常重要的技术指标。当蓄电池充电时，蓄电池电流表显示充电电流，若超过最大充电限流值，应考虑是否终止充电，或者进行调整。

6．浮充电流表

除了充电电流表外还有浮充电流表，应选用精度较高的电流表，能显示小数点后面两位，便于在运行中看出浮充电流大小。在稳态的情况下此电流过大，往往代表蓄电池性能下降或发生热失控现象。要注意的是，不能用霍尔传感器来采样此电流，因为霍尔传感器引用的误差精度在零位附近绝对误差较大，以至于无法判读蓄电池浮充电流的准确数值，一般只能是用电流分流器对蓄电池电流采样。

高频断路器电源的直流稳定度很高，显示几百毫安的充电电流应该非常平稳，当发现电流不稳定时一般说明断路器电源模块或控制模块开始出现问题。磁饱和控制充电装置电压稳定精度较差，浮充电流表在零位附近左右晃动，也算正常，但一般晃动幅度不会大于 0.5 A。

7．母线电压表

母线电压表用于监视母线电压，尤其是馈线屏上的母线电压表是能够证明直流电源是否正常工作的一个观察哨。

8．波纹表

波纹表用于监视直流母线波纹。由于直流母线波纹的频率范围相当宽，从 50 Hz 到几百千赫，所以该表应该是一个宽频表，测量的数值是一个各种频率的综合平均值。从实际运行经验来看，当现实的波纹值与过去有较大的增长时说明直流电源质量在下降。可能发生的原因有：相控电源触发脉冲漏失，滤波电容损坏，个别直流负载的电磁兼容性能差，其对外干扰通过电源连线向电源倒送、交流电源窜入直流系统等，应针对具体情况进行分析。

如图 4—1 所示为交流屏。

图 4—1 交流屏

4.2 蓄电池

4.2.1 蓄电池的充电

1. 恒流充电

用调整整流装置输出电流大小的办法来实现充电电流自始至终恒定不变。数量较多的电池串联组最适合这种方法，若有落后电池其容量也易于恢复。这种方法宜用小电流长时间对电池充电。这种充电方式不足之处是：对蓄电池而言，开始充电阶段充电机输出电流相对不足，而在充电后期充电电流又相对过大，整个充电时间长，析出气体多，对极板冲击大，能耗高，充电效率不超过66%。免维护蓄电池不宜使用此种方法。鉴于这样的缺点，除非蓄电池需要长时间小电流进行活化充电外，已经较少使用，这种方法的充电时间一般在15 h以上。为了弥补这一缺陷，恒流充电通常是分段恒流充电，以避免充电后期电流过大,在充电后期把电流减小。此法也叫递减电流充电法。

2. 恒压充电

充电机以恒定电压输出对每只电池进行充电,在充电初期电流相当大,随着充电的进行,充电电流会逐渐减小,到充电终期只有很小的电流通过。这样在充电过程中就不必调整电流,此法较简单。由于充电电流自动减小,因此充电过程中析出气体量较小,充电时间短,耗能低,充电效率可达80%以上。如充电电压选择恰当,可在 8 h 内完成充电。此法缺点是:(1)在充电初期,对于放电过深的蓄电池,充电电流就会很大,这不仅危及充电装置安全,蓄电池也因过流而受到损伤;(2)如果充电电压选择过低,后期充电电流又会过小,导致充电时间过长,不适合串联数量多的电池组充电;(3)充电过程中对于蓄电池端电压的一致性很难补偿,落后的电池完全充电很难完成。恒压充电一般应用在电池组电压较低的场合。

3. 限流恒压充电

限流恒压充电是在充电机输出端子与蓄电池之间串接一限流电阻。充电初期当电流较大时,限流电阻上的电压降也大,从而减小了充电电压;充电后期电流较小时,限流电阻上的电压降也很小,充电设备输出电压降损失就小。这样就自动调节了充电电流,使之不超过某个限度,充电初期的电流得到了控制。此法可以弥补恒压充电的缺陷。

4. 快速充电

快速充电是通过专用的充电设备提供脉冲电流和负脉冲输送给电池,并随着充电时间的延续,电池有一个瞬间的大电流放电(称为负脉冲),使电极去极化。此法可以在短时间内将蓄电池充足电,既不用恒流大电流,也不用较高的恒定电压,可以避免蓄电池很快升温,不会损伤电极及浪费电能,充电时不产生大量的气体且不发热,达到了缩短充电时间的目的。

5. 智能充电

利用智能化技术,动态跟踪电池的实际状态和可接受充电电流的大小,不断测量蓄电池端口 dU/dt 的变化,使充电机的输出始终符合蓄电池的充电曲线。充电电流从自始至终处在电池可接受的充电电流曲线附近,对于铅酸蓄电池,在后期 dU/dt 很小,于是充电完全,dU/dt 就越小,只要确定了 dU/dt 值,充电深度就基本确定。这样来判断终止的条件是比较科学的,既不会过充,也不会欠充。在恒压限流的充电技术中,后期采用 dU/dt,可以克服恒压限流易于产生落后电池的缺点。不同体系蓄电池的充电特性曲线如图 4—2 所示。

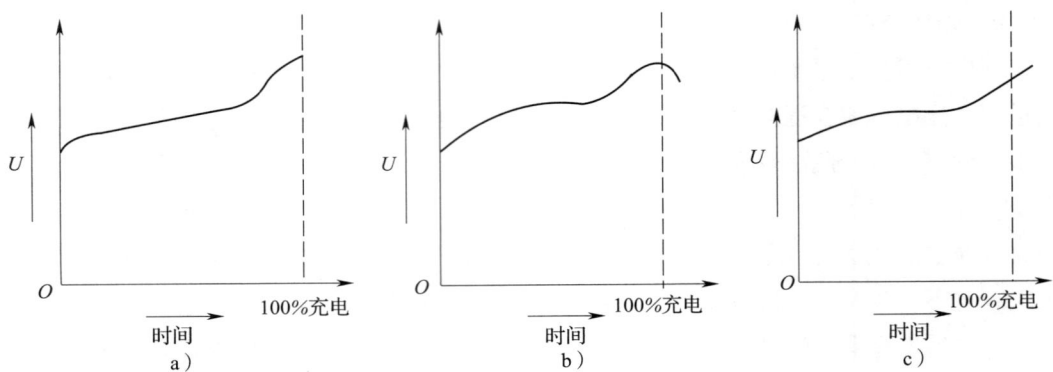

图4—2 不同体系蓄电池的充电特性曲线
a）铅酸蓄电池 b）碱性蓄电池 c）氢镍蓄电池

6．均衡充电

尽管蓄电池的全组电池都处在同样的条件下运行，但由于蓄电池内部情况的种种差别，总会产生一些落后的蓄电池。对此，采用均衡充电的方法来消除电池之间的差别，以达到全组电池的均衡。均衡充电实际使用小电流（1/20 $C_{20}A$）进行 1~3 h 的过充电过程，所以均衡充电不能频繁进行。当然，均衡充电不只限于上述情况，当出现以下情况时也要进行均衡充电：（1）浮充机退出运行，蓄电池组担负直流负荷；（2）由于某种原因迫使蓄电池组以较大电流放电；（3）放电后未能及时进行充电；（4）发现个别电池电压、电解液密度偏低，全组电池产生差别。

7．补充充电及初充电

当蓄电池搁置一段时间后，会有一点自放电，此时需要进行适当的补充充电。对于新蓄电池，在投入使用前要按使用说明书的规定加入电解液，进行小电流长时间的初充电。

4.2.2 蓄电池的维护

1．铅酸蓄电池的维护

（1）蓄电池必须始终保持清洁。

（2）和外界保持隔离，以免任何外来杂质落入蓄电池内。

（3）使用的一切工具、材料必须干净、整洁，保存妥善不被污染。

（4）必须定期擦净蓄电池。

（5）各单体电池间的连接线必须安全可靠。

（6）蓄电池的密封盖和通气栓塞必须检查及清洁。

（7）经常检查电解液面的高度，不要让极板和隔板露出液面。

（8）必须保持电解液的正常浓度，而且只能在蓄电池充电时进行。

（9）放电过程中要经常检查各单体电池端电压和电解液浓度，密切注意蓄电池的放电程度。

（10）绝不允许电解液浓度和端电压低于其要求。

（11）始终保持放电电流低于制造厂家的规定。

（12）电解液温度始终低于说明书的规定值，不允许超过45℃。

（13）充电电流必须低于制造厂家的规定值。

（14）按规定定期进行均衡充电。

（15）蓄电池如需长期搁置，为了避免过度自放电和严重的硫酸盐化，应每月进行一次补充电。

2. 镉镍碱性蓄电池的维护

（1）以干态出厂的开口电池使用前先按需要灌注足量的电解液，然后充电。其他镉镍电池均以放电态出厂，使用前必须对电池充电。

（2）严禁将镉镍碱性电池与酸性蓄电池以及其他酸性物质接触；保持电池存储室通风和干燥；室温宜控制在25±10℃。

（3）定期更换电解液，以免开口电池在使用过程中，电解液在空气中的二氧化碳作用下生成导电较差的碳酸盐，增大电池的内阻，影响性能。通常情况下，当电解液中碳酸盐超过50 g/L时，须要更换新的电解液。通常按正常充放电使用时，每100次全充放循环可更换一次电解液。不使用的电池最好以干态储存。

（4）通常情况下，蓄电池使用过程中可实行正常的充放电制度。但开口电池充电前需要检查电解液液面，必要时应补充加水并调整其浓度；充电应在20℃±5℃的条件下，以 $0.2C_5A$ 的恒流充电，时间为7~8 h；充电后期应开启气塞，充电结束后10 min将气塞拧紧，以防止电解液与空气接触。保持电池壳体清洁，充电时溢出的电解液应及时擦净。密封电池严禁倒置充电，因倒置充电可能使气体无法排出而爆炸。镉镍密封电池常规充电在20℃±5℃的环境温度下，以 $0.1C_5A$ 的恒流充电16 h；同时也允许在急用的情况下用 $0.2C_5A$ 充电6 h，常温下充电电压不能超过1.6 V，否则停止充电或转为小电流充电。镉镍电池严禁过放电。

（5）禁止电池正负极短路。在蓄电池柜内工作使用的工具应进行绝缘包扎，避免金属工具接触电池的正负极接线柱,以防短路烧伤。

4.2.3 铅酸蓄电池的结构和原理

铅酸蓄电池分为富液式和贫液式两种,其基本结构相同,电化学反应原理相同。如图 4—3 所示为铅酸蓄电池结构。铅酸蓄电池的结构组件有正极板、负极板、电解液、容器外壳、引出正负极板的极柱等。

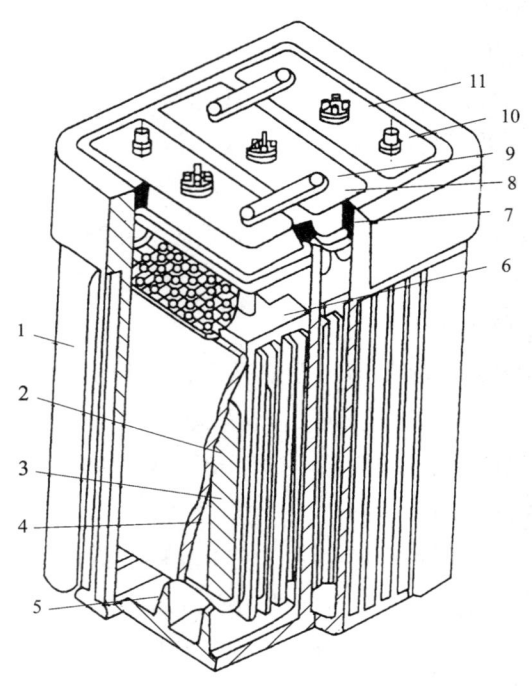

图 4—3 铅酸蓄电池结构(外连接式)
1—电池槽 2—负极板 3—正极板 4—隔板 5—鞍子 6—汇流排
7—封口胶 8—槽盖 9—连接条 10—极柱 11—排气栓

1. 富液式铅酸蓄电池

富液式铅酸蓄电池极板可分为涂膏式和管式两种。涂膏式极板是将活性物质铅膏涂在铅锑合金制成的板栅上,阳极上的铅膏为褐色的二氧化铅(PbO_2),阴极上的铅膏为灰色的铅棉(Pb)。涂膏式极板如图 4—4 所示。

管式极板如图 4—5 所示。正极是在玻璃丝套内灌入铅粉或将铅膏挤入,玻璃丝套为多孔性,使用玻璃纤维编织后经树脂固化而成。

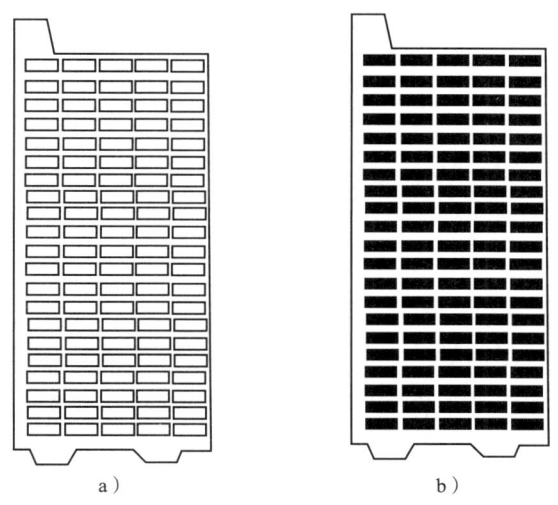

图 4—4 涂膏式极板
a) 极板栅架　b) 涂有活性物质的极板

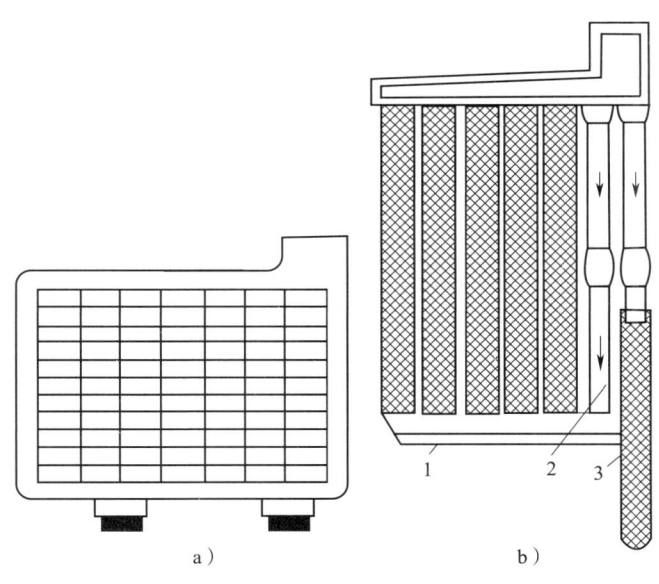

图 4—5 管式极板
a) 板栅结构　b) 管栅正极板
1—封底　2—筋条　3—套管

蓄电池的总板数总是不小于 3 的奇数，铅酸蓄电池布置在两侧的负极板比正极多一块，以防止正极板易于翘曲变形。各正极板、负极板均有极耳通过汇流排连在一起组成正、负极板群,正、负汇流排通过极柱引出壳体外形成正、负极连线端,正、负极板之间都用微孔橡胶隔板或塑料隔板隔开。

2. 电解液

电解液是用浓硫酸(H_2SO_4)与纯水配制而成的稀硫酸溶液。通常富液式铅酸蓄电池电解液在15℃时的密度为1.21。

3. 壳体及其他组件

电池壳体一般用玻璃、塑料或硬橡胶等制成。

4. 铅酸蓄电池电化学原理

(1) 电解液的作用:一是用于正、负极上活性物进行电化学反应;二是用于充电或放电过程中电池内部产生导电离子;三是浸润正极板和负极板,使活性物质微孔中有足够的电解液。通常铅酸蓄电池应该有较多的电解液淹没极板,以保证蓄电池的正常运行。

(2) 充电过程:电池接通外电路,在充电设备的作用下,电子由电池的正极经外电路流入电池负极,外电路中便产生电流。而在铅酸蓄电池内部 HSO_4^- 离子则离开负极向正极迁移,H^+ 则离开正极向负极迁移,所以电池内部由于离子的定向运动也形成了电流。铅酸蓄电池充电反应原理如图4—6所示。

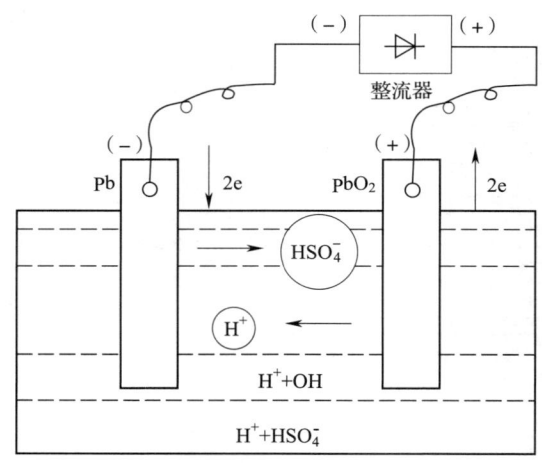

图4—6 铅酸蓄电池充电反应原理

依据双硫酸化理论:铅酸电池释放化学能的过程(放电)是负极进行氧化,正极进行还原的过程。蓄电池补充化学能(充电)的过程则是负极进行还原,正极进行氧化的过程。电池开路状态,负极或正极的反应将趋于稳定(指氧化速率和还原速率趋于相等），进而使两极电位达到稳定值，此时的电极称为平衡电极。

铅酸蓄电池放电反应原理如图4—7所示。

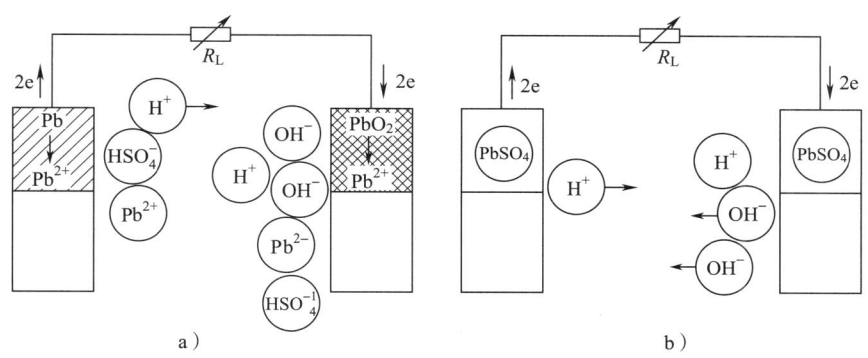

图4—7　铅酸蓄电池放电反应原理
a）放电初始　b）放电终了

放电初始：负极上有活性物质 Pb^{2+} 离子和电子，电子定向转移至外电路，Pb^{2+} 溶于电解液。正极上活性物质 PbO_2 在获取外界电子后，电离为 Pb^{2+} 与 HSO_4^- 在电极表面生成 $PbSO_4$ 沉积层，电解液内 $2OH^-$ 与正、负极反应释放出来的 $2H^+$ 化合成水。显然，铅酸蓄电池放电过程消耗了活性物质 Pb、PbO_2、HSO_4^-，而两电极上生成产物为难溶物质 $PbSO_4$ 和导电性差的 H_2O，将化学能转换成电能。铅酸蓄电池放电过程的电极反应流程如图4—8所示。

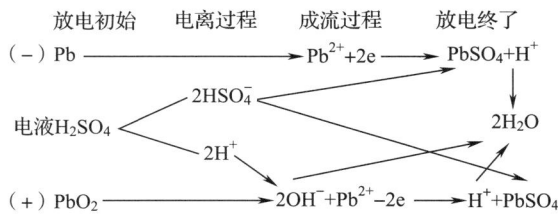

图4—8　铅酸蓄电池放电过程的电极反应流程

4.2.4　阀控式铅酸蓄电池

1. 阀控式铅酸蓄电池定义

顾名思义，对于电化学反应产生的气体由控制阀来排出，所以蓄电池盖子上设有单向排气阀（也叫安全阀），使用期间不加酸、不加水维护，电池为密封结构，不会漏酸，也不会排酸雾，当电池内部气压升高到一定值时，排气阀打开，排出气体，于是电池内部气体压力降低，控制阀门自动关闭，防止空气进入电池内部。由于厂商将阀控式铅酸蓄电池称为免维护电池，造成用户在认识上有一些误区，一般在使用期间不用维护，任其自然运行。而实际运行证明这个观点是错误的。阀控式蓄电池由于自身设计的特点，对环境和充电装置设备要求比一般蓄电池更苛刻。所以阀控式铅酸蓄电池并不是不需要维护，而是在运行期间更需要监控和维护。

2. 阀控式铅酸蓄电池分类

阀控式铅酸蓄电池可分为 AGM 和 GEL（胶体）两种：AGM 采用吸附式玻璃纤维作隔膜，电解液吸附在极板和隔膜中，贫液设计，电池内无流动的电解液，电池可以立放，也可卧放；GEL（胶体）采用 SiO_2 作凝固剂，电解液吸附在极板和胶体内，一般立放工作。若无特别说明，铅酸蓄电池皆指 AGM 电池。

3. 阀控式铅酸蓄电池优点

阀控式铅酸蓄电池无漏酸跑液，维护工作量低，基本无酸腐蚀、无爬酸的现象，绝缘良好，运行期间只有少量的氧气析出，它的电特性与传统的铅酸蓄电池一样。其与传统的铅酸蓄电池的区别如下：

（1）无液态硫酸。

（2）整个壳体采用密封结构，正常情况下无气体析出，基本无水分丢失。

（3）设置过压阀控元件，保证蓄电池运行安全。

（4）电解液浓度高于富液式铅酸蓄电池，也正因为浓度较高，所以阀控式密封蓄电池浮充电电压略高于富液式铅酸蓄电池。

（5）负极容量相对正极容量过剩，使其具有吸附氧气并将其化合成水的功能，以抑制氢氧气体发生速率。

（6）阀控式密封蓄电池充电最高电压低于富液式铅酸蓄电池，前者最高 2.4 V，后者可达 2.8 V。

4. 阀控式密封蓄电池氧复合原理

阀控式密封蓄电池的负极采用活性物质的过量设计，如负极板总是比正极板多，这样正极在充电后期产生的氧通过空隙扩散到负极，与负极板上的海绵状铅发生反应变成水，使负极处于去极化状态或充电不足状态，达不到析氢过电位，所以负极不会由于充电而析出氢气，电池失水很小，所以使用期间不需要加水维护。

在阀控式铅蓄电池中，负极起着双重作用，即在充电末期或过充电时，一方面是极板中的海绵状铅与正极产生的 O_2 反应而被氧化成一氧化铅;另一方面是极板中的硫酸铅又要接受外电路转过来的电子进行还原反应,由硫酸铅反应成海绵状铅。在电池内部,若要使氧的复合反应能够进行,必须使氧气从正极扩散到负极。氧的移动过程越容易,氧循环就越容易建立。

在阀控式蓄电池内部,氧以两种方式传输:一是溶解在电解液中的方式,即通过在液相中的扩散,到达负极表面;二是以气相的形式扩散到负极的表面。传统富液式电池中,氧的传输只能依赖于氧在正极区 H_2O 溶液中溶解,然后在液相中扩散到负极。

如果氧呈气相在电极间直接通过开放的信道移动,那么氧的迁移速率就比单靠液相中扩散大得多。充电末期正极析出氧气,在正极附近有轻微的过压,而负极化合了氧,产生一轻微的真空,于是正、负极间的压差将推动气相氧经过电极间的气道向负极移动。阀控式铅蓄电池的设计提供了这种通道,从而使阀控式电池在浮充所要求的电压范围内工作,而不损失水。对于氧循环反应效率,在贫液状态下氧复合效率可达 99% 以上;富液式电池几乎不建立氧再化合反应,其密封反应效率几乎为零。

4.2.5 充电装置

1. 充电装置的分类及性能

由电力电子器件组成的充电装置从 20 世纪 70 年代至今经历了三代。其中,第一代是磁饱和稳压充电装置,这种充电装置至今仍然在广泛使用。第二代相控充电装置从 20 世纪 90 年代投入运行以来又经历了分立式电路到集成电路,再到数字逻辑电路,到 20 世纪 90 年代后期有些厂家推出了计算机相控电源。现在第三代的是高频断路器充电装置正不断普及使用,它的直流输出技术和性能全面优于前两代充电装置,在控制方面采用计算机技术进行监控,使充电装置在直流监测、蓄电池管理、自动化通信等各方面性能达到了比较理想的状态,能轻易完成所有现场运行需要的功能。充电装置性能比较见表 4—1。

表 4—1 充电装置性能比较表

功能 充电装置类型	磁饱和充电装置	相控充电装置	高频断路器充电装置	功能 充电装置类型	磁饱和充电装置	相控充电装置	高频断路器充电装置
输出稳压功能	有	有	有	蓄电池限流	有	部分有	有
输出稳流功能	有	有	有	蓄电池温度补偿	无	无	有

续表

功能 充电装置类型	磁饱和 充电装置	相控充 电装置	高频断路器 充电装置	功能 充电装置类型	磁饱和 充电装置	相控充 电装置	高频断路器 充电装置
输出限流	无	有	有	运行参数设置及显示	无	无	有
过流保护	有	有	有	运行测量数据遥测	无	无	有
过压保护	有	有	有	遥信报警	有	有	有
定期均浮充转换	无	部分有	有	运行遥控及遥调	无	部分有	有

2. 磁饱和充电装置原理

（1）磁饱和相控充电装置基本原理。通过调节串联在交流输入回路的电抗大小，使加载到变压器一次侧的交流输入电压发生变化，以引起变压器的二次侧电压也随之发生变化。调节变压器的一次侧交流电压，使经整流后输出直流电压随之发生变化，满足调整直流电压输出要求。磁饱和充电原理如图4—9所示。

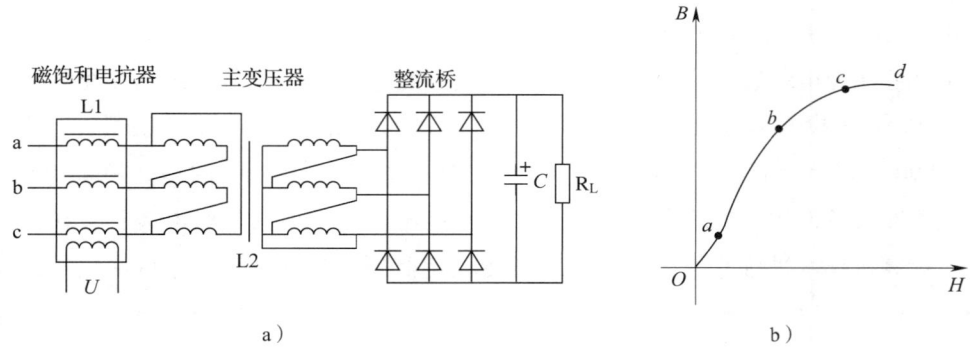

图4—9 磁饱和充电原理图
a）磁饱和充电机主回路 b）磁场强度和磁感应强度关系

L1是可调电抗，改变其电抗值就可调节主变压器输入端的电压。当反馈电压输入至电抗器上叠加的直流助磁线圈，使得电抗铁芯磁化而改变电感大小。铁芯在不同的磁场强度H下对应的磁感应强度B的曲线如图4—9b所示。

当磁场强度从零增大时，磁感应强度B随磁场强度H增加较快，之后磁感应强度B随H的增加迅速线性增加，c点为饱和点。过了饱和点，铁磁材料的磁导率也趋近于

μ_0 了。可变电抗的铁芯磁路工作在 bc 段,也就是铁芯工作在近饱和工作区段,在这段工作区电感的变化最大,这也是称为磁饱和的缘由。

(2) 磁饱和相控充电装置典型电路原理分析。在城市轨道变电站中 GZD-3 系列直流屏是比较典型的一种,其充电装置输出电压自动调节是靠磁饱和电抗器来实现的,而磁饱和电抗器的输入电压的调节又是依靠相控式整流装置来实现的,可以说这种充电装置结合了磁饱和和相控式充电装置的优点,性能稳定、可靠性高、经济、易于维护,是一种较为理想的直流电源,能满足变电站的控制电源、操作电源及应急照明等的需求。

它由一屏或多屏组成,充电浮充电装置、电池全部装于屏内。一套两台充电浮充电装置正常工作时,浮充电装置作为恒压源对控制母线供电及对电池长期浮充电;充电装置作为恒流源对电池进行充电,当充电电压上升到电池终止电压时,自动地从恒流源工作状态转为恒压源的工作状态,对电池进行均衡充电。均衡充电结束后自动关机。当浮充电装置发生故障时,充电装置自动启动,替代浮充电装置工作。

采用免维护铅蓄电池,电池的充电采用 0.1C 的恒流充电,恒流精度 ≤ ±5%,并采用两套三种充电终止控制形式,当电池组达到终止电压时能自动停止充电装置,转入长期浮充电。

不论在何种状态,交流失电时能无间隙地使电池自动向母线供电。能在无人值班的状态下工作,全部采用自动控制,同时还设有整套的手动操作功能,具有多路输出,供控制、合闸、信号、继电保护、事故照明和应急使用,还具备交流失电、交流缺相、母线接地、欠电压、过电压、浮充装置故障音响报警功能、绝缘监察、闪光试验等各项自检功能。为了方便用户对电池进行维护,设有电池活化装置。

1) 主电路工作原理。直流屏具有双路交流进线电源的机型。主电路工作原理图如图 4—10 所示。

两路交流电源分别经过输入空气断路器(QS1、QS2),以第一路优先供电为主,交流接触器(K7、K9)是第一路的断相保护,交流接触器(K8、K10)是第二路的缺相保护,交流接触器(K11)保证两路自切以第一路为主,相序不短路。

交流接触器(K1、K3)组成浮充电装置电源的交流输出的缺相保护,交流接触器(K2、K4)组成充电装置的交流输出的断相保护,交流接触器(K5)组成充电浮充电的直流输出切换。

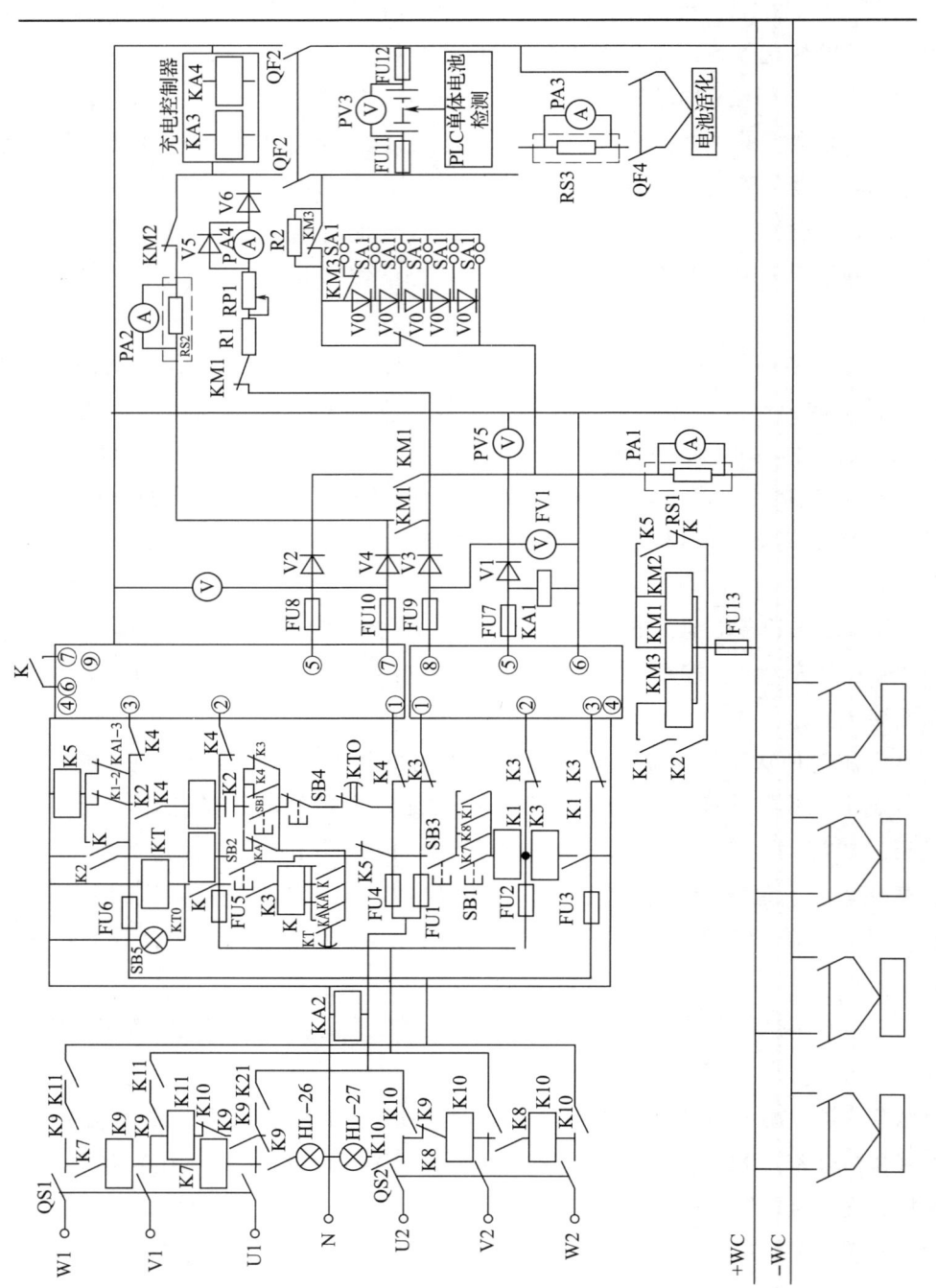

图 4—10 主电路工作原理图

正常工作时浮充电装置作为恒压源，负极直接接到负控制（－WC）、负合闸（－W0），控制母线正极 220 V（110 V、48 V、24 V）经熔丝（FU7）、隔离二极管（V1）、分流器（RS1）至正控制母线（+WC），供控制母线输出，控制母线电压可通过电压表（PV5）观察，浮充电输出正极 260 V（130 V、64 V、32 V）通过熔丝（FU9）、隔离二极管（V3）、直流接触器触头（KM4－6）、电阻（R1）、电位器（RP）、浮充电流表（PA4）、隔离二极管（V6）、经空气断路器（QF2）对电池进行长期浮充电，浮充电时可以通过浮充电流表（PA4）观察。

充电装置作为恒流源工作时，负极经空气断路器（QF2）、熔丝（FU12）至电池负极，正极经熔丝（FU10）、隔离二极管（V4）、分流器（RS2）、直流接触器触头（KM2－2）、空气断路器（QF2）、熔丝（FU11）至电池正极。电池充足时，充电控制器（CDK）能自动控制充电设备，使充电设备从恒流源工作状态转为恒压源工作状态，对电池组进行均衡充电，SB5 指示灯亮，均衡充电一般为 4~8 h，由时间继电器 KT0 来对均衡充电控制，均衡充电结束，充电设备自动关机。

充电控制器（CDK）是一个电压采样控制形式，具有双道不同电压的保护，驱动直流继电器（KA3、KA4）实现。当充电控制器（CDK）两道保护全部失效时，另有时间继电器（KT）来实现充电控制，使充电装置转为恒压源，时间继电器（KT）设定在 10 h。

浮充设备故障时，充电装置能自启动，替代浮充电。此时，由交流接触器（K1－2）或直流继电器（KA1－2）接点闭合，使交流接触器（K5）工作，直流接触（KM1、KM2）得电，直流接触器（KM1－1、KM1－5）闭合，直流接触器（KM2－2）断开，此时充电装置作为恒压源输出。负极直接接－WC、－W0，控制正电源输出端 220 V 经熔丝（FU8）、隔离二极管（V2）、直流接触器触头（KM1－1）、分流器（RS1）至+WC。替代浮充电压经熔断器（FU10）、隔离二极管（V4）、直流接触器（KM1－5、KM3－6）、电位器（RP1）、浮充电流表（PA4）、隔离二极管（V6）、空气断路器（QF2）、熔断器（FU11）至蓄电池组正极。

整机在充电时（浮充电装置、充电装置全部工作），直流接触器（KM3）工作，直流接触器主触头（KM3－2）释放，此时电阻（R2）也起降压作用，以保证电池充足。当充电装置停机时直流接触器主触头（KM3－2）吸合，以保证交流失电时无间隙对控制母线供电，如充电时交流失电，在直流接触器主触头吸合转换过程的瞬间，由电阻（R2）维持控制母线供电，以保证无间隙地实现切换。

交流失电时，电池负极经过熔断器（FU12）直连控制母线负极（－WC），电池正极经过熔断器（FU11）、直流接触器主触头（KM3-2）、硅链（V0）、分流器（RS1）至控制母线正极（+WC），确保控制母线不失电。

直流电压表（PV1）指示浮充装置输出电压，（PV2）指示充电装置输出电压，当充电设备作为恒压源使用时，电压表（PV2）还可以指示均充电压和浮充电压。电压表（PV3）指示蓄电池组电压，母线电压表（PV4）可以测量正、负母线对地绝缘电压，也可以作为监视控制母线、合闸母线电压。

2）信号回路。整机信号回路可同时提供灯光、音响报警。有故障时，灯光报警必须在故障排除后才能恢复，音响报警则可手动关闭。

交流失电时，交流接触器（K1-6、K2-4）、直流接触器（KM1-8）复位。直流继电器（KA5）动作提供灯光、音响报警，有远动信号输出的机型向 RTU 远动柜提供一位断路器接点，供远动输出。

浮充电装置故障时，直流继电器（KA1-6）恢复吸合，直流继电器（KA6）动作，动作提供灯光、音响报警，有远动输出的机型提供远动输出。

当控制母线电压高于 245 V 时，电压继电器的触点（K6-1）闭合，直流继电器（KA7）动作，提供灯光、音响报警，有远动输出的机型提供远动输出。

当控制母线电压低于 200 V 时，电压继电器地触点（K6-2）恢复闭合，直流继电器（KA8）动作，提供灯光、音响报警，有远动输出的机型提供远动输出。

有的机型充电装置、浮充电装置的直流输出装有熔丝报警器、电池正负极的熔丝报警器和主电路工作状态切换直流继电器（KM1、KM2、KM3）的熔丝报警器，只要其中任一个熔断器报警（P7-1、P8-1、P9-1、P10-1、FU11-1、FU12-1、FU13-1），则对应的常开触点闭合，直流继电器（KA10）动作，提供灯光、音响报警，有远动输出的机型提供远动输出。

3）控制电路原理。GZD-3 系列充电装置能正常工作，除了主电路接线正确，主要还取决于控制恒流、恒压稳定工作的电子电路板的正确调试。该电路板由四部分电路组成，电路原理如图 4—11 所示。

①磁饱和电抗器直流助磁电流输出

这部分电路由磁饱和电抗器（TS）、三绕组整流变压器（T1）、整流二极管 V25～V36、晶闸管（S1 和 S2）（控制其触发角）、整流二极管 V1 和 V2、RC 阻容吸收器组成。

电路原理：形成约 400 V 的直流输出电压。每个周期有两个脉冲送至 S1、S2 的控制极①、②，调节 S1、S2 触发角，可以改变 TS 的输出电压，进而改变 T1 输入电压的大小，由此改变 T1 输出电压的大小。

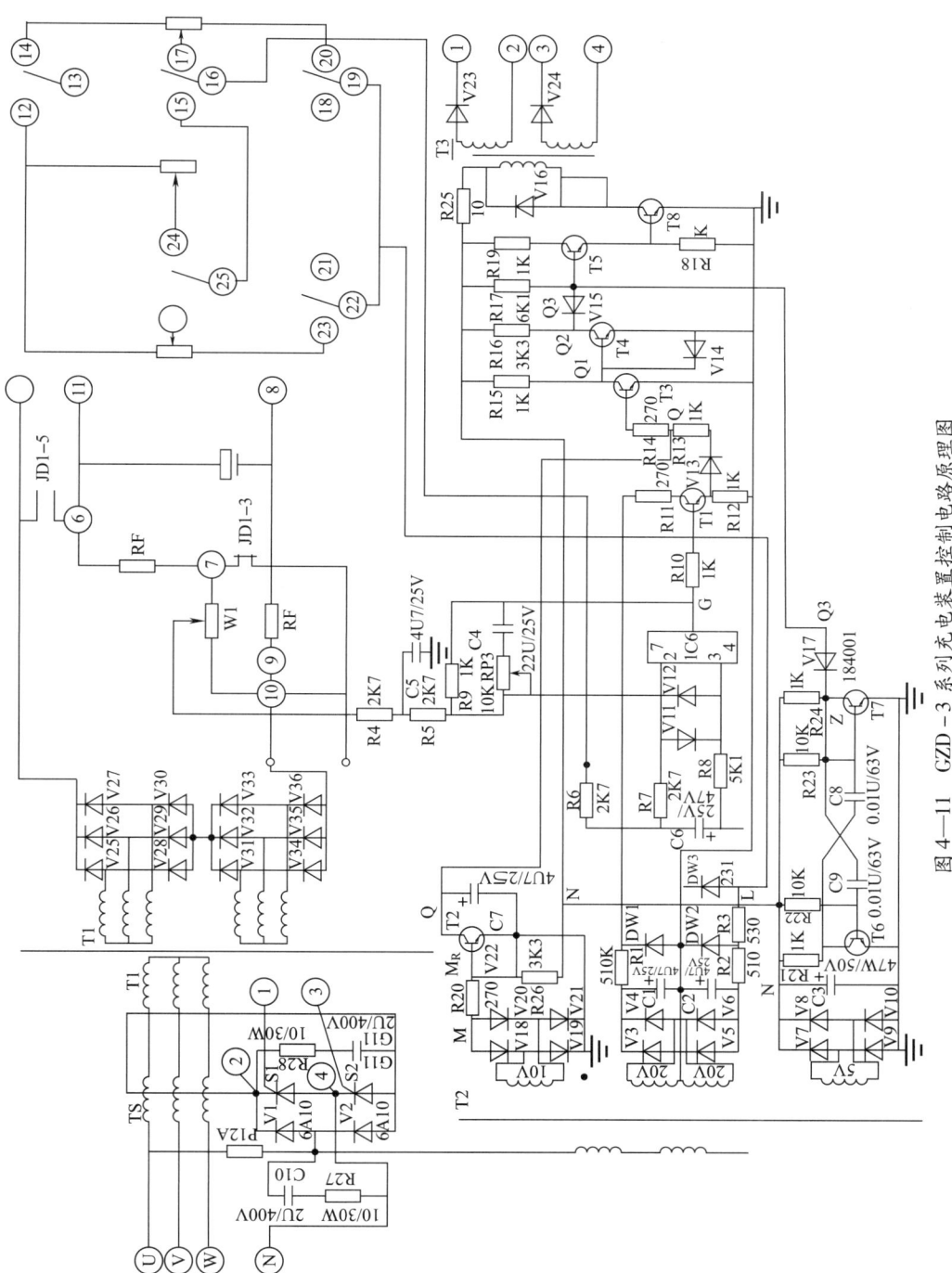

图4—11 GZD-3系列充电装置控制电路原理图

②移相控制电路

a. 锯齿波发生电路

这部分电路由同步变压器（T2）的 10 V 绕组、整流二极管 V18～V21、二极管（V22）、三极管 T3、电阻（R20 和 R26）、电容（C7）组成。

电路原理：在一个工频周期内由 T2 的 10 V 绕组、V18～V21 组成的整流电路输出约 9 V 的脉动电压，输出波形为正半周的正弦波形/周期（图 4—11 中 M 点）。每次电压过零时，T2 导通，引起 C7 对地直接放电，Q 点电压陡然下降至零。当 MR 点的电位低于 0.7 V 时 T2 管截止，C7 由反馈控制电路的输出电压（图 4—11 中 Q 点）对其充电，锯齿波的斜率由 R13 和 C7 决定。如果斜率变大，T3 脉冲变压器输出的控制角就变小，反之就变大。

b. 脉冲触发电路

这部分电路由同步变压器（T2）的 15 V 绕组、整流管（V7～V9）、二极管（V17）、三极管（T6 和 T7）、电阻（R21～R24）、电容（C3、C9、C8）组成。

电路原理：这是一个多谐振荡电路，当 T6 饱和导通时，Z 点输出是高电位，此时 T7 截止。当 T7 饱和导通时，Z 点输出是低电位，此时 T6 截止。T6、T7 轮流导通，在一个振荡周期内，Z 点输出一个矩形脉冲，通过 V17 送到 Q3 点。这是一个低电位有效的信号。

③给定控制电路和充电、浮充电反馈控制

给定电压输入由 R3、DW3、W2 电位调节器组成。

给定控制由 IC 运放和 R10、R11、R12、T1、V13、R13 电路组成。

电路负反馈由 W1、R4、R5、C5 组成。

T2 变压器的 20 V×2 组、整流二极管（V3～V6）、稳压管（DW1 和 DW2）、滤波电容（C1 和 C2）以及电阻（R1、R2）组成直流双电源，为 IC 运放工作提供电源。

R7、R9、RP3、C4 为运放的比例积分反馈电路。

JD1 – 5 闭合输出为恒压源控制，JD1 – 3 闭合输出为恒流源控制。

电路原理：当反馈电压减小时，IC 输出一个电压增量信号，经 T1、V13 放大输出至 Q 点。反馈电压的增减量的大小决定锯齿波的斜率。锯齿波的斜率越大，触发角的脉冲信号越提前；反之，触发角的脉冲信号越滞后。

④晶闸管脉冲输出电路

这部分电路由 T3、T4、T8、V14、V15、V16、V23、V24、R14、R15、R16、R17、R18、R19、R25、脉冲变压器（T3）组成。

电路原理：T3 在锯齿波过 0.7 V 时导通，随着 C7 和 R13 的放电，T3 基极电位逐渐下降，延时一段时间后 T3 又截止，这样在 Q1 点每一工频周期内输出两个矩形波。当 T3 导通时 T4 截止，反之 T4 饱和，这样在 Q2 点每一个工频周期内也输出两个矩形波，其相位和 Q1 相反。当 Q2 点输出高电位时，V17 输出振荡脉冲触发晶闸管，振荡脉冲的周期较小，所以在 Q2 一个高电位时间内有多个脉冲信号输出。当 Q2 点为低电位时，无脉冲输出。脉冲信号的开始时间由锯齿波的斜率决定，而结束时间由 T2 自然过零点决定。

充电机输出电压的波动引起了斜率的变化，输出电压波动越大，锯齿波的斜率就变得越小，晶闸管触发导通角就变小，这就抑制了输出电压的增大；反之同理。

3. 高频断路器电源原理及结构

（1）脉宽调制技术介绍。PWM 是英语 Pulse Width Moduation 首字母的缩写，其含义是脉宽调制技术。断路器式 DC/DC 变换电路如图 4—12 所示，在电阻 R 上通过断路器元件 S 加上一个幅值为 U_i 的电压，让断路器元件 S 按一定规律不断地导通和断开，得到的是一列等脉宽电压波，这个脉冲电压的幅值等于电源电压，脉冲电压的宽度等于断路器导通时间。在一定的负载条件下，每一脉冲的宽度包含了输出功率的大小，调整脉宽也就是调整了输出功率。

图 4—12a 是一个斩波电路，这类电路又称逆变器，通称电能变换装置。R 为负荷电阻，S 为断路器，U_i 输入电压，U_o 输出电压的平均值。当断路器 S 切断时，负荷上的电压为零，并持续 t_{off} 时间。$T = t_{on} + t_{off}$，称为斩波器的工作周期。斩波器的输出波形如图 4—12b 所示。若定义斩波器占空比为 $D = t_{on}/T$，则由波形图上可获得输出电压平均值为 $U_o = \frac{1}{T}\int_0^{t_1} U_i dt = \frac{t_{on}}{T} U_i = D U_i$。

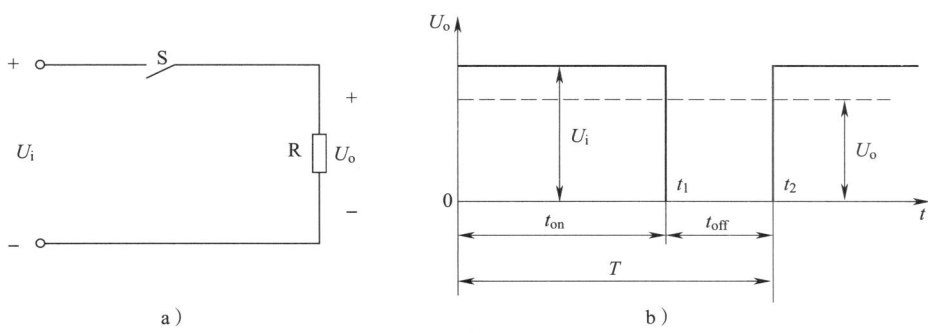

图 4—12 断路器式 DC/DC 变换电路
a）电路图　b）波形图

由上式可知，当占空比 D 从 0 变到 1 时，输出电压平均值 U_o 从 0 变到 U_i。显然，通过调整占空比即可实现控制输出电压的目的。从输出结果看，这样的直流输出电压波形是无法实际应用的，还要经过电容器的滤波后才能得到波形比较好的直流电压。不同脉宽加电容滤波后的输出电压波形如图 4—13 所示。

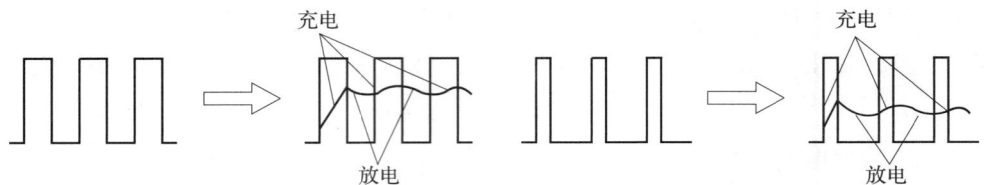

图 4—13 不同脉宽加电容滤波后的输出电压波形

图 4—13 中，在前后不同脉宽作用下，经过电容滤波后变成比较平滑的不同电压幅值的直流电压，当然由于电容器的充放电原因，输出的电压有点波动，但只要开闭频率越高，脉冲间隔就越小，加之电容足够大，输出波动的幅值就越小，波形越平直，达到使用的质量要求。通过调整图 4—12 中断路器 S 打开与闭合频率，就可以调整脉宽，改变输出电压的有效值，从而可以得到任何想要的电压。高频断路器直流模块电源与工频整流电源相比，在同等功率容量的条件下有明显的三大优势：体积小、耗铜材料少、效率高。高频断路器电源还有特点：变换频率越高，高频变压器的体积越小，但同时高频断路器电源变换频率的提高对大功率断路器器件的断路器特性和整流二极管的断路器特性要求也提高，即断路器的导通和关闭时间短，断路器损耗才可以降低，如果时间长就会导致元件剧烈发热而不能工作和损坏。

应用高频断路器电源技术基本原理可以组成各种各样的电能变换电路结构，在大功率电能变换中分为半桥式、全桥式和推挽式三种，其中常见的是前两种。

1）半桥式逆变电路。半桥式逆变电路如图 4—14 所示。两个相同的电容串联在直流输入端，它们的连结点"O"可以看作虚零，所以每个电容上的电压为 $U_d/2$。控制 VT1、VT2 的基极，使断路器管 VT1、VT2 轮流导通，O 点电位基本维持不变。若负载为纯电阻，VT1 和 VT2 分别接通 $T_0/2$ 时间，则获得如图 4—14b 所示的输出波形。U_A 为 A 点对 O 点的电压，i_d 为负荷电流。V1 与 V2 为保护二极管，对于电阻负荷，两只整流管 V1 和 V2 都不起作用，因此可以不考虑其在电路中的作用。其输出波形中，电压是方波，其幅值为 $U_d/2$，因此输出电压有效值为：$U_A = \sqrt{\dfrac{2}{T_0}\int_0^{\frac{T_0}{2}}\left(\dfrac{U_d}{2}\right)^2 dt} = \dfrac{U_d}{2}$。其瞬时值表达式为：$u_A = \sum\limits_{n=1,3,5\cdots}^{\infty}\dfrac{2U_d}{n\pi}\sin(n\omega t)$，式中：$\omega = 2\pi f_0$ 为输出电压的角频率。

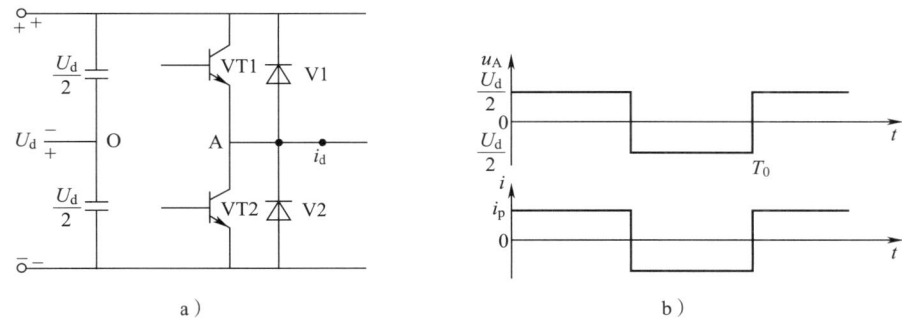

图 4—14 半桥式逆变电路及输出电压与电阻负载电流波形

a) 半桥式逆变电路 b) 输出电压与电阻负载电流波形

当 $n=1$ 时，其基波分量的有效值为：$U_1 = \dfrac{2U_d}{\sqrt{2}\pi} = 0.45U_d$。

为保证电路正常工作，VT1 和 VT2 不能同时导通，否则将出现直流短路的现象，即所谓的逆变颠覆。改变断路器 VT1、VT2 控制信号频率，输出电压的频率也会随之改变。

2) 全桥式逆变电路。全桥式逆变电路如图 4—15 所示，它由两半逆变桥构成。在输入电压相同的条件下，其输出电压最大值是半桥逆变电路的两倍，如果输出功率相同，其输出电流和断路器电流则是半桥逆变电路的一半。全桥逆变电路的工作原理同半桥式逆变电路一样，VT1 和 VT4 同时导通 $T_0/2$，VT2 和 VT3 同时导通另外 $T_0/2$，在负载上得到交变电压方波。其输出电压有效值和瞬时值表达式分别为：$U_A = \sqrt{\dfrac{2}{T_0}\int_0^{\frac{T_0}{2}}(U_d)^2 dt} = U_d$，$u_A = \sum\limits_{n=1,3,5,\cdots}^{\infty}\dfrac{4U_d}{n\pi}\sin(n\omega t)$。

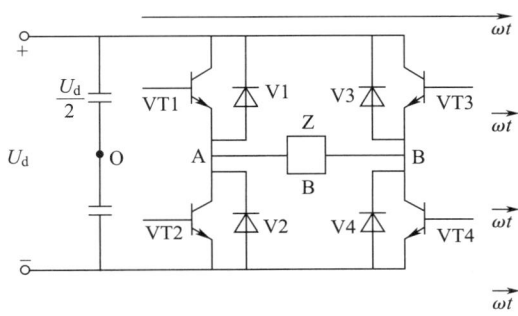

图 4—15 全桥式逆变电路

其基波分量有效值可表示为：$U_1 = \dfrac{4U_d}{\sqrt{2}\pi} = 0.9U_d$。

当电源电压 U_d 和负荷 R 不变时，桥式电路的输出功率是半桥式的 4 倍。对于纯电感负荷，其负荷电流峰值为：$i_{am} = \dfrac{U_d}{4f_0L}$。

全桥与半桥逆变电路各有优点，前者多用了两个断路器元件，价格稍贵了一些，但输出功率大。而后者少用两个断路器元件，价格便宜，接线简单，适用于小功率变换。由于具有相同的工作电压下输出功率大和便于控制等方面的优点，尽管全桥逆变器要多用两个断路器元件，大功率变换几乎都采用全桥逆变电路。

(2) 高频断路器电源模块内部结构。模块内部结构如图 4—16 所示。各模块作用如下：

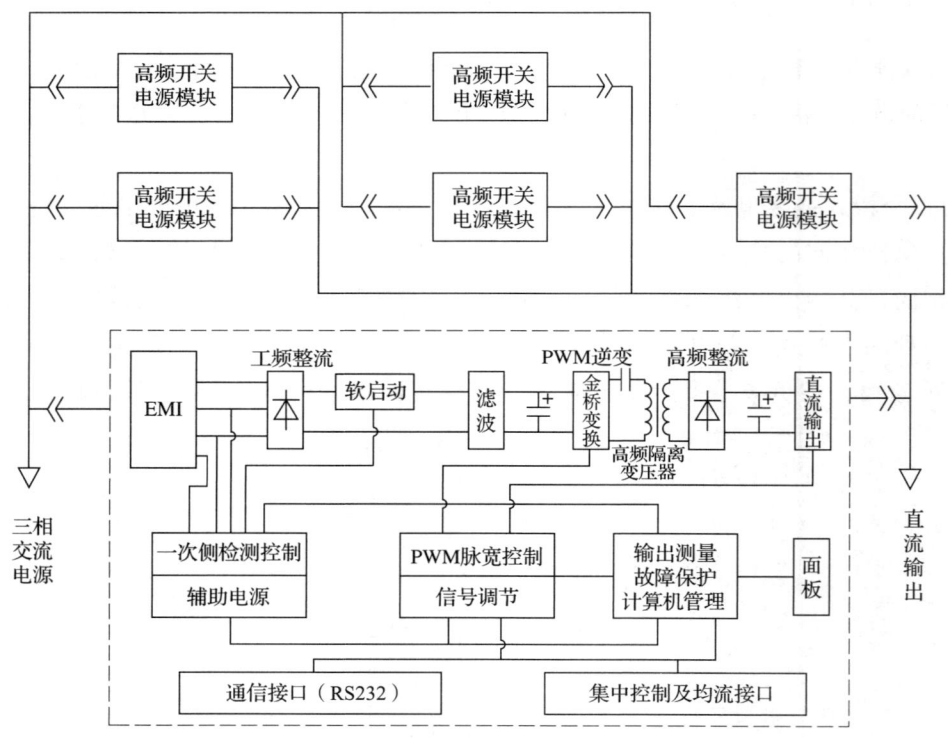

图 4—16　高频断路器电源模块内部结构

EMI：三相交流电源输入 EMI 滤波器滤除杂波。EMI（抗电磁干扰）的作用是抑制电磁干扰，它是由电感、电容组成的无源器件，让工频分量无阻碍地通过，抑制高频分量进入下一环节。EMI 电源滤波器既能防止电网上的电磁干扰通过电源线路进入设备,又能防止设备本身电磁干扰污染电网,在断路器电源模块中其主要功能是后者。EMI 元件是为满足电磁兼容条件而设。

两种交流输入:三相 380 V 交流输入和单相 220 V 交流输入。前者用于大功率三相输入,后者用于小功率单相输入。单相输入的优点是当输入交流缺相时仅仅减少 1/3 模块(正常时所有模块均摊在三相电源上),其余模块照常工作。缺点是单相整流后的直流纹波要远远大于三相整流,滤波电容相对来说使用得要多一些。但对经过 PWM 逆变后的直流波形基本没有影响。

工频整流:三相交流电进入 EMI 后经全桥整流电路变成直流脉动电压。

软启动:限制开机时很大的冲击电流。

滤波:直流脉动电压是不能直接使用的,需经过电容滤波,使直流中的纹波大大降低,可供全桥式逆变电路 PWM 使用,但这个输出直流电压是不稳定的,是随交流输入电压而变化的。

PWM 和高频整流:滤波后的直流电压经过 PWM "全桥交换"转换成高频方波,经过"高频隔离变压器"变换及隔离输出,再经过高频整流后得到所需要的直流电压。调整直流输出电压高低由"PWM 脉宽控制"调节。这个控制回路从"直流输出"端采样与给定电压相比后向高频断路器输出导通与闭合的频率以控制全桥式断路器导通时间,于是得到了需要的电压。输出电压大于设定值时,减少导通时间;输出电压低于设定值时,增大导通时间,通过这个过程,将不稳定的交流输入和负荷变化引起的电压波动调整为稳定的直流电压输出。

辅助电源:提供整个模块内部的工作电源。

一次侧检测控制:是对输入交流电源的监控,当输入交流电压过、欠压时,对电路进行保护,对软启动电路进行控制。

输出测量故障保护计算机:收集"一次侧检测控制"的所有信号和由直流输出的采集信号,该单元计算机采用单片计算机技术组成的模块内部管理单元,能够对整个高频断路器电源内部各模块所有工作状态进行检测和控制,该单元同时还与"充电机监控器"进行数据交换,接受上级"监控器"对模块下达的各种指令,如命令模块进入均充或浮充状态、调整输出电压等,并将模块的工作状况及数据传送到充电机"监控器"。

(3)高频断路器电源模块组成的充电装置。它和磁饱和及相控充电装置很大的不同是,它不需要大容量工频变压器,高频断路器电源模块组成的充电装置用的是模块化结构 AC/DC 模块,模块内部的高频铁氧体代替变压器进行隔离,分自主两级独立控制,即正常时充电机控制由监控器控制,当失去监控器控制时,模块自动控制在浮充电压状态下,以保证对蓄电池的浮充和对控制母线的供电。由于监控器采用计算机技术,所以在控制和监控上可以实现很多功能。高频断路器电源模块组成的充电装置有以下特点:

1) 模块化结构。直流输出容量为所有模块容量之和,如果容量不够,只要增加模块就可满足需要。目前模块输出容量有以下几种规格:110 V 模块输出电流有 10 A、20 A、30 A、40 A;220 V 模块输出电流有 5 A、10 A、20 A、25 A。配置模块数量的计算为:经常性负荷 + $0.1C_{10}$ + 1。例如,经常性负荷 40 A,蓄电池容量 400 A·h,$0.1C_{10}$ 就是 40 A,那么这两项就是 80 A,需 20 A 模块 4 块,再加冗余模块 1 块,总共需使用 5 个模块。

2) 模块可独立运行。如果监控器发生问题,各模块可自主运行,按设定电压(浮充)值工作,不会造成整机停止工作或蓄电池异常充电。在监控器恢复正常工作之前,能长期保证输出电压的稳定以及各模块输出电流的均衡分配。

3) 自动均流。在各模块之间设有一根均流总线连接各模块,使模块输出电流平均分配,保证输出功率平均分配给每一模块,避免由于各模块输出电压的差异,造成个别模块重载长期运行。有了均流这一控制环节,运行中即使某一模块退出工作或增加一个模块,也会再次自动平均分配每个模块的工作电流。

4) 自动限流功能。高频断路器电源充电装置的限流有以下两个方面:

①基本的模块输出限流。各个模块最大输出电流之和就是充电装置的最大输出电流。如 20 A 模块就表示输出电流最大为 20 A,大于 20 A 的电流就无法输出。高频断路器电源模块输出特性如图 4—17 所示。高频断路器电源模块的特点之一就是输出短路对模块本身不会造成损害,最大短路电流就是输出电流,短路消失,电压自动恢复。

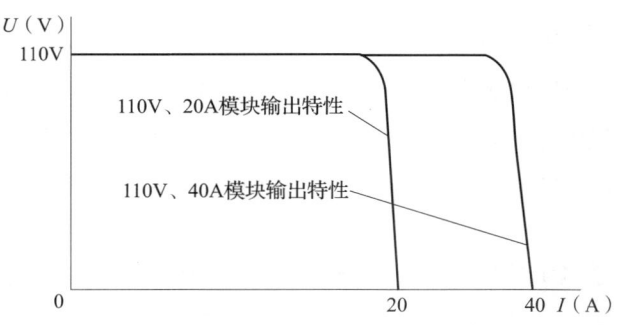

图 4—17 高频断路器电源模块输出特性

②充电机输出限流。为了避免因负荷变动而影响输出，监控器会发出指令对充电电流进行控制。限流值的设定为：经常性负荷 $+0.2C_{10}$，其中 $0.2C_{10}$ 是阀控式密封铅酸蓄电池充电电流的上限。这样可以保证在任何情况下蓄电池不会过充电。当充电机输出短路时由监控器发出控制的限流动作将先于各模块本身的限流。不管什么限流，都是通过调整输出电压来达到目的，因此限流动作的结果就是输出电压将低于均充电压。在限流状态下调整输出电压设定值，输出电压将不会变化，因此不能在此种情况下设定电压值。

5）增容简单。如电源容量不足，无须更换整台整流器，只需再增加模块，就可满足输出增容要求。

6）计算机监控。监控器是直流系统的智能监控管理单元，负责对直流电源系统各充电模块单元运行状态与数据的采集、显示及系统各单元运行参数的设定，并控制各单元的正常运行。

7）远程通信。监控器都有 RS232、RS485 接口与综合自动化相连，或通过 MOKEM 与远方监控中心相连，实现遥控、遥测、遥信、遥调四遥功能，完成远方对直流系统运行参数和工作状态的巡检等。

8）自动均浮充。监控器自动检测蓄电池盈亏状况，从而决定对蓄电池进行均充还是浮充。如果是均充，则进入稳流限压对蓄电池进行充电，稳流数值为蓄电池容量 $0.1C_{10}$，限压设定值比浮充电压设定值高 4%~8%。

9）可靠性高。电源模块组合成的充电机在运行中，个别模块损坏不会影响充电机正常工作，其他模块照常工作。可以从容地更换故障模块，大大提高了充电机的可靠性。

10）维护方便。每个充电模块可带电插拔，不用停电，在插拔过程中不会接触裸露导体，所以安全性也很高。整个模块可以从前面抽出，退出工作的模块输出电流会自动平均分配给其他正在工作的模块。模块在线带电更换，提高了充电机检修速度。监控器退出进行检修不影响充电机工作。

理论知识复习题

一、判断题（将判断结果填入括号中，正确的填"√"，错误的填"×"）

1. 直流母线容许最低工作电压一般要低于厂方规定的蓄电池放电终止电压。

（　　）

2. 放电容量计算时，不能仅考虑现有的设备负荷电流，还要考虑将来发展需要的设备负荷电流。（　　）

3. 电子控制回路中 V3 和 V4 组成差动放大电路。（　　）

4. 斩波器的占空比是高频断路器的断开时间除以高频断路器的开闭周期。（　　）

5. 全桥逆变电路比半桥逆变电路输出功率大。（　　）

6. GZD-3 系列直流屏正常运行时直流母线由蓄电池供电。（　　）

7. 当 GZD-3 系列直流屏输入电源缺相时，该直流屏仍能工作。（　　）

8. GZD-3 系列直流屏的音响报警不可手动关闭。（　　）

二、单项选择题（选择一个正确的答案，将相应的字母填入题内的括号中）

1. 蓄电池厂方所说的终止电压是（　　）。
   A. 界定蓄电池容量的电压值　　　　B. 蓄电池放电电压的理论值
   C. 蓄电池放电电压的最低值　　　　D. 蓄电池实际放电电压

2. 城轨交通变电站两路进线电源全部停电时，蓄电池对全站一级负荷放电时间应至少为（　　）h。
   A. 1　　　　B. 2　　　　C. 3　　　　D. 4

3. 蓄电池的计算放电电流应是（　　）。
   A. 本组蓄电池在一定电压下的放电电流
   B. 事故停电后各一级负荷电流之和
   C. 本组蓄电池在一定电压下的最小放电电流
   D. 本组蓄电池在一定电压下的最大放电电流

4. 蓄电池的放电容量是（　　）。
   A. 电流乘电压　　　　B. 电流乘电压再乘时间
   C. 电流乘时间　　　　D. 电压乘时间

5. 在磁饱和充电装置电子控制回路中，当磁饱和电抗器中的控制线圈的电流减小，磁饱和电抗器的感抗（　　）。
   A. 增大　　　B. 减小　　　C. 不变　　　D. 不确定

6. 在磁饱和充电装置电子控制回路中，当磁饱和电抗器感抗减小，最终输出电流（　　）。
   A. 增大　　　B. 减小　　　C. 不变　　　D. 不确定

7. 在磁饱和充电装置电子控制回路中，R13 对（　　）。
   A. 共模信号有负反馈作用，对差模信号有正反馈作用

B. 共模信号有正反馈作用，对差模信号有负反馈作用

C. 共模信号没有反馈作用，对差模信号有负反馈作用

D. 对共模信号有负反馈作用，对差模信号没有反馈作用

8. 脉宽调制技术是将电压加载到（　　）两端，通过其按一定规律不断地导通和关闭，以此来达到调整输出电压的目的。

    A. 高频断路器　　　B. 低频断路器　　　C. 高压断路器　　　D. 低压断路器

9. 斩波器调整输出电压是通过调整高频断路器的（　　）来实现的。

    A. 占空比　　　　　B. 开闭周期　　　　C. 开闭频率　　　　D. 工作电压

10. 斩波器的（　　），输出波动的幅值就越小，波形越平直。

    A. 占空比越大　　　　　　　　　　B. 高频断路器开闭周期越长

    C. 工作频率越大　　　　　　　　　D. 工作电压越高

测试题答案

一、判断题

1. ×　　2. √　　3. √　　4. ×　　5. √　　6. ×　　7. ×　　8. ×

二、单项选择题

1. A　　2. A　　3. B　　4. C　　5. A　　6. A　　7. D　　8. A

9. A　　10. C

第 5 章

电气试验知识

学习目标

- ✓ 掌握电气试验知识
- ✓ 掌握电气设备试验原理及方法
- ✓ 掌握电气试验安全措施
- ✓ 掌握电气试验操作规程

知识要求

5.1 电气试验知识

5.1.1 电气试验知识

1. 电气设备的绝缘缺陷分类

电气设备的绝缘缺陷分为两大类：

第一类是集中性缺陷，如局部放电、局部受潮、老化、局部机械损伤。

第二类是分布性缺陷，如绝缘整体受潮、老化、变质等。

2. 电气试验的意义

绝缘缺陷的存在必然导致绝缘性能的变化，通过各种试验手段，测量表征其绝缘性能的有关数据参数，查出绝缘缺陷并及时处理，可避免事故的发生。

3. 电气试验的分类

电气试验一般可分为出厂试验、交接验收试验、大修试验、绝缘预防性试验等。按照试验的性质和要求，电气试验分为绝缘试验和特性试验两大类。

（1）出厂试验。出厂试验是电气设备生产厂家根据有关标准和产品技术条件或《检验规程》规定中的试验项目，对每台产品所进行的检查试验。试验的目的在于检查产品设计、制造、工艺的质量，防止不合格产品出厂。

（2）交接验收试验、大修试验。交接验收试验、大修试验是指安装部门、检修部门对新投设备、大修设备按照有关标准及产品技术条件或《检验规程》规定进行的试验。新设备在投入运行前的交接验收试验，用来检查产品有无缺陷，运输过程中有无损坏等，大修后设备的试验用来检查检修质量是否合格等。

(3) 绝缘预防性试验。绝缘预防性试验是指设备投入运行后，按一定的周期由运行部门、试验部门进行的试验，目的在于检查运行中的设备有无绝缘缺陷和其他缺陷。与出厂试验及交接验收试验相比，它主要侧重于绝缘试验，其试验项目较少。

(4) 绝缘试验。绝缘试验是指测量设备绝缘性能的试验。

绝缘试验一般分为两大类：

第一类是非破坏性试验，是指较低电压下，用不损伤设备绝缘的办法来判断绝缘缺陷的试验，如绝缘电阻介质损失角正切试验、泄漏电流试验等。这类试验对发现缺陷有一定的作用。但这类试验试验电压低，发现缺陷的灵敏性不高，但目前还不可放弃这类试验手段。

第二类是破坏性试验，如交流耐压试验、直流耐压试验，用较高的试验电压来考验设备的绝缘水平。这类试验优点是为易于发现设备的集中性缺陷，考验设备绝缘水平；缺点在于电压较高，个别情况下有可能给被试验设备造成一定损伤。

(5) 特性试验。特性试验主要是对电气设备的电气或机械方面的某些特征进行测试，如互感器的变比、极性等。

注：各类试验方法各有所长，各有局限，试验人员应对试验结果进行全面综合分析：

1) 与同类产品历次试验的数据进行比较，分析设备绝缘变化的规律和趋势。

2) 与各类产品的数据进行比较，寻找异常。

3) 将试验结果与《检验规程》给出的要求进行比较，综合分析是否超标，判断是否存在缺陷或薄弱环节。

5.1.2 电气设备试验的原理及方法

1. 绝缘电阻和吸收比测量原理及方法

(1) 绝缘电阻试验原理。绝缘电阻 R 就是加在绝缘介质上的直流电压 U 与其泄漏电流 I 之比，即 $R = U/I$。

当试验电压一定时，良好的绝缘其电导电流是很小的，也就是说绝缘电阻是很高的；但当绝缘受潮、表面脏污或局部开裂时，绝缘性能很快下降，电导电流急剧增加，绝缘电阻显著减小。因此，通过测得绝缘电阻，可间接地表示与时间无关的电导电流的大小，可以初步了解绝缘状况。但试验时，必须注意应有足够的加压时间，以使电容电流和吸收电流两个分量衰减完毕，流过绝缘介质的电流仅剩下电导电流 I，这样才能测得真实的绝缘电阻值。理论上，加压时间需无限长才能达到上述要求，为了缩短测量时间和便于比较，工程上一般用加压 1 min 所测得之值作为绝缘电阻值。高电压、大容量的电力变压器采用加压 10 min 测得的绝缘电阻值。

（2）吸收比试验原理。绝缘介质在受潮或有缺陷时，电导电流 I 显著增加，吸收曲线随之发生显著变化，如图 5—1 所示。由图 5—1 可见，良好的绝缘介质其 i_0/I 之比值大于受潮后 i'_0/I 之比值。因此，以 i_0/I 之比值大小就可以判断绝缘的优劣。以上的电流比也可以用相应的绝缘电阻之比来表示。

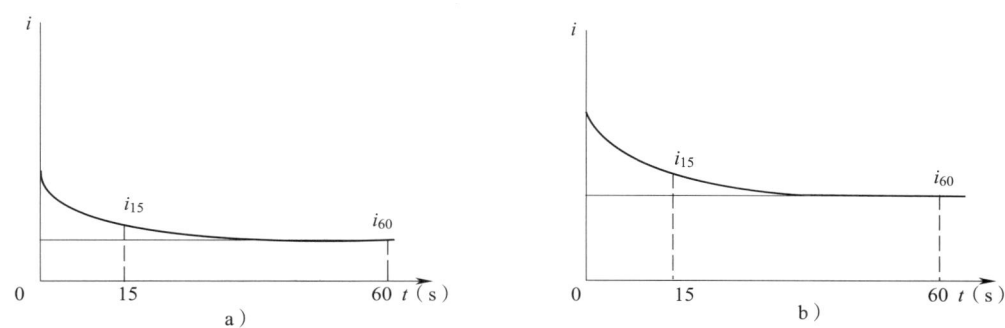

图 5—1 绝缘介质在不同状况下的吸收曲线
a）良好绝缘的吸收曲线 b）受潮绝缘的吸收曲线

由于在实际工作中，测量 R_∞ 与 R_0 是比较困难的，因此，工程中是用加压 60 s 测得的 R_{60} 与加压 15 s 测得的 R_{15} 之比值来表示吸收比，即 $K = R_{60}/R_{15}$。一般说来，R_∞/R_0 的比值要比 R_{60}/R_{15} 的比值要大，但这两个比值分别与绝缘状况优劣的对应关系是一致的，因此，吸收比的取值改变并不影响其实际使用。

2．介质损耗角正切的测量原理及方法

（1）测量原理。QS1 型电桥的基本线路如图 5—2 所示。图 5—2 中被试品用 C_x、R_x 表示，C_N 为标准空气电容器（$\tan\delta \approx 0$），G 为检流计，R3 和 C4 为两个低压臂。电桥工作电压为 10 kV。当被试品两极对地绝缘时，采用图 5—2a 所示的正接线法。在正接线法中，由于 D 点接地，操作人员在调节电桥 R3 和 C4 的手柄时是比较安全的，但在测量现场，被试品的一极通常是接地的，使其绝缘也比较困难，因此不得不采用图 5—2b 所示的反接线法，此时电桥的调节部分对地都处于高电位。为了保证操作人员的安全，R3 和 C4 都采用绝缘手柄，并且将电桥处于高电位的部分都放在接地的屏蔽箱内。但在使用中还要注意，电桥引至被试品和标准电容器的引线都是处于高电位，但桥臂上的电压降 U_{DA} 和 U_{DB} 通常只有几伏，电源电压实际上都加到 C_X 和 C_N 上。

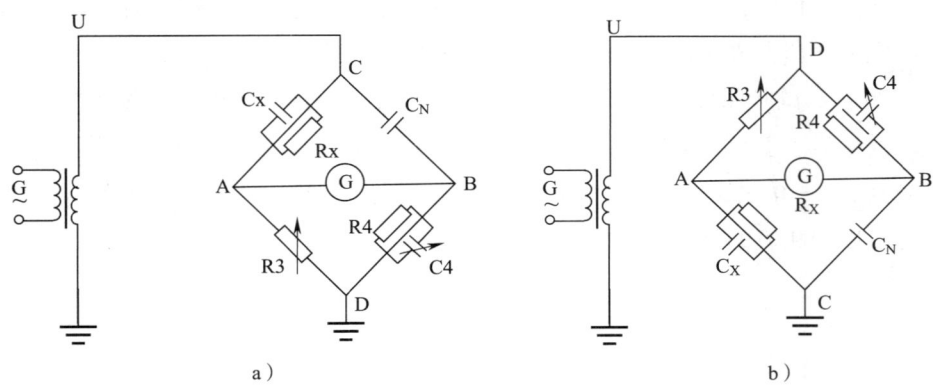

图 5—2 QS1 型电桥的基本线路
a）正接线法 b）反接线法

电桥的屏蔽如图 5—3 所示。图 5—3 表示的是一种理想情况，没有考虑任何杂散或干扰电流对电桥测量的影响。当电桥平衡时，流过被试品和 R3 臂中的电流是相同的，流过 C_N 和经 R4、C4 臂的电流也是相同的，而且 $U_{AD} = U_{BD}$，即 $U_{AB} = 0$，在这种情况下的 $\tan\delta_X$ 才在数值上等于 C4 的微法数。要在实际测量中达到上述平衡条件就必须注意桥臂 A、B 两处（见图 5—3）对地杂散电流分流的影响。在正接法中，由于 R3 和 R4 数值小，因此，杂散电容和它们并联产生的分流影响较小；反接线法时，由于试品和 C_N 的阻抗均较大，特别是在测试小电容量试品时，杂散电容的分流影响是不能忽略的。消除杂散电容分流的影响是将电桥本体和电桥接至被试品 C_X 和标准电容 C_N 的引线都屏蔽起来，并把屏蔽接至电桥的 D 点。屏蔽用虚线表示在图 5—3a 和图 5—3b 上。

除采用屏蔽及屏蔽线来减少杂散电容电流的影响外，在反接线时，还需要注意 C_N 及 C_X 的表面绝缘电阻，必须保持绝缘表面干燥、清洁，以消除杂散电导电流的影响。图 5—3 中 A、B 两处与屏蔽之间有放电管，以保证 A、B 两处与屏蔽之间在各种情况下，不会出现较高的电位差。

（2）测量操作步骤

1）根据现场条件，选取正接线法或反接线法。接线完毕后要检查接线的正确性，要做到试验变压器、调压器、电桥外壳均良好接地，各引线间以及引线对地之间的绝缘距离符合要求。

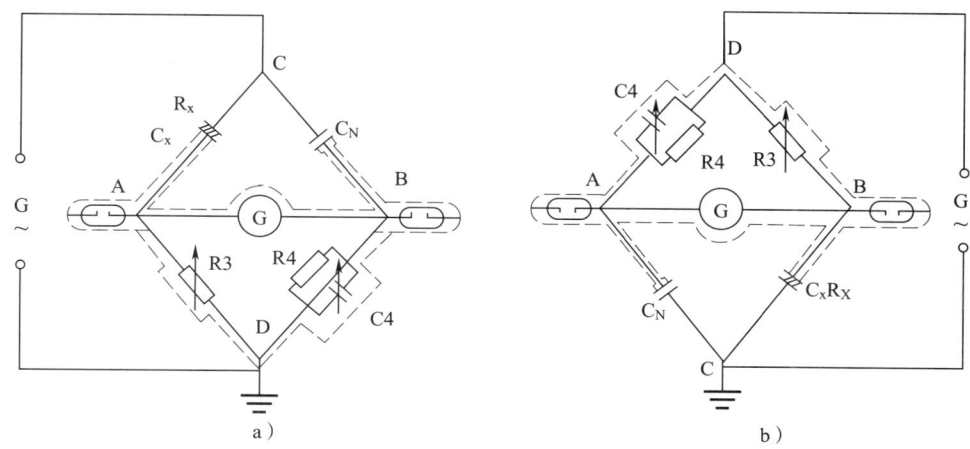

图 5—3 电桥的屏蔽
a) 正接线法 b) 反接线法

2) 将 R3、tanδ（%）及检流计灵敏度等均旋至零位，极性断路器置于断开位置。

3) 根据被试品电容量的大小并按桥体上所标示出的分流器位置与被试品电容量的关系进行分流器位置的选择，如不在 10 kV 电压下进行试验，被试品电容电流 I_{CX} 可按下式计算

$$I_{CX} = \omega C_X U \times 10^{-6} \tag{5—1}$$

式中　U——试验电压，V；

　　　ω——电源角频率，当 $f=50$ Hz 时，$\omega = 314$ rad/s；

　　　C_X——被试品电容量，μF。

若不知道被试品的电容量，可以在试验变压器高压绕组中串入一只毫安表，直接测量被试品交流电流，根据测量结果来选择分流器的位置。如现场无毫安表，则可在测量时先将分流器放在电流最大处，然后调节 R3 的指示，改变分流器的位置。

4) 合上高压试验电源断路器，将电压升至所需要的试验电压，观察有无放电等异常现象。

5) 合上电桥的检流计断路器，此时检流计刻度盘上应出现狭窄的光带，调整调零位旋钮，使光带位于中间位置。

6) 将电桥本体上的 tanδ 极性断路器切换到"+tanδ"位置上，然后调节检流计灵敏度断路器，使光带扩展到满刻度的 1/3～2/3。如果觉得检流计灵敏度不太好，还可以调节频率旋钮，使灵敏度达到最大。如调节过程中光带超过满刻度，可以降低灵敏度后再进行调节，直到光带最宽为止。

7）调节 R3 使光带缩至最窄，当调节 R3 光带缩小不明显时，再调节 tanδ（%），即调节 C4，使光带进一步缩小。当光带缩小到 2~3 格时，再增大检流计的灵敏度，然后反复调 R3、tanδ（%），使光带缩至最窄，一般不超过 4 mm。

8）记下分流电阻 R_n、电阻 R3、ρ 及 tanδ（%）的数值。

3. 局部放电的测量原理及方法

局部放电的等值电路如图 5—4 所示。

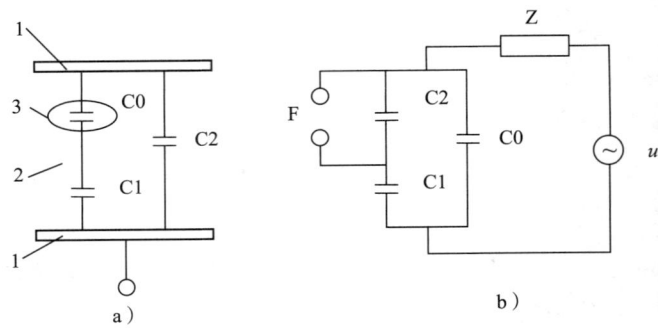

图 5—4　局部放电的等值电路
a）介质中有气泡　b）等值电路
1—电极　2—绝缘介质　3—气泡

图 5—4 中 C0 为气泡电容，C1 为与气泡串联的绝缘部分的电容，C2 为完好绝缘部分的电容，Z 为相应与气隙放电脉冲绿的电源阻抗，F 为放电间隙（指气泡内的）。因为气体介电常数比固体介电常数小，气泡中的电场强度比固体介电场强度大，而气体的绝缘强度又比固体介质的绝缘强度低，所以在电极两端加以电压 u，并逐渐升高，气泡间隙将首先放电。此时气泡间隙上的放电电压为（此时气泡气隙击穿）：

$$u_F = \frac{C_1}{C_0 + C_1} u_T$$

式中　u_T——开始放电的电源电压。

气泡间隙 F 上放电后，其两端电压急剧下降至剩余电压 u_s 时，电弧熄灭。由于外加电源电压继续升高，使气隙上的电压又上升到其击穿电压 u_F 时，气隙又开始第二次放电。如图 5—5 所示为气隙放电时的电压和电流波形。局部的反复充放电，使之产生脉冲电流。由于气隙放电产生的电压波动（$u_F - u_s$）将按比例分配在 C1 和 C2 上，从气隙两端看 C1 和 C2 是串联的，故在 C2 上的电压变动为：

$\Delta u = \dfrac{C_1}{C_1+C_2}(u_F - u_S)$。也就是说，当气泡气隙放电时，被试品两端电压也突然下降 Δu，而被试品放掉的电荷为：$q = (C_1 + C_2)\Delta u = C_1(u_F - u_S)$，$q$ 为视在放电量。目前，常用的电测法就是通过测量 Δu 和 q 来判断局部放电情况。

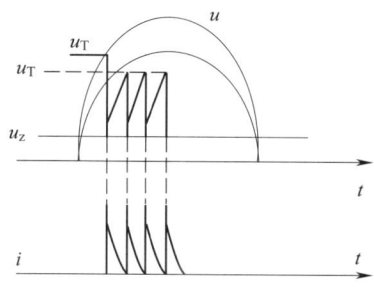

图 5—5　气隙放电时的电压和电流波形

4. 工频耐压试验原理及方法

（1）工频耐压试验基本原理。工频耐压试验是把一个高于正常工作电压 2.5 倍工频交流电压加在被测设备的绝缘体上，并持续一段规定的时间，如果其绝缘性足够好，加在上面的电压就只会产生很小的漏电流。如果一个被测设备绝缘体在规定的时间内，其漏电电流保持在规定的范围内，就可以确定这个被测设备可以在正常的运行条件下安全运行。

从介质损失的热击穿观点出发，交流耐压试验可以有效地发现局部游离性缺陷及绝缘老化的弱点。由于试验在交变电压下进行，被试品绝缘体上的电压分布主要按电容分压，气隙或缺陷越大，击穿电压越小，故能够有效地暴露设备绝缘缺陷。但是，交流耐压对绝缘的破坏性比直流大，必须在一系列非破坏性试验合格之后，才允许进行工频耐压试验。而且由于试验电流为电容电流，所以需要大容量的试验设备。

（2）工频交流耐压试验目的。交流耐压试验是电气设备绝缘的重要试验项目，是考核和检查绝缘电气强度普遍采用的方法。它实际上是考核设备绝缘承受各种过电压的能力，并能有效地发现绝缘抗电强度降低的各种缺陷，对保证设备的安全运行具有重要的意义。

（3）试验电压的确定。由于交流耐压试验是一种破坏性实验，如何确定合适的电压是一个重要问题。若试验电压过低，不易发现缺陷，设备在运行过程中可靠性也不能保证，在过电压的作用下有被击穿的可能。若试验电压过高，则在试验过程中就有被击穿的可能，增加了检修费用和维修工作量。所以试验电压要考虑到运行中绝缘老化及积累效应、过电压的大小等，对于不同的设备应分别对待。一般按电力工业部颁发的《电力设备预防性试验规程》（DL/T 596—1996）对各类电气设备的试验电压进行确定。

按标准规定，进行工频耐压试验时，在绝缘上施加工频试验电压后，要持续 1 min，这个时间一是保证全面观察被试品的情况，同时也能使隐藏的缺陷及时暴露出来。但该时间不宜过长，以免绝缘损坏。一般说来，能经受得住1 min工频耐压试验的电气设备能够保证运行安全。

（4）工频交流耐压试验的特点。交流耐压是一种破坏性试验，它是在其他较低电压的非破坏性试验合格的基础上进行的。试验中必须利用表计进行严格的监视，并有防止电压升高的措施。

交流耐压会使固体有机绝缘中原有的缺陷得到发展，造成绝缘强度降低，形成绝缘劣化的累积效应。因此，必须正确地选择试验电压标准和加压时间。短时工频耐压时间为1 min，规定1 min是为了便于观察被试品的情况，同时也是为了使已经开始击穿的缺陷来得及暴露出来。各种电压等级电气设备的试验电压值是根据系统中的长时间工作电压、大气过电压、内过电压以及过电压保护装置的水平等因素确定的，不能随意改变。试验电压太高会造成绝缘损伤，甚至发生绝缘击穿；电压太低不易查出缺陷，也不能保证安全运行。因此，试验电压的选取应按规程要求执行。

交流耐压试验时，其电压在绝缘中是按电容量大小成反比分配的，这与在直流电压作用下按电阻成正比分配是不同的。因此，交流耐压试验更能符合设备在运行中承受过电压的情况，比直流耐压能更有效地发现绝缘薄弱点。

综上所述，直流耐压试验和工频交流耐压试验都能有效地发现绝缘缺陷，但各有特点，因此两种方法不能相互代替，必要时，应同时进行，相互补充。

5.2 电气试验的安全措施

5.2.1 预防性试验或交接试验注意事项

预防性试验或交接试验时，一般都在变电所现场进行，被试设备的周围常有带电运行的高压设备，并且在试验中还要对被试设备施加交、直流高压，因此，为了确保人身安全和设备的正常运行，应在做好完备的安全措施后，才能开展试验工作。

5.2.2 试验工作中的安全措施

1. 现场工作必须执行工作票制度，工作许可制度，工作监护制度，工作间断、转移和终结制度。

2. 试验现场应装设遮栏或围栏，悬挂"止步，高压危险！"的标志牌，并派专人看守；被试设备两端不在同一地点时（例如电力电缆试验），另一端还应派人看守。

3. 高压试验工作不得少于两人，试验负责人应由有经验的人员担任，开始试验前，负责人应对全体试验人员详细地说明在试验中应注意的安全事项。

4. 因试验需要断开电气设备接头时，拆前应做好标记，恢复连接后应进行检查。

5. 试验器具的金属外壳应可靠接地，高压引线应尽量缩短，必要时用绝缘物将引线支持牢固。为了在试验时确保高电压回路的任何部分不会对接地体放电，高压回路与接地体（如墙壁、金属围栏、接地线等）的距离必须有足够的裕度。

6. 试验装置的电源断路器，应使用具有明显断开点的双极刀闸，并保证有两个串联断开点和可靠的过载保护装置。

7. 加电压前必须认真检查接线、表计量程，确保调压器在零位及仪表的开始状态均正确无误后，通知有关人员离开被试设备，并取得试验负责人许可，方可加压。加压过程中应有人监护并呼唱。高压试验人员在加压过程中，注意力应高度集中，随时注意防止异常情况的发生，操作人员应站在绝缘垫上。

8. 变更接线或试验结束时应首先将调压器回零，然后断开电源、放电，并将高压输出端接地。

9. 对没有进行短路接地放电的大电容量被试品，应先行放电，再做试验。高压直流试验时，每告一段落或试验结束后，应将被试品对地放电数次并短路接地后方可接触。

10. 试验结束时，试验人员应拆除自装的接地线，并对被试设备进行检查及清理现场。

11. 在专门的高压试验室进行试验时，高压室中应设置金属屏蔽网围栏，围栏不仅要有机械联锁，还要有电气联锁，并设有红色信号灯和挂有"高压危险"的标志牌。试验工作人员均应在金属屏蔽网围栏外面进行观察和操作。

12. 在现场进行试验工作时，工作人员活动范围与带电设备的安全距离不得小于表5—1的规定。

表5—1　　　　正常活动范围内作业人员与带电设备的安全距离（m）

电压等级	安全距离	安全距离（无安全遮拦设备）
10 kV 及以下	0.35	0.70
20～35 kV	0.6	1.00

5.3 电气试验操作规程

5.3.1 对试验工作的基本要求

1. 现场的一切试验工作至少应由两人进行，并指定一人负责。

2. 每次试验开始前，工作负责人应向全体试验人员详细说明注意事项，根据试验内容和环境采取必要的安全措施，并与变电所和现场人员取得联系，工作人员戴好绝缘护具。

3. 除经允许必须带电试验的项目外，在其他一切设备上试给电必须验电、试电、接地后才能进行试验。

4. 应尽可能缩短试验接线中的高压连线与其他用电部分及地面之间的距离，必须保证不致产生放电现象，必要时用绝缘材料隔离式固定。

5. 使用梯子进行登高作业时，必须按高空作业规定进行。不经工作负责人允许，不得拆卸试验装置和仪表，不经现场值班人员许可，不得操作无关刀闸或进入其他地点。

6. 试验完毕，必须拆除全部试验接线和所布置的安全措施，恢复原来正常状态，试验人员全部撤出后，工作负责人同值班人员检查无误后，才算结束工作。

7. 对大容量的设备（电机、变压器）、电容器、电缆在试验前应充分放电，方可接线、拆卸及试验。

5.3.2 高压试验

1. 进行高压试验时，在试验地点和高压连线所通过的地段均应设围栏或采取其他安全措施，严防触电，必要时应派专人看守。

2. 拆除妨碍工作的地线或动用刀闸手柄时，应取得现场值班人员的同意，试验完毕，必须立即恢复。

3. 在对设备加压前，工作负责人必须详细检查接线是否正确，并通知全部人员离开要加压范围方可进行加压，在加压过程式不许接近被试物。

4. 每次试验完毕，必须断开电源，将被试验设备接地并放电后方可接触试验设备及接线。

5. 在加压试验升压过程中，如发现电压表指针摆动很大，电流表指示急剧增加，绝缘烧焦或出现冒烟现象，被试物放电及发出不正常的音响，均应停止试验并查找原因。

5.3.3　继电保护试验

1. 在继电保护试验中，对不熟悉回路和无关的设备，禁止乱动，以防止触电或发生事故，发现异常现象应及时报告。
2. 在继电保护盘上工作时，对被试盘及邻近的运行设备，应加明显标志或隔离。试验人员与高压带电部分的距离必须符合规定的要求。
3. 继电保护试验开始前，必须由工作负责人复查接线无误后方可工作。试验电源不得接地或短路，以免引起误操作。
4. 进行油开关合拉闸试验时，不准任何人在油开关上及其周围工作或停留，以免传动机构伤人。
5. 做外接电源试验电压互感器二次回路时，电压互感器附近的人员应停止工作。
6. 在未用验电笔检查电流互感器二次回路是否正确以前，禁止短接电流互感器二次端子。在带负荷设备上电流互感器二次短路必须牢固，并要接地良好，不许用熔丝和旋具去短接二次回路。

5.3.4　电缆绝缘试验

1. 试验电缆时，在该电缆上所能接触的一切工作应停止，在被试电缆的端部和外露部分的周围应设置围栏，另一端应悬挂标志牌或派人监护，防止一切人员接近该处。
2. 进行电缆绝缘耐压试验前，工作负责人必须与值班员和其他有关人员取得联系，确认无人后进行。
3. 与架空线连接的电缆必须与架空线路断开后进行试验。在拆接线前，应进行验电放电，并在可能来电的各端设接地线，拆接电缆时必须保证无误。
4. 对电缆进行绝缘耐压试验或用摇表摇测其绝缘时，必须将被试线芯以外的线芯总短路接地，断开电源，确认可靠后才能进行试验。

理论知识复习题

一、判断题（将判断结果填入括号中，正确的填"√"，错误的填"×"）

1. 在直流电压作用下，绝缘介质中无电流通过，除非击穿。　　　　　　　（　　）

2. 测量绝缘电阻时，被试品一经加压就可看出（或读出）绝缘电阻值。（   ）

3. 介质损耗正切值的测量是使用交流电。（   ）

4. 局部放电的高温会使绝缘介质加速老化，同时老化的介质又容易造成局部放电。（   ）

5. 工频交流耐压试验的电压确定得越高越好，越容易发现缺陷。（   ）

6. 交流耐压实验虽然是破坏性试验，但比直流耐压实验能更有效地发现绝缘缺陷。（   ）

7. 局部放电严重时，会在正常工作电压下发生击穿。（   ）

8. 热老化的进程与电介质工作的温度有关。（   ）

9. 在阻尼不足的电路中，过渡过程往往是不振荡的。（   ）

10. 进行 220 kV 及以下变压器冲击耐压试验是因为随着整个电力系统电压等级的提高，操作过电压的幅值应随之增大，在电容和电感中的电磁能量互相转换的过渡过程中，将产生很高的振荡过电压，所以有必要进行操作冲击耐压试验。（   ）

二、单项选择题（选择一个正确的答案，将相应的字母填入题内的括号中）

1. 绝缘介质中的极少数载流子（主要是离子）定向移动能够形成（   ）。
   A. 电容电流　　　B. 吸收电流　　　C. 泄漏电流　　　D. 不确定

2. 绝缘介质内的电子或离子在直流电场的作用下产生位移能够形成（   ）。
   A. 电容电流　　　B. 吸收电流　　　C. 泄漏电流　　　D. 不确定

3. 绝缘电阻 R 就是加在绝缘介质上的直流电压 U 与其（   ）I 之比。
   A. 电容电流　　　B. 吸收电流　　　C. 泄漏电流　　　D. 电解电流

4. 真实的泄漏电流出现在（   ）。
   A. 刚一开始的时候
   B. 过了很长时间以后到结束
   C. 电容电流和吸收电流两个分量衰减完毕
   D. 不确定

5. 因为 R_{60}/R_{15} 的比值称吸收比，所以测量所取的电流应是（   ）。
   A. 电容电流　　　B. 吸收电流　　　C. 泄漏电流　　　D. 前三项的叠加

6. （   ）因数主要是反映油中泄漏电流而引起的功率损失，介质损耗因数的大小对判断变压器油的劣化与污染程度是很敏感的。
   A. 介质损耗　　　B. 泄漏损耗　　　C. 电容损耗　　　D. 电流损耗

7. 正切值的角度是与（   ）矢量的夹角。

A. 测量时的端电压　　　　　　B. 电阻电流
C. 电容电流　　　　　　　　　D. 总电流

8. 当介质劣化后，其正切值会（　　）。

A. 变大　　　　B. 变小　　　　C. 不变　　　　D. 不确定

9. 局部放电的高温会使（　　）加速老化，同时老化的介质又容易造成局部放电。

A. 绝缘介质　　　B. 固体介质　　　C. 气体介质　　　D. 液体介质

10. 局部放电测量主要是为了检查（　　）。

A. 绝缘介质的受潮情况　　　　　B. 绝缘介质的劣化情况
C. 绝缘介质的微小缺陷扩大情况　D. 前三项都是

测试题答案

一、判断题

1. ×　　2. ×　　3. √　　4. √　　5. ×　　6. √　　7. √　　8. √
9. ×　　10. √

二、单项选择题

1. C　　2. A　　3. C　　4. C　　5. D　　6. A　　7. C　　8. A
9. A　　10. C

第 6 章

远动系统概述

学习目标
- ☑ 了解电力远动系统功能
- ☑ 了解电力远动系统通信结构
- ☑ 了解电力远动系统通信方式

知识要求

6.1 远动系统概述

6.1.1 电力远动系统

1. 电力远动系统的功能

(1) 遥控：调度所对远方变电站的被控对象（断路器等）进行操作，包括单控、程控、自控、复位。

(2) 遥测：将变电站的被测对象（如电流、电压、功率、功等）传送到调度。

(3) 遥信：将变电站的监视对象（如断路器位置信号等）传送到调度所，包括单点、双点。

(4) 遥调：调度所对远方变电站的被控对象的工作状态和参数（如变压器的输出电压、继保整定值等）进行调整。

(5) 其他管理功能：事故回放、故障分析、信息管理、技能培训等。

2. 电力远动系统与一般自动化系统的区别

(1) 电力远动系统与电力调度控制中心有通信通道存在，而自动化系统是一个封闭的自适应系统。

(2) 电力远动系统是一个开环系统。数据采集是自动完成，而控制主要由人工完成，而自动化系统控制是按程序自动完成的。

3. 主站系统（调度所）主要设备

（1）主站系统主要硬件设备：主机、前置机、模拟屏、工作站、打印机等。

（2）主站系统结构：扁平化单层控制网、以服务器为中心的双层控制网、双机热备用。

（3）主站系统主要软件

系统软件：操作系统（WINDOWS、UNIX）主要功能有多任务调度管理、存储器管理、外部设备（各种卡）管理、大批数据管理。

支持软件：数据库（SQLsever、sybase、oracle）功能有定义、生成、存放、调用、查询等。

应用软件：操作软件、绘图软件、数据库定义软件、通信软件等。

6.1.2 信息的采集和传输设备与配置

1. 变送器类型

在电力系统中，被测模拟电量一般具有较高或较大的电流，不宜直接输入变送器，而是通过电流互感器二次侧输出，使输入变送器的电流小于5 A（有些场合只有0~1 A）。电量变送器的输出信号通常采用统一的直流信号，或是直流电压，或是直流电流。变送器输出的直流信号有多种变化范围，在电网监控系统中，对于电流和电压模拟量，为了方便与后级远动装置接口，常取直流电压为输出信号。

（1）交流电流变送器

交流电流变送器原理框图如图6—1所示。

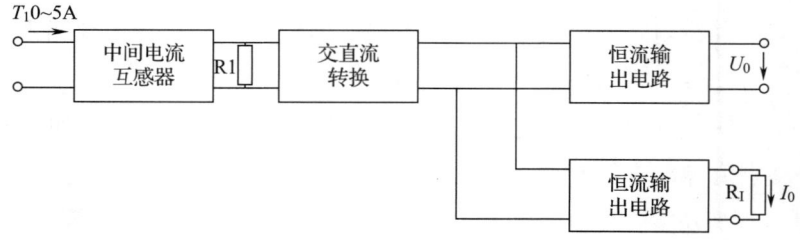

图6—1 交流电流变送器原理框图

如图6—2所示为交流电流变送器原理电路，主要由电流互感器输入、交直流变换电路、低通滤波器、平衡电路、输出电路组成。电流互感器将大电流转换成小电流输入交直流变换电路，交直流变换电路采用的是线性整流电流路，这可以提高整流二极管的非线性对交流—直流转换线性度。低通滤波器将工频二次以上的谐波滤除，输出全波整流信号的平均值。平衡电路调整直流电压的幅度，使之当变送器输入 5 A 交流电时，输出 5 V 直流电压。输出电路是两个同相放大器，它是将 0～5 V 的电压信号分两路输出，一路输出恒压，一路输出恒流。

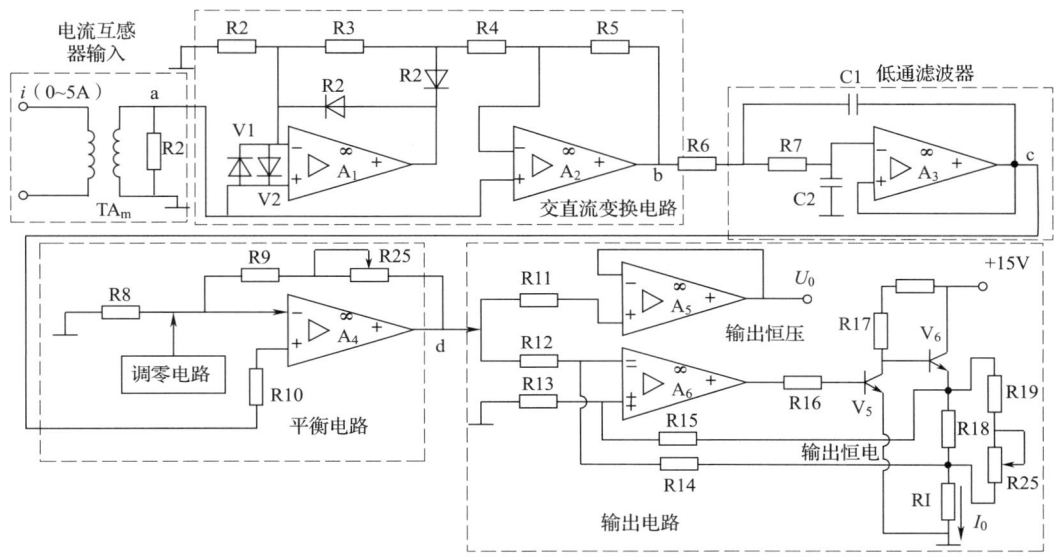

图 6—2　交流电流变送器原理电路

（2）交流电压变送器

交流电压互感器与交流电流互感器在原理上很相似，差别仅在信号输入部分。交流电压变送器原理框图如图 6—3 所示。

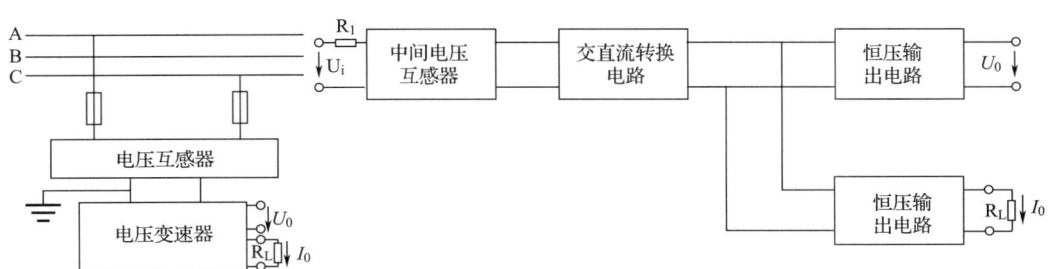

图 6—3　交流电压变送器原理框图

（3）计算机变送器

目前，电量变送器存在的主要问题是：互感器功耗大，对测量精度有影响；附加误差大；稳定性差；响应时间长。而计算机变送器运算速度快，误差小；一台计算机变送器可以测量几条线路的各自电量,所以一台计算机变送器可以替代多台常规变送器,环境温度变化对它影响小。计算机变送器原理图如图6—4所示。

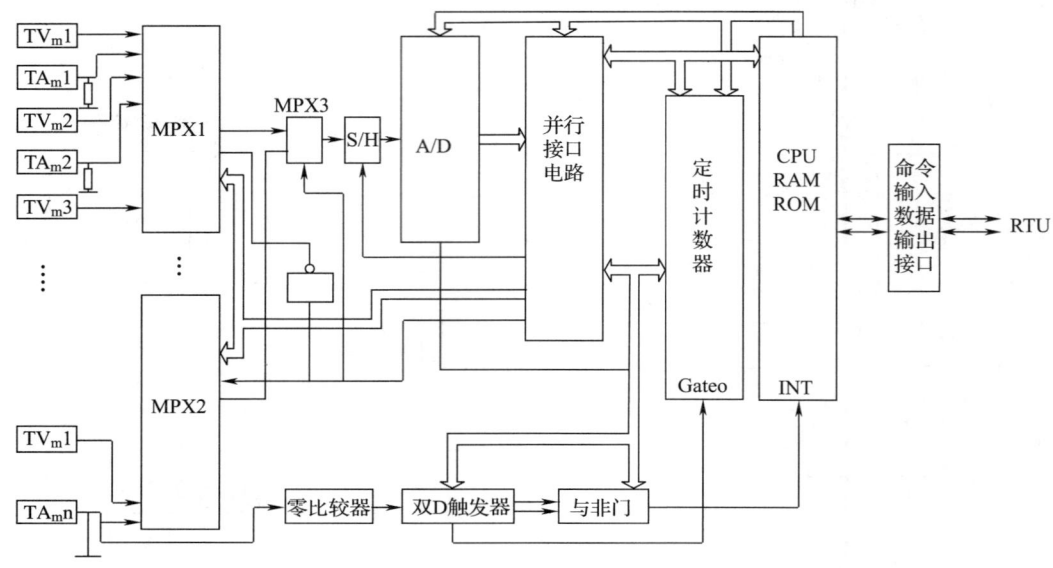

图6—4 计算机变送器原理图

其中,TVm 为中间电压互感器;TAm 为中间电流互感器;MPX1 为多路模拟电子断路器;S/H 为采样保持器;A/D 为模数转换器。计算机变送器的工作过程:输入信号经相应的 TVm 和 TAm 变换成 0~5 V 交流电压信号,通过多路模拟电子断路器 MPX,经模数转换断路器后由 CPU 的接口电路将数据传送到 CPU,最后 CPU 将数据处理后经数据输出接口电路送至 RTU。多路模拟电子断路器 MPX 的选通由 CPU 发出指令,被选通的 MPX 立即把模拟电压信号输出到采样保持器 S/H,采样保持器按确定的采样时序信号采集该交流信号,当采样信号到达后,进行采样,并保持输出信号不变。随后 CPU 发出 A/D 转换指令,模数转换器 A/D 将采样保持器 S/H 送来的模拟电压信号转换成数字量。结束后向与非门发一个结束信号,CPU 中断当前工作,经并行接口电路读取 A/D 转换得来的数据。然后 CPU 再发出一个选择下一路采样地址的信号到 MPX,重复上述过程,这种过程再一个交流信号周期内重复 $(1+m) \times N$ 次,其中 1、m 为计算机变送器采集的电压和电流的路数,N 为 CPU 在一个采样周期内采样值的数量。CPU 将已采集的数据进行处理,计算出线路上的各种电气量,经 RTU 传输到调度中心。

2. 远方终端 RTU 配置

远方终端系统图如图 6—5 所示。

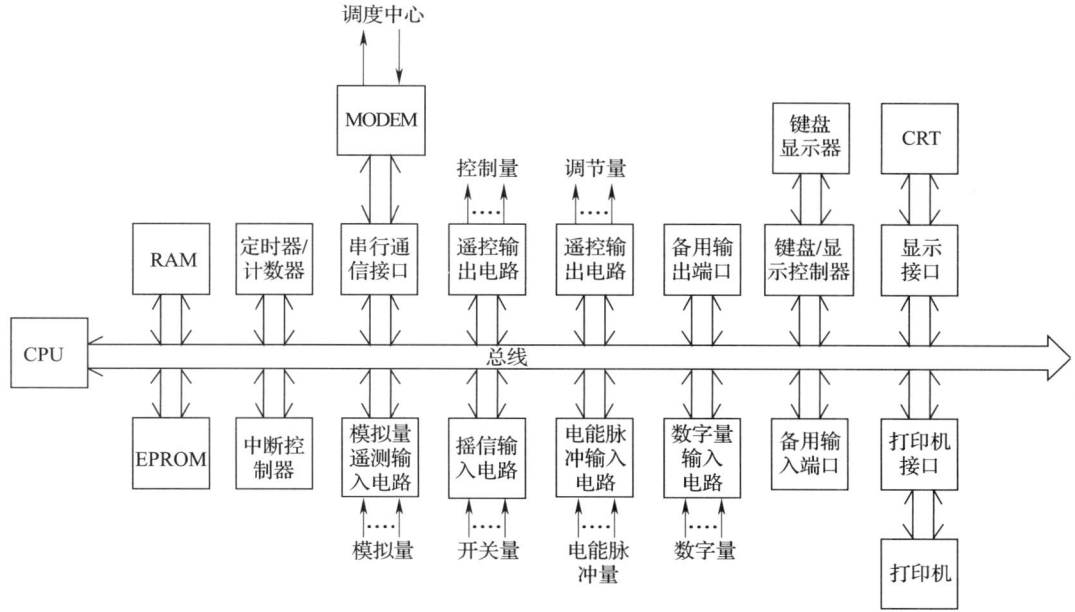

图 6—5　远方终端系统图

图 6—5 所示为单 CPU 的 RTU 硬件的配置，CPU 通过总线主要控制两大部分，一是输出部分，主要有 RAM、定时计数器、串行通信接口、遥控输出电路、遥调输出电路、键盘显示控制器、显示接口等；二是输入部分，主要有：EPROM、中断控制器、模拟量遥测输入电路、遥信输入电路、电能脉冲输入电路、数字量输入电路、打印机接口等。

RTU 使用的软件是实时控制软件，运行任务由定时器定时或不定时触发产生，然后调用相应子程序或中断服务程序来完成。所以它的软件由一个主程序和多个子程序、中断服务程序构成：主程序负责对整个系统的初始化和人机联系；中断服务程序负责 RTU 的输入和输出功能；子程序负责各种数据的计算、标度变换、整理、打包等。

除了单 CPU 的 RTU，现在越来越多地使用多 CPU 的 RTU。所谓多 CPU 的 RTU，是由多个 CPU 分工协作共同完成 RTU 的任务。这种 RTU 可靠性更高，有更强的采集和处理远动信息的能力。

6.1.3 通信系统的构成

1. 通信系统的构成

简单的数据通信系统主要有数据终端、调制解调器、通信线路、通信处理器和主计算机。通信系统的构成图如图6—6所示。

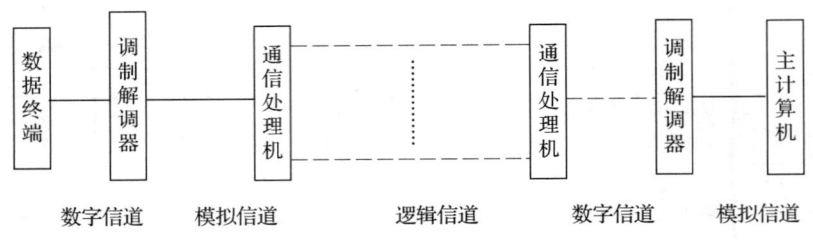

图6—6 通信系统的构成图

- 数据终端：现场被监控设备与数据通信网络之间的接口，能够把电气模拟信号或状态量转换为二进制信息向数据网络送出，也能够把从数据信息网络接收到的控制调节指令向受控对象发出。
- 调制解调器：把二进制数据序列调制成模拟信号，或把模拟信号解调成二进制数据。
- 通信线路：可以是公用或专用通信线路，也可以是通信网络。
- 通信处理器：承担通信控制任务，完成计算机数据处理速度与通信线路传输速度之间的匹配缓冲。对传输信道产生的误码和故障进行检测控制，对网络中数据流向与密度根据要求进行路由选择和逻辑信道的建立与拆除。
- 主计算机：汇总数据终端采集到的电力运行数据，进行判别、分析与控制。

2. 信道

通信的通道又称"信道"，是信息流通的载体。信道的种类很多，主要有电力线载波通信、电缆通信、光纤通信、无线电通信、电话线通信、微波中继通信等。

6.1.4 通信方式

1. 基本概念

（1）并行数据传输：在传输中有多个数据位同时在设备之间进行的传输。例如，一个编了码的字符通常是由若干位二进制数表示，如用ASCII码编码的符号是由8位二进制数表示的，则并行传输ASCII编码符号就需要8个传输信道，使表示一个符号的所有数据位能同时沿着各自的信道并排传输。

（2）串行数据传输：在传输中只有 1 个数据位在设备之间进行的传输，对任何一个由若干位二进制表示的字符，串行传输都是用一个传输信道，按位有序地对字符进行传输。

（3）串、并行传输区别：串行传输的速度比并行传输的速度要慢得多，但费用低，并行传输适用距离短，而串行传输适合远距离传输。串行接口一般用于接一些特殊的外接设备，如通信方面的设备。并行接口通常用于连接打印设备。

（4）串、并行转换：由于计算机对信息处理的方式是并行处理，而数据传输线只有两根，所以数据传输一般只能采用串行数据传输的方式。这样就需要将并行数据转换成串行数据才能输出，同样数据接收端也必须将接收到的串行数据转换成并行数据，才能将各种数据或命令等输送到被控设备。

（5）信息的调制：由于电力系统中的各个 CPU 模块中普遍采用二进制数据处理，为了便于系统中信息的传送，需要将二进制的信息转换成电（光、波）信号，并把这一信号与信息建立一一对应的关系。将信息在发送端进行转换成电（光、波）信号称为调制，将电（光、波）信号在接收端转换成二进制的信息称为解调。因为发信和接收是双向性的，所以在信息传输的两端都有调制和解调的装置，称为调制解调器。按不同的传输要求，调制的方式有脉冲调制、音频调制、高平调制等。

2．数据通信的基本方式

（1）单工通信：使用者只能朝一个方向传输信息，传输信道上信号传送方向是固定不变的。单工通信方式如图 6—7 所示。

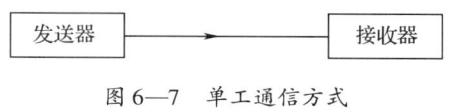

图 6—7　单工通信方式

（2）半双工通信：信道两侧的设备都具有信号发送和接收的能力，但发送和接收不能同时进行，某一时刻信号只能朝一个方向传输。平时两侧设备均处于接收状态，准备响应对方的呼叫。信息传输的过程中，呼叫、响应、传输、接收交替进行。半双工通信方式如图 6—8 所示。

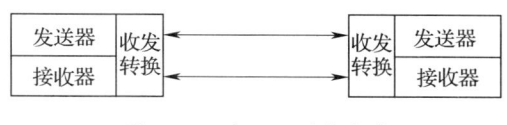

图 6—8　半双工通信方式

（3）全双工通信：双方通信由控制器协调发送与接收工作，信道上的信号可双向流动，收发可以同时进行。全双工通信方式如图6—9所示。

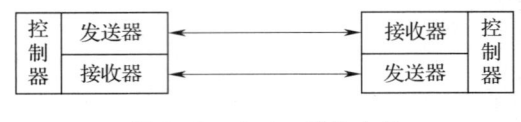

图6—9　全双工通信方式

3．异步和同步通信

异步通信的收发两侧的时钟是各自独立的，即发信的开始时刻不一定是接收时刻，有一定时差，这个时差必须保证在一定范围之内。信号发送完毕后，发送端需等待片刻，再发送下一条。信号接收完毕后，接收端必须马上做好接收下一条信息的准备。由于异步通信方式对时钟要求不高，传输数据长度较短，故对其他设备要求较低，因而被广泛应用，但传输效率和线路使用率低。

同步通信的最大特点是收发两侧的时钟严格保持一致，收发必须同步，对时钟要求较高，能传输较长数据，对其他设备要求高，传输效率和线路使用率高。电力系统远动装置中常用数字锁相电路原理来完成同步。

6.1.5　数据传输规约

1．循环传送式规约

RTU周而复始按一定规律向调度中心上传送各种遥测、遥信、数字量、事件记录等信息。调度中心也可以向RTU传送遥控、遥调命令以及时钟核对等信息。在循环传送方式下，无论现场数据是否变化，RTU都以一定的周期周而复始地向主站传送。循环方式下RTU独占整个通道。

2．应答式规约

以调度中心为主发出查询指令后，RTU向调度中心传送信息。这种方式使用于点对点、多点对多点等星型网络远动通信系统。

3．网络通信规约

计算机网络是由多个通信传输介质互联的节点组成。节点之间需要不断地交换数据和控制信息，为此必需要有事先互相遵守的规则，即网络协议。国际标准组织和国际电报电话委员会共同发布了开放系统互联参考模型，定义了七层框架协议，分别为物理层、链路层、网络层、传送层、对话层、表达层和应用层，每一层都有各自的规约。

6.2 城轨供电系统自动化

1. 城轨供电系统变电站电气设备的自动化需求

地铁供电系统与普通电网相比，既有相似性，也有其自身的特点，相似性主要表现在交流供电方面，它与其他普通电网基本相同。不同部分则主要体现在直流牵引供电方面。作为城市交通中的大能量运载工具，地铁对一个城市的交通状况有极其重要的影响。地铁供电系统作为地铁系统中的重要组成部分，它为车站及各类设施设备的运行提供了各种电力服务，如车站、区间的照明、动力、隧道及地下车站的环控用电，各类机房内重要设备的用电，售、检票系统及列车的牵引用电等。因此，地铁供电系统对供电可靠性的要求比其他常规供电系统要求更高。

（1）400 V 系统的自动化功能需求。在 400 V 系统上，为减少用户停电时间，地铁 400 V 系统普遍采用了单母线分段的供电方式，在任何一路进线出现失电时，通过 400 V 系统自切功能，能迅速实现 400 V 母线"Ⅰ段带Ⅱ段"或"Ⅱ段带Ⅰ段"。当然，考虑到在这种方式下系统的供电能力受到了一定影响，因此，在母线的自切功能中还加入了使三类负荷断路器跳闸的功能。

另外，为了实现在 400 V 进线恢复正常后，400 V 系统能快速恢复到母线自切之前正常的分段运行的供电模式，400 V 自动化系统在设计时往往还应考虑增设"来电自复"功能，这种功能在较早建设的线路中较少被用到，这主要是因为早期线路的 400 V 系统在设计时是按变电站有人值守的方式设计的，系统自动化程度也相对较低。但随着 PLC 技术的不断发展，在近年建设的地铁线路 400 V 系统中，普遍采用了 PLC 控制，就上海地区而言，从 3 号线开始，"来电自复"功能也被纳入到了 400 V 自动化系统的设计方案之中。

（2）10 kV 或 35 kV 系统的自动化功能需求。与 400 V 自动化系统不同的是，10 kV 及 35 kV 自动化系统未选择"来电自复"功能，而仅考虑了母线的分段自切，这样做的目的主要是减少环网供电模式下逻辑配合关系的复杂程度。

在 20 世纪 90 年代末开始建设的地铁线路中，由于 35 kV 牵引供电系统采用了相邻站联络供电的方式，因此，在该类型系统中相邻站 35 kV 进线及联络线断路器还采用了"四投三"的自动切换方式。不过，随着上海地铁新近建设线路供电系统设计方式的新变化，"四投三"的方式在新线路中不再被采用。

(3) 1 500 V 直流系统的自动化功能需求。地铁 1 500 V 直流系统担负着为列车供电的重任，为提高城市轨道交通牵引供电的可靠性，地铁牵引 1 500 V 系统在设计上采用了接触网分段双边供电的方式，在断路器的动作方式上考虑了双边联跳及自动重合闸功能，其中重合闸功能的启动与否由直流保护根据相关的跳闸参数进行逻辑判断。主站 PLC 还按系统设定的固有逻辑对牵引供电系统的有关保护动作反应形成相应的闭锁。

在与远动系统的接口方面，目前使用的方式主要有两种，一种是通过硬接线方式；另一种是通过通信方式实现与远动系统的对接。随着通信技术的发展，将来也许有可能实现与远动系统的无线传输。

2. 城轨供电系统变电站自动化系统的表现形式

地铁变电站自动化系统作为 SCADA 综合监控系统中的重要组成部分，它担负着各自系统的不同功能。在 400 V 系统中，自动化系统完成的是 400 V 系统的"分段自切/自复"、400 V 系统重要信息与远动系统之间的交换等功能。10 kV、35 kV 乃至 1 500 V DC 系统也一样，所不同的是自动化系统所完成的功能与各自供电系统密切相关。

但在系统的表现形式上，目前各供电子系统的自动化系统不外乎两种方式：一种是传统的通过二次回路构建的电气自动化系统，另一种是通过辅助现代化的计算机技术构建的自动化系统。两种方式各有利弊，传统的通过二次接线构建的自动化系统的优点是可视性强，上手容易，不足之处是二次接线过于复杂、繁多。通过基于现代化计算机技术构建的自动化系统则不同，由于采用了通信的方式传输相关信息，二次接线大大减少，这就大大减少了二次接线的难度和工作量，控制柜简洁、美观，但不足之处是对维护人员的总体素质提出了更高的要求，它要求维护人员不仅要有传统的电气知识，同时还必须具备有关的工业控制计算机知识。

3. 总线的运用

目前，在地铁供电系统中使用较多的有 MODBUS 总线和 PROFIBUS 总线。其中，MODBUS 总线是一种按主/从关系通信的总线，系统最多可以有 247 个从站节点，数据传输有 ASCII 和 RTU 两种模式。在地铁供电系统中，MODBUS 总线已广泛应用于 400 V 控制系统，典型的配置模式是采用一台小型 PLC 作为其主站（MASTER），通过主站 PLC 的 MODBUS 总线接口将 400 V 断路器的相关信息传送至主站（PLC），各断路器柜配置有逻辑微处理器并支持 MODBUS 通信，作为 400 V 自动化系统中的从站节点。如图 6—10 所示是 400 V 自动化系统的一种典型结构。

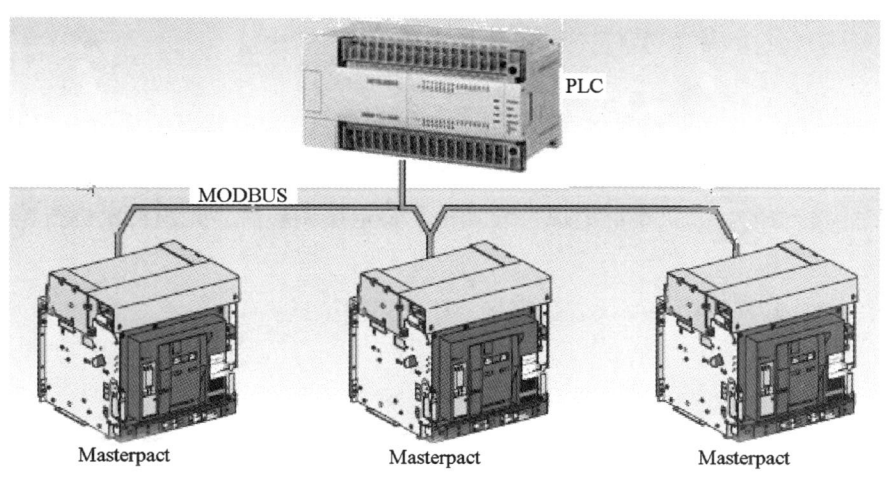

图 6—10 地铁 400 V 自动化系统的典型结构

另一种是在地铁牵引供电自动化系统中使用较多的 PROFIBUS 总线。PROFIBUS 是一种具有广泛应用范围、开放的数字通信系统,特别适用于工厂自动化和过程自动化领域。PROFIBUS 适用于快速、时间要求严格的应用和复杂的通信任务。PROFIBUS 又包含 PROFIBUS – DP、PROFIBUS – PA、PROFIBUS/FMS 等子协议。

如图 6—11 所示是在地铁牵引供电自动化系统普遍采用的 PROFIBUS 网络系统典型结构图。其中 SIMATIC S7/300 PLC 为系统的主站,DPU96 为系统的从站,主/从站之间遵从 PROFIBUS – DP 通信协议。主站 PLC 通过以太网通信卡与上层以太网进行通信,实时完成数据的传输。

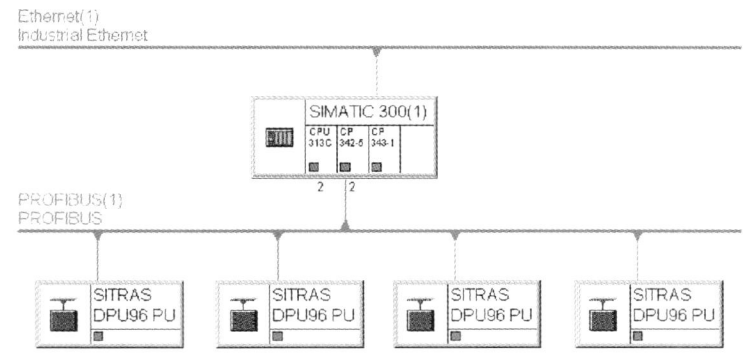

图 6—11 地铁牵引供电自动化系统普遍采用的 PROFIBUS 网络系统典型结构

理论知识复习题

一、判断题（将判断结果填入括号中，正确的填"√"，错误的填"×"）

1. 城轨供电 400 V 系统普遍采用了集中补偿的方式。（   ）
2. 对运行中的计算机型继电保护装置做了整定值调整后，无须再次进行校验。（   ）
3. 在 A/D 转换器中，A 代表数字量；D 代表模拟量。（   ）
4. CPU 输出的是数字信号。（   ）
5. 低通滤波器就是通过的信息量很低的滤波器。（   ）

二、单项选择题（选择一个正确的答案，将相应的字母填入题内的括号中）

1. 输入变换器的采样对象是（   ）。
   A. 密度表   B. 温度传感器
   C. 压力传感器   D. 互感器
2. 在计算机型继电保护模块中，多路转换器将信号送给（   ）。
   A. 输入变换器   B. 低通滤波器   C. 模数转换器   D. CPU
3. 输入变换器主要有两个作用，其中一个是（   ）。
   A. 防止过电压侵害   B. 防止对计算机保护装置的干扰
   C. 形成电力系统与保护装置的隔离   D. 将断路器量转换为模拟量
4. 以下（   ）信号可以经转换器 A/D 转换为数字量。
   A. 断路器的分合闸   B. 有载调压断路器的挡位
   C. 变压器运行油温   D. 断路器小车处于试验位置
5. 送到 A/D 转换器中的信号是（   ）信号。
   A. 一段连续波形   B. 连续   C. 一个恒量   D. 离散

测试题答案

一、判断题

1. √   2. √   3. ×   4. √   5. ×

二、单项选择题

1. D   2. C   3. C   4. C   5. D

理论知识考试模拟试卷及答案

变电检修工（城轨）（三级）理论知识试卷

注 意 事 项

1. 考试时间：90 min。
2. 请首先按要求在试卷的标封处填写您的姓名、准考证和所在单位的名称。
3. 请仔细阅读各种题目的回答要求，在规定的位置填写您的答案。
4. 不要在试卷上乱写乱画，不要在标封区填写无关的内容。

	一	二	三	总 分
得 分				

得 分	
评分人	

一、判断题（第1～第20题。请将判断结果填在题后的括号中，正确的填"√"，错误的填"×"。每题1分，共20分）

1. 无论35 kV整流变断路器分合与否，正极隔离断路器都可以操作。（ ）
2. 阻抗棒的作用是阻止回流电流进入轨道电路。（ ）
3. 采用绝缘的行走轨扣件是为了防止扣件生锈。（ ）
4. 轨道与混凝土轨枕间，紧固用螺栓与混凝土轨枕间，扣件与混凝土轨枕间采用加强绝缘的措施。（ ）
5. 为了有效收集散失到隧道和主体建筑物结构钢筋里的杂散电流，杂散电流收集网的电位应小于隧道和主体建筑物结构钢筋自然电位。（ ）
6. 电缆桥架因离轨道较远，所以无须对杂散电流进行防范。（ ）

7. 穿越道床的给排水管应用 UPVC 塑料绝缘管与周边环境绝缘。（   ）

8. 隧道和主体建筑物结构钢筋应和车站电气设备接地装置连接。（   ）

9. 应由本公司负责人组建启动委员会（或小组）统一领导设备验收、启动、试送和交接等工作。（   ）

10. 副值岗位可验收第二种工作票。（   ）

11. 电磁类差动继电器主要由一种特殊的变压器和电流继电器构成。（   ）

12. 电磁类差动继电器内的变压器是一个三柱式速饱和变压器。（   ）

13. 交流耐压试验虽然是破坏性试验，但比直流耐压试验能更有效地发现绝缘缺陷。（   ）

14. 零序阻抗就是三相同相的交流电流在三相绕组中流过时，绕组表现出的阻抗。（   ）

15. 在 YN，yn0 接线组别中测得的阻抗称为非线性阻抗；在 Y，yn0 接线组别中测得的阻抗称为线性阻抗。（   ）

16. 检测 SF_6 气体的湿度（水分）是 SF_6 电气设备的辅助测试项目。（   ）

17. SF_6 在电弧的作用下，会产生四氟酸等物质。（   ）

18. 计算放电容量时，不能仅考虑现有的设备负荷电流，还要考虑将来发展需要的设备负荷电流。（   ）

19. 电子控制回路中 V3 和 V4 组成差动放大电路。（   ）

20. 全桥逆变电路比半桥逆变电路输出功率大。（   ）

二、单项选择题（第 21～第 70 题。选择一个正确的答案，将相应的字母填入题内的括号中，每题 1 分，共 70 分）

21. 系统无功功率不足会导致（   ）。

A. 运行电压偏低   B. 运行电流偏低
C. 运行有功功率偏高   D. 运行无功功率偏高

22. 不属于城轨供电系统的电压等级是（   ）kV。

A. 33   B. 35   C. 110   D. 220

23. 在配电线路中以补偿为目的的串联电容补偿，其补偿度（   ）。

A. 等于 1   B. 小于 1
C. 大于 1   D. 常接近于 1 或大于 1

24. 运行中，变压器的线圈温度不得超过（   ）℃。如果超过，应采取通风、减负荷等措施降温。若还不能降温，则应将变压器退出运行。

A. 100 B. 105 C. 115 D. 120

25. 3～60 kV 系统，当单相接地电流大于 30 A；20 kV 以上电网中，接地电流大于（　　）A 时，则采取中性点经消弧线圈接地的运行方式。

A. 10 B. 20 C. 30 D. 40

26. 单相短路时接地边绕组对接地电流（　　）。

A. 有阻碍作用 B. 无阻碍作用
C. 阻碍作用很大 D. 阻碍作用很小

27. 对于中性点不接地的系统，发生接地故障时，短时过电压可达（　　）倍。

A. 1～2 B. 2～3 C. 3～4 D. 4～5

28. 触网隔离断路器在动触头的起始点和终止点应安装（　　）。

A. 避雷器 B. 防雨棚
C. 机械和电气的定位装置 D. 前三项都要装

29. 负极隔离断路器闸刀的分合闸动力（　　）。

A. 由人工提供 B. 由电动机提供
C. 既可以由人工也可以由电动机提供 D. 完全由电动机提供

30. 单向导通装置的主回路由（　　）只硅二极管并联组成，保护回路由每只二极管两端并联的压敏电阻和 RC 回路以及每只二极管支路串有一个快速熔断器共同组成。

A. 6 B. 8 C. 10 D. 12

31. 当电容器与电动机直接连接作单台补偿时，为了防止电动机自激产生过电压，电容器的电流应比电动机的（　　）。

A. 额定电流小 B. 额定电流大
C. 空载电流大约 10% D. 空载电流小约 10%

32. 杂散电流流回牵引站的（　　）。

A. 整流器正极 B. 整流器负极 C. 正极闸刀 D. 负极闸刀

33. 当杂散电流（　　）时候，会对金属体产生腐蚀。

A. 大的 B. 在钢轨电位高
C. 流入行走轨 D. 从金属体流出

34. 由上级部门组建启动委员会（或小组）统一领导设备验收、启动、试送和交接等工作，在启动过程中有涉及电网及系统的倒闸操作，则应得到（　　）的命令或许可。

A. 值班调度员 B. 运行部门的主管工程师

C. 国家电网调度主管 D. 启动委员会领导

35. 电磁类差动继电器内采用的变压器是（   ）。
A. 双线圈变压器 B. 升压变压器
C. 降压变压器 D. 速饱和变压器

36. 反时限过流保护的动作时限与短路电流密切相关，短路电流越大或故障点（   ），动作时限（   ）。
A. 越近 越短 B. 越远 越长 C. 越远 越短 D. A 或 B

37. 电压型框架保护动作后，会（   ）。
A. 跳并闭锁本站直流高速断路器
B. 跳并不闭锁本站直流高速断路器
C. 跳并闭锁本站直流高速断路器和联跳邻站直流高速断路器
D. 跳并不闭锁本站直流高速断路器和联跳邻站直流高速断路器

38. （   ）动作则表明变压器引线或内部有短路故障。
A. 差动保护 B. 速断保护 C. 反时限保护 D. 过流保护

39. 变压器的负载基本上都是三相对称的，所以过负荷保护往往通过（   ）来实现。
A. 接入三相电流回路中，用三相电流继电器
B. 接入二相电流回路中，用两相电流继电器
C. 接入单相电流回路中，用单相电流继电器
D. 接入中性线回路中，用单相电流继电器

40. 在中、小容量的变压器中，速断保护往往（   ）。
A. 选择性不够 B. 可靠性不够 C. 灵敏度不够 D. 速动性不够

41. 对于整组保护形式的熔断器而言，其额定电流一般按（   ）倍的额定电流选取。
A. 1.0~1.4 B. 1.1~1.5 C. 1.2~1.6 D. 1.3~1.8

42. 送到 A/D 转换器中的信号是（   ）信号。
A. 一段连续波形 B. 连续 C. 一个恒量 D. 离散

43. 模拟低通滤波器的作用是在输入的模拟量（   ）之前，采用滤波器滤去模拟信号中的高频分量。
A. 还是原始状态 B. 还未被变送输入
C. 还没变换为数字量 D. 还未被检测

44. 多路转换断路器就是将各路（　　）信号分时接通 A/D 转换器的元件。
   A．模拟　　　　　　B．数字　　　　　　C．断路器量　　　　D．前三项都可以

45. 局部放电测量时使用（　　）电压。
   A．交流电　　　　　B．直流电　　　　　C．高压交流电　　　D．感应

46. 过渡过程的振荡，会在局部或全部电网中出现（　　）。
   A．失压　　　　　　B．跳闸　　　　　　C．谐振　　　　　　D．过电压

47. 操作冲击电压试验通常用（　　）min 工频耐压（或 20～60 s 的倍频感应耐压试验）代替操作冲击电压试验。
   A．0.5　　　　　　B．1　　　　　　　　C．2　　　　　　　　D．3

48. 局部放电的试验电压一般要高于试品的额定电压，为了避免铁芯的磁密饱和，试验电压的电源频率一般采用（　　）Hz。
   A．50～100　　　　B．100～150　　　　C．150～250　　　　D．259～500

49. 当试验电压波形符合试验要求时，可开始从不高于规定试验电压的（　　）的电压加压。
   A．1/2　　　　　　B．1/3　　　　　　　C．1/4　　　　　　　D．1/5

50. 测量表面电导率应使用（　　）。
   A．直流电压　　　　　　　　　　　　　B．交流电压
   C．高频电压　　　　　　　　　　　　　D．前三项都可以

51. 如果测量时，系统的电压和频率不是额定值，则计算出的电容电流应（　　）。
   A．乘以 1.5 倍
   B．除以 1.5 倍
   C．将此参数作为参考
   D．折算为额定电压及额定频率时的电流

52. 变压器的三角形接线，从理论上讲可以消除（　　）。
   A．3 次谐波　　　　B．高次谐波　　　　C．偶次谐波　　　　D．奇次谐波

53. 变压器在（　　）情况下，谐波会较大。
   A．轻负荷电压升高　　　　　　　　　　B．重载电压降低
   C．轻负荷电压降低　　　　　　　　　　D．重载电压升高

54. 谐波的测量主要依靠分析仪，它依靠（　　）对输入的电压和电流进行分析。
   A．计算机的逻辑芯片　　　　　　　　　B．计算机的算法软件

C. A/D 转换器　　　　　　　　　　D. 采样模块的多路转换器

55. 当水分一定时，SF₆气体易发生（　　）生成酸性物质，对设备造成腐蚀。
   A. 水解反应　　　B. 分解反应　　　C. 化合反应　　　D. 氧化反应

56. 运行经验证明，只要在断路器设备中放置适当的吸附剂，（　　）可大大减少。
   A. 有毒气体　　　B. 水分　　　　　C. 空气　　　　　D. 杂质

57. SF₆气体吸附剂在固相和气相界面间具有物理、化学的（　　），致使被净化的气体（SF₆）中某些成分以自然扩散式吸附在固相的表面。
   A. 分解力　　　　B. 亲和力　　　　C. 聚合力　　　　D. 催化力

58. 当电流互感器的使用在额定范围内时，一次电流增大，误差（　　）。
   A. 增大　　　　　　　　　　　　　B. 减小
   C. 不变　　　　　　　　　　　　　D. 与一次电流无关

59. 电流互感器的误差与二次负载的感抗有关，当功率因素 cosφ 减小时，电流误差（　　）。
   A. 增大　　　　　　　　　　　　　B. 减小
   C. 不变　　　　　　　　　　　　　D. 与二次负载无关

60. 当充电器的输出电压升高时，锯齿波的斜率会（　　）。
   A. 变大　　　　　B. 变小　　　　　C. 不变　　　　　D. 不确定

61. 按（　　）的设置情况，柔性架空接触网又分为简单悬挂和链形悬挂两种类型。
   A. 接触线　　　　B. 承力索　　　　C. 吊弦　　　　　D. 吊索

62. 接触悬挂各点在相同受电弓压力作用下，接触线升高应尽量（　　）。
   A. 偏大　　　　　B. 偏小　　　　　C. 均匀　　　　　D. 相等

63. 当环境温度变化时，由于接触线热胀冷缩的物理特性，简单悬挂其张力和弛度变化（　　）。
   A. 很大　　　　　B. 很小　　　　　C. 均匀　　　　　D. 不变化

64. （　　）是接触网链形悬挂中承力索和接触线间的连接部件。
   A. 吊索　　　　　B. 吊弦　　　　　C. 承力索　　　　D. 接触线

65. 按锚段关节的所含跨距数可分为（　　）、二跨、三跨、四跨等几种不同形式。
   A. 一跨　　　　　B. 五跨　　　　　C. 六跨　　　　　D. 七跨

66. 非绝缘锚段关节通过两根锚柱和两根转换柱来实现锚段的（　　）。
   A. 衔接   B. 过渡   C. 衔接和过渡   D. 连接
67. 以下哪种供电方式在事故发生时使用？（　　）
   A. 单边供电   B. 并联供电   C. 双边供电   D. 越区供电
68. 补偿器的（　　）补偿作用是靠滑轮组和坠砣的质量来实现的。
   A. 拉力   B. 压力   C. 张力   D. 应力
69. 隔离断路器的触头要有足够的（　　）和自清扫能力。
   A. 动力   B. 压力   C. 摩擦力   D. 粘合力
70. 当（　　）的一侧发生故障需要停电，可打开分段绝缘器处的隔离断路器，将该部分接触网断电。
   A. 接触线   B. 接触网   C. 变电站   D. 变电网

三、多项选择题（第71~第85题。选择正确的答案，将相应的字母填入题内的括号中，每题2分，共30分）

71. 环网线路的后备保护有（　　）保护。
   A. 线路纵差   B. 过流
   C. 零序   D. 失压
   E. 失灵
72. 减少杂散电流的"排"法主要有（　　）。
   A. 设置杂散电流收集网   B. 利用道床内的结构钢筋
   C. 利用隧道结构钢筋   D. 在牵引变电站设置排流装置
   E. 利用单向导通装置   F. 利用检测装置
73. 电气设备须经过（　　）才可投入电网运行。
   A. 主管领导批准   B. 验收合格
   C. 手续完备   D. 试运行
   E. 符合运行条件   F. 空载运行
74. 影响差动继电器动作电流固有误差的因素有（　　）。
   A. 电流互感器的精度   B. 变压器的接线组别
   C. 电流互感器的接线组别   D. 电流互感器的变比误差
   E. 电压互感器的精度   F. 电压互感器的接线组别
75. 整流器保护一般有（　　）。

A. 二极管快速熔丝监视报警/跳闸保护　　B. 阻容吸收装置跳闸保护
C. 热敏电阻报警/跳闸保护　　D. 母排温度报警/跳闸保护
E. 整流变断路器联跳保护　　F. 整流变断路器失压保护

76. CPU 在计算机型继电保护模块中所起的作用是（　　）。
A. 输入、输出信号　　B. 处理信号
C. 计算分析　　D. 控制各模块协调工作
E. 信号保持　　F. 滤去杂波

77. 在直流电压作用下，流过绝缘介质中的电流有（　　）。
A. 电感电流　　B. 电容电流
C. 吸收电流　　D. 泄漏电流
E. 感应电流　　F. 电解电流

78. 局部放电对绝缘材料的破坏作用有（　　）。
A. 机械作用　　B. 热作用
C. 氧化作用　　D. 老化作用
E. 化学破坏　　F. 物理破坏

79. 固体电介质的热老化过程有（　　）。
A. 热裂解　　B. 氧化裂解
C. 交联　　D. 低分子挥发物的逸出
E. 汽化　　F. 粉状化

80. 操作波试验电压值应取决于（　　）。
A. 系统状态　　B. 操作条件
C. 断路器特性　　D. 避雷器的性能
E. 变压器的耐压等级　　F. 运行电压

81. 影响变压器油质量的因素有（　　）。
A. 设备条件　　B. 运行条件
C. 污染问题　　D. 运行中维护
E. 气候条件　　F. 油本身的质量

82. SF_6 气体泄漏将会影响（　　）。
A. SF_6 气体纯度　　B. SF_6 气体绝缘性能
C. SF_6 气体灭弧性能　　D. 冷却性能
E. 生物毒性　　F. 化学性能

83. SF_6 气体的充装前，清洗充装的管道、连接部件等所需要的材料有（　　）。
   A．稀盐酸　　　　　　　　　　　　B．水
   C．蒸馏水　　　　　　　　　　　　D．无水乙醇
   E．丙酮　　　　　　　　　　　　　F．浓硫酸

84. 有载调压断路器吊芯检查的内容是（　　）
   A．主弹簧、复位弹簧、爪卡　　　　B．各触头编织软连接线
   C．动、静触头及其动作顺序　　　　D．过渡电阻
   E．各分接位置触头间的接触电阻　　F．冷却油

85. 互感器小修应检查项目的是（　　）。
   A．瓷质部分的清洁与完好　　　　　B．外壳的密封
   C．储油柜的油位　　　　　　　　　D．取油样，试验
   E．更换受潮的硅胶，紧固螺钉

变电检修工（城轨）（三级）
理论知识试卷答案

一、判断题

1. ×　　2. ×　　3. ×　　4. √　　5. ×　　6. ×　　7. √　　8. ×
9. ×　　10. ×　　11. √　　12. √　　13. √　　14. √　　15. ×　　16. ×
17. √　　18. √　　19. √　　20. √

二、单项选择题

21. A　　22. D　　23. D　　24. C　　25. A　　26. B　　27. B　　28. C
29. A　　30. A　　31. D　　32. B　　33. D　　34. A　　35. D　　36. D
37. C　　38. B　　39. C　　40. C　　41. D　　42. D　　43. C　　44. A
45. D　　46. D　　47. B　　48. C　　49. B　　50. B　　51. D　　52. A
53. A　　54. B　　55. A　　56. A　　57. B　　58. B　　59. A　　60. B
61. B　　62. D　　63. A　　64. B　　65. B　　66. C　　67. D　　68. C
69. B　　70. B

三、多项选择题

71. BCDE　　72. ABCDE　　73. BCE　　74. ABCD　　75. ABCD
76. ABCD　　77. BCD　　78. ABC　　79. ABCD　　80. ABCD
81. ABCD　　82. BC　　83. ABCD　　84. ABCDE　　85. ABCDE

操作技能考核模拟试卷

注 意 事 项

1. 考生根据操作技能考核通知单所列的试题,做好考试准备。
2. 请考生仔细阅读试题单中具体考核内容和要求,并按要求完成操作。
3. 操作技能考核时要遵守考场纪律,服从考场管理人员指挥,以保证考核安全顺利进行。

注:操作技能鉴定试题评分表及答案是评考员对考生考核过程及考核结果的评分记录表,也是评分依据。

国家职业资格鉴定
变电检修工(城轨)(三级)操作技能考核通知单

姓名:

准考证号:

考核日期:

试题1

试题代码:1.1.5。

试题名称:主变非正常运行方式调整(二级供电)。

考核时间:25 min。

配分:30分。

试题2

试题代码:2.2.4。

试题名称:断路器柜的指示灯故障检修。

考核时间：25 min。

配分：30 分。

试题 3

试题代码：3.1.3。

试题名称：变压器调压装置电压调整。

考核时间：25 min。

配分：40 分。

《变电检修工（城轨）》（三级）
试 题 单

试题代码：1.1.5。

试题名称：主变非正常运行方式调整（二级降压）。

考核时间：25 min。

1. 操作条件

(1) 主变电站模拟操作屏（非运行设备）。

(2) 模拟操作屏上设备均在运行位置。

2. 操作内容

(1) 接令和模拟预演。

(2) 现场操作。

3. 操作要求

倒闸操作应符合安全规程。

变电检修工（城轨）（三级）
评 分 表

考生姓名：　　　　　　　　　　准考证号：

试题代码及名称			1.1.5 主变非正常运行方式调整 （二级降压）		考核时间				25 min
评价要素	配分	等级	评分细则	评定等级					得分
				A	B	C	D	E	
1　模拟预演	10	A	模拟操作步骤正确						
		B	缺或错一处						
		C	缺或错两处						
		D	/						
		E	缺或错两处以上						
2　现场操作	20	A	操作步骤正确，安全措施完备						
		B	/						
		C	/						
		D	/						
		E	操作步骤错误						
合计配分	30		合计得分						

考评员（签名）：

等级	A（优）	B（良）	C（尚可）	D（差）	E（未答题）
比值	1.0	0.8	0.6	0.2	0

"评价要素"得分 = 配分 × 等级比值。

《变电检修工（城轨）》（三级）
试 题 单

试题代码：2.2.4。

试题名称：断路器柜的指示灯故障检修。

考核时间：25 min。

1. 操作条件

（1）断路器柜内指示灯故障。

（2）断路器在运行状态。

2. 操作内容

（1）判断故障类型。

（2）更换指示灯。

（3）恢复正常使用。

3. 操作要求

（1）在断路器柜正常运行情况下，带电检查故障。

（2）不影响其他运行设备。

变电检修工（城轨）（三级）
评 分 表

考生姓名：　　　　　　　　　　　　准考证号：

试题代码及名称			2.2.4 断路器柜的指示灯故障检修		考核时间			25 min	
评价要素	配分	等级	评分细则	评定等级					得分
				A	B	C	D	E	
1　校验检查	5	A	故障判定正确						
		B	漏或错一处						
		C	漏或错两处						
		D	/						
		E	漏或错两处以上						
2　更换指示灯	15	A	更换操作正确						
		B	漏或错一处						
		C	漏或错两处						
		D	/						
		E	漏或错两处以上						
3　恢复正常使用	10	A	指示灯恢复正常						
		B	/						
		C	/						
		D	/						
		E	指示灯不能恢复正常						
合计配分	30		合计得分						

考评员（签名）：

等级	A（优）	B（良）	C（尚可）	D（差）	E（未答题）
比值	1.0	0.8	0.6	0.2	0

"评价要素"得分＝配分×等级比值。

《变电检修工（城轨）》（三级）试题单

试题代码：3.1.3。

试题名称：变压器调压装置电压调整。

考核时间：25 min。

1. 操作条件

干式变压器检修状态。

2. 操作内容

（1）根据给出的低压侧电压数值，判断变压器应放的分接头挡位。

（2）调整分接头挡位。

（3）通电核对低压侧电压数值。

3. 操作要求

（1）知晓电压合格界限和计算方法。

（2）选择合适工器具及连接实施方法。

变电检修工（城轨）（三级）
评 分 表

考生姓名：　　　　　　　　　　　　准考证号：

试题代码及名称			3.1.3 变压器调压装置电压调整		考核时间			25 min	
评价要素	配分	等级	评分细则	\multicolumn{5}{c}{评定等级}	得分
				A	B	C	D	E	
1 判断分接头挡位	10	A	计算应调整分接头挡位正确						
		B	缺或错一项						
		C	缺或错两项						
		D	/						
		E	缺或错两项以上						
2 调整分接头	20	A	三相分接头位置设置正确						
		B	步骤错或漏一项						
		C	步骤错或漏两项						
		D	/						
		E	步骤错或漏两项以上						
3 通电核对	10	A	通电后，低压侧电压达到要求						
		B	/						
		C	/						
		D	/						
		E	通电后，低压侧电压达不到要求						
合计配分	40		合计得分						

考评员（签名）：

等级	A（优）	B（良）	C（尚可）	D（差）	E（未答题）
比值	1.0	0.8	0.6	0.2	0

"评价要素"得分 = 配分 × 等级比值。